Un remerciement particulier à tous ceux qui ont participé de près ou de loin à l'existence de ces goûts et de ces saveurs :

A tous les chefs et leurs brigades.

A Gérard Boyer, Enrico et Mary Bernardo, Maxime Michelet, Cyril Bourbonnois, Sébastien Leproux, Frédéric Dupont, Christophe Poulain, Pascal Champion, Pascal Fouassier, Maurice Lefondeur, Benoît Vibecq, Fabien Legand, Christophe Le Grouyer Fabrice Mercier, Ludovic Deschamps, Arnaud Valary, Frédéric Bouché, Max Mantsch.

A toutes les maisons de champagne participants et ses équipes.
A Nathalie et Pascal Agrapart, Evelyne Roques-Boizel, Stéphanie Monnier, Richard Dailly, Patrick Simon, Kirsten Neubarth, et Eric De Sousa, Gilles de la Bassatière, Eric Maillot, Luc Busin, Jean-Claude Faure, Francis Egly, Claude Giraud, Julien Girard, Olivier Patour, Béatrice Cointreau, Nathalie Doucet, Delphine et Pascal Hénin, Rémi Krug, M et Mme René Goutorbe, Gérard Barbier, Julien Barbier, Johan Casters et la famille Casters, Jean Louis Malard, Virginie et Laurent Vanpoperinghe, Vincent Rapeneau, Christophe Rapeneau, Emmanuelle Boucher, Monique Charpentier, Valérie Perraud, Benoît Gouez, James Guillepain, Luc Montaudon, Camille Ballu, Olivier Cavil, Didier Mariotti, Philippe Dupuis, Fabrice Tabaka, Charles Philipponnat, Laurence Ployez, Hubert du Billy, M. et Mme Vranken, Virginie Delcourt, Thierry Gasco, Raphaëla Allouche, Jean-Philippe Moulin, Didier Depond, Audrey Campos, Micheline Tarlant, Mélanie Tarlant, Benoit Tarlant, Valerie Coudrain-Tribaut, Vincent Tribaut, M et Mme Laurent Champs, James François, Emmanuelle Boucher, Clarisse Larnaudie, Edouard Cossy, Jérôme Werle, Laurent Fedou, Didier Bureau, Carol Duval-Leroy, Brigitte Breuzon.

Au Crédit Agricole Nord Est, Daniel Vatel, Christel Vaillant, Anaïs Chovet.
Au Conseil Général de la Marne, Monsieur René-Paul Savari.
A la ville d'Epernay, Fabrice Legros, Sylvie Frémont, Séverine Adam.
Au CIVC, Daniel Lorson, Brigitte Bâtonnet.
A Pascal Foucher (Spuntino), Olivier Balestraci (KPMG), M. Charles de Fougeroux (Biscuits Fossier), François Cravoisier (CCI de Reims et Epernay), Edwige Sibille (Hautes Etudes du Goût, Tomas B. Haftorsson, Claire Debruille, Brigitte Goffin.
A Cléo-Lunes pour son "Tralala".
A mes beaux parents, et Yvon Guillot, mes parents Vigdis Petursdottir, Fridrik Ragnarsson, Maretta Ragnarsson, David Smari Jonatansson.

Tout particulièrement, je voudrais remercier Vincent Dallet pour son soutien et ses initiatives pour réaliser ce livre et Florence Dallet pour les délicieux chocolats qui stimulent les sens. Egalement, je remercie Sandra Rota et Eric Poindron, les Editions du Coq à l'Ane pour avoir mis tant d'énergie et tant de talent à la défense de la noble cause que représente ce livre : la gastronomie champenoise !
Finalement, à mon épouse Aurélie.

Chefs, Saveurs Champagne

Portraits & Recettes
des Etoilés de la Champagne

Ragnar Fridriksson

Eric Poindron

Préface d'Enrico Bernardo

Passion*food* en collaboration avec **Les Editions du Coq à l'Ane**

PLATINUM
5412 7534 5678 9123
MME MICHAELA THEAU
MasterCard

Mise en bouche d'Enrico Bernardo

Le travail du cuisinier signifie partager. Je tiens à féliciter les chefs qui ont participé à cet ouvrage car ils nous ont fait partager, non seulement leurs recettes, mais également et surtout leur passion du métier. Tout au long des pages, ils nous invitent à connaître leurs univers en nous parlant pour cela de façon très simple de leur personne et de leurs points de vue. Chacun d'entre eux aborde son métier à sa façon et avec son propre style. Pour autant, ils ont tous en commun l'amour du métier, l'amour des produits et le besoin de le partager avec les autres, avec nous.

Il était temps que l'on parle de champagne à table d'une manière sérieuse. Bien sûr que le champagne fait rêver, bien sûr que c'est l'accompagnement idéal pour toute occasion de célébration, mais il est important de rappeler que le champagne est d'abord un vin. Chaque champagne, comme chaque vin, est l'expression du vigneron et de son terroir, unique et distinct à la fois. Ce livre ne nous parle pas "du" champagne mais "des" champagnes pour nous rappeler que chaque champagne a son occasion et que chaque champagne a son plat.

Ce livre met en évidence le lien étroit qui existe entre le vigneron et le cuisinier. Là où nous pouvons trouver du vin, nous rencontrons inévitablement la gastronomie ! C'est une évidence ! Les deux vont de pair et sont, pour moi, inséparables. Mutuellement, ils mettent en valeur le travail de l'autre. Ainsi, ils nous rappellent qu'un bon repas est le résultat d'un ensemble : le plat, le vin et les personnes avec qui on les partage. Lorsque tous ces éléments sont en harmonie, plus grand est le plaisir ! J'ai moi-même constaté que si le repas et le vin sont en parfaite harmonie, les discussions à table sont encore plus joyeuses et conviviales. Alors, à vos tabliers chers lecteurs... il ne vous reste plus qu'à le constater par vous-même...

Bonne lecture et bonne dégustation !

Enrico BERNARDO
Meilleur sommelier du monde 2004

Pour mon fils Tristan
pour qu'il n'oublie jamais ses deux patries, la France et L'Islande.

Acquerir la sagesse
L'invité prudent
qui vient au festin
n'ouvre guère la bouche.
Les oreilles aux aguets
les yeux grands ouverts
ainsi s'acquiert la sagesse.

Extrait du *Havamal*, souvent comparé à l'ancien livre chinois du Tao, qui renferme tous les codes, usages et principes de vie des Vikings.

Signifie "Création" en runer, alphabet Viking.

Opéra bouffe et grand spectacle, par Eric Poindron

« Convier quelqu'un, c'est se charger de son bonheur pendant tout le temps qu'il est sous notre toit » Brillat-Savarin.

En Champagne, on ne fait jamais les choses à moitié et l'on s'efforce de les voir en grand. Le livre que vous tenez en main en est la preuve. Évitez de le secouer, il en tomberait des nuées d'étoiles.

C'est un livre unique en son genre à plus d'un titre. Il réunit les chefs renommés de la Champagne, des vins du même nom dont la réputation dépasse toutes les frontières, et un maître d'œuvre pour le moins insolite : Ragnar Fridriksson, amateur de champagne et de sa terre, certes, mais natif de Reykjavik!

Si le mot champagne est célèbre sur la planète, et peut-être au-delà, il n'en est pas de même de Reykjavik, capitale de l'Islande. En dehors du plus exceptionnel championnat du monde d'échecs de tous les temps, qui opposa, en 1972, l'Américain Bobby Fisher au Russe Boris Spassky – et vit la victoire éclatante de l'Américain – , Reykjavik est, à quelques pas du cercle polaire, la terre de la diva rock Bjork, de l'aquavit, du *Kaviar*, des poissons séchés et des vikings. La gastronomie, quant à elle, demeure bien modeste.

Pourtant, comme il existe des randonneurs botanis, Ragnar Fridriksson est un curieux gastronomis. Il a du goût, la bougeotte, et l'envie folle de servir à table, et la table. Alors à l'instar de ses presque ancêtres Ragnar Fridriksson a pris la mer et de l'altitude pour mieux voir du pays. Acte 1.

Après des études de communication en Angleterre, Ragnar Fridriksson accumule les diplômes et les expériences : titulaire d'un diplôme en management hôtelier et d'un MBA (en stratégie d'entreprise et e-commerce), il est aussi consultant en marketing. Il est serveur en Espagne, gérant de restaurants gastronomiques en Norvège et en Islande. Il y reçoit des gourmets, des ambassadeurs, des rois et des reines et bien d'autres têtes couronnées. Aujourd'hui, c'est en France, à Reims, qu'il a déposé ses bagages pour servir un nouveau roi, celui des vins, le champagne.

Diplômé de l'Institut des Hautes Etudes du Goût de la Gastronomie et des Arts de la Table, à Reims, il prend le temps d'écrire un mémoire remarquable : « Génération X : pourquoi l'industrie du vin ignore-t-elle les jeunes consommateurs ? ». Ragnar Fridriksson est un ambassadeur et un prosélyte qui a compris que mets et vins font bon ménage et beau mélange.

Chacun connaît le mot de Jean Anthelme Brillat-Savarin « Dis-moi ce que tu manges, je te dirai qui tu es », mais il faut ici ajouter la formule de Joseph Favre « dis-moi ce que tu bois, je te dirai ce que tu penses ».

Joseph Favre fut l'auteur du *Dictionnaire universel de cuisine pratique*, paru en 1895, un ouvrage de référence pour des générations de cuisiniers. Comme Ragnar Fridriksson, l'homme fut un européen gourmet et convaincu. Il officia à Paris, au Café de la paix ou au célèbre Café Riche, à Londres, à Berlin, en Suisse aussi, à Lausanne, Bâle ou dans la délicate ville de Fribourg où depuis toujours les curieux et les gourmets sont légion.

Le « Manger » et le « Boire » ensemble, comme l'écrivait le bon champenois Jean de la Fontaine, associer les mets et les vins, faire se rencontrer en une conversation délicate et de qualité le plat et le liquide ; ce que le philosophe hédoniste Michel Onfray, dans *La Raison gourmande* appelle « l'art de la mise en perspective ». L'idée n'est pas nouvelle, certes. Déjà au XVIIIe siècle, Alexandre Balthazar Laurent Grimod de La Reynière, un « Diogène moderne », selon le sobriquet de l'époque, avait compris qu'il n'existait pas de repas, digne de ce nom, sans les vins ad hoc, à savoir, l'accord qui tend au bonheur ; et l'ensemble sans périphrase, sans chimie, sans « technicité » sans... Le bonheur pour le bonheur.

Aussi, à la suite de ces précurseurs illustres, Ragnar Fridriksson a eu l'idée d'associer la cuisine des chefs de Champagne au vin de Champagne. Le champagne... Ce magicien, ce chef-d'œuvre et ce mystère à la fois. Les bulles qui s'élèvent ; ces perles aériennes et liquides que l'on ne peut saisir mais que l'on ne cesse d'admirer à défaut de tout à fait les comprendre. Les bulles et la couleur pour la première approche, le nez qui ne suffit pas – un vin ne se résume pas à l'émotion olfactive rappelons-le; ici on ne parle pas de « parfum » - , la bouche... Toutes les bouches. Le vineux, le gras, la mémoire, la persistance, la longueur, en somme le voyage, une fois encore, et quel voyage...

Le contrat d'honneur et d'amitiés, avec les chefs et les maisons, fut et demeure celui-là. Un voyage, des voyages, une mise en perspective et ce maître mot si mal employé quelquefois : le bonheur, le juste bonheur. Acte 2

Acte 3, le plus long et le plus beau des actes, la rencontre des chefs et des vins... Ragnar est allé chercher le meilleur des chefs et les chefs ont donné le meilleur d'eux-mêmes...

L'auteur a pris son bâton de pèlerin et vous emmène en coulisse. Il aime les rencontres et il y eut des rencontres. Vincent Dallet, le chocolatier pâtissier de référence, créateur de l'association des « Etoilés de la Champagne » adhéra à l'idée et s'enthousiasma. Il mit les chefs dans la confidence et les invita à se joindre au joyeux banquet. Les chefs réaliseraient six recettes chacun, sucrées ou salées, en association, chaque fois, avec un champagne.

Six plats multipliés par quinze chefs, soit quatre-vingt-dix recettes et quatre-vingt-dix vins choisis parmi 35 maisons et vignerons. Une joie et un casse-tête, un défi et une découverte de chaque instant. Ragnar Fridriksson reprit la route, fit l'écrivain, le photographe, le goûteur, le passionné. Les maisons et les vignerons jouèrent le – grand jeu. Les chefs, les épouses, les sommeliers, et les brigades se mirent au travail. Comme à l'opéra, il fallait – et il fallut – tout régler, les plats et les lumières, les cuvées et les sauces, les décors et la mise en appétit.

Maurice Saillant, définitivement connu sous le nom de Curnonsky, prince des gastronomes énonçait que « la cuisine, c'est quand les choses ont le goût de ce qu'elles sont ». La formule est célèbre désormais. « Presque » un mot d'ordre ; encore faut-il l'appliquer « presque » à la lettre. Nos chefs s'y sont employés. Ils sont allés chercher les produits d'ici et d'ailleurs pour les célébrer. Les voilà, par ordre d'apparition, les cuisiniers généreux qui inventent, magnifient et décomplexent la cuisine dans un même esprit :

Philippe Augé, Royal Champagne, à Champillon
Christophe Bernard, La Grillade Gourmande, à Epernay
Martial Berthuit, Auberge Le Relais, à Reuilly-Sauvigny
Didier Elena, Château Les Crayères, à Reims
Dominique Giraudeau, Le Grand Cerf, à Montchenot-Villers-Allerand

Gilles Goess, Hostellerie La Briqueterie, à Vinay
Arnaud Lallement, L'Assiette Champenoise, à Tinqueux
Laurent Laplaige, Le Millénaire, à Reims
Jacky Louazé, Le Foch, à Reims
Patrick Michelon, Les Berceaux, à Epernay
Thibaut Serin-Moulin, Château de Courcelles, à Courcelles-sur-Vesle
Hideaki Umada, Château Les Crayères, à Reims
Thierry Voisin, Restaurant Les Saisons - Imperial Hotel, à Tokyo
Philippe Zeiger, Aux Armes de Champagne, à L'Epine
Vincent Dallet, Chocolat Vincent Dallet, L'Ecole du chocolat à Epernay
et Chocolaterie des Sacres à Reims

Et parce que le vin de Champagne donne de l'esprit et de l'appétit, grande voix et beaux palais, notre gastronomade - selon le mot aimable du poète gourmand et bourguignon Charles Coypeau d'Assoucy , a recueilli avec conscience les recettes et les confidences culinaires des chefs. Ensemble, ils ont cherché les accords les plus réussis ; quand le vin se dévoile devant le plat, quand le plat se révèle devant le vin qui l'accompagne.

Puis il y eut la rencontre et la complicité bienveillante avec Sandra Rota, des Editions du Coq à l'Ane, éditrice et auteur d'ouvrages gastronomiques qui a su imaginer l'écrin qui convenait à si juste création. Ensemble ils ont su saisir cette cuisine ambitieuse et ces chefs modestes.

Avant-dernier acte... Un acte minuscule en apparence, et majuscule pourtant, à l'image du chemin accompli. Comme une répétition d'orchestre...

En cette fin d'été, sous un soleil de plomb, le chef Thierry Voisin, tout juste revenu du pays du soleil levant, rencontre l'écrivain et photographe du pays du soleil de minuit ; le temps d'un déjeuner de soleil. C'est le dernier chef à entrer en scène. Chez l'ami Giraudeau, au Grand Cerf, Thierry prépare, ajuste, dresse. À l'image de cette truffe façon Gérard Boyer, comme un souvenir doublé d'un hommage au chef majeur et chef de file, modèle d'une génération de cuisiniers d'exceptions en Champagne. Vincent Dallet fait une apparition. L'esprit des étoilés plane dans la grande salle de restaurant. Ils sont tous là. Artistes, savants, entiers, drôles, gourmands, généreux...

Le dernier acte reste à venir et c'est à vous de le jouer. Après la visite des coulisses, le lecteur, ou le cuisinier, tient enfin le livre « bleu et or ». Attention une fois encore à ne pas faire tomber les étoiles. Les premiers amphitryons vous cèdent la place. À votre tour d'entrer en cuisine et en scène...

Au menu des Chefs

Au fil de cet ouvrage, les plus grands chefs de la Champagne nous font partager leur enthousiasme et leur talent en nous présentant chacun six recettes de leur choix, des plus simples aux plus élaborées.

Pour chacune des recettes, les chefs de cave des prestigieuses maisons de champagne nous proposent leurs propres recommandations concernant le vin qui accompagnera au mieux chaque plat.

Entrons ensemble dans un univers de plaisir, de goût et de bon goût. Prenons le temps de découvrir les petits secrets et tours de mains de tous ceux qui font de notre gastronomie, l'une des plus raffinées et des plus prestigieuses au monde.

Philippe Augé, *Royal Champagne,* p. 18 à 31
- Raviolis de ricotta
- Huîtres Gillardeau en fine gelée et caviar d'Aquitaine
- Bonbonnières de potiron au foie gras poêlé
- Coquilles Saint-Jacques aux endives et coquillages
- Tajine de homard aux épices de feu avec semoule à l'oriental
- Pigeon aux écrevisses

Christophe Bernard, *La Grillade Gourmande,* p. 32 à 45
- Cappuccino de carotte et crème fouettée parfumée au cumin
- Crème de châtaignes et tartine toastée au brie de Meaux
- Salade de coquilles Saint-Jacques rôties et vinaigrette au beurre noisette acidulé
- Petites pommes de terre en chemise de poitrine fumée farcies au foie gras et crème de truffes
- Tartare de thon et tomate aigrelette en millefeuille de chips de pommes de terre
- Poêlée d'écrevisses au champagne

Martial Berthuit, *Auberge Le Relais,* p. 46 à 59
- Noix de Saint-Jacques rôties et crème de potimarron, copeaux de châtaignes et de parmesan, cappuccino de lait
- Foie gras de canard poêlé, coing au safran, sauce au champagne demi-sec et au miel
- Filet de sandre à l'Ambonnay rouge Côteaux Champenois avec sa mousse de céleri
- Suprême de pigeon rôti, cuisses farcies aux abats et champignons, poire au beurre
- Noix de ris de veau et queues de gambas rôties aux deux poireaux, sauce au citron
- Fines crêpes croustillantes aux clémentines et mangues caramélisées

Didier Elena, *Château Les Crayères*, p. 60 à 85

- Foie gras de canard, champignons blancs, truffes noires, vin d'orange
- Noix de Saint-Jacques, caviar et endives au jambon de Reims
- Turbot de Bretagne à blanc, rehaussé de poivre, pommes à pommes aux échalotes
- Carré de porcelet rôti, laqué, boudin noir, échine en salade
- Fontaine de chocolat et citron
- Caramel au croustillant de pralin, sauce carambar

Dominique Giraudeau, *Le Grand Cerf*, p. 86 à 99

- Homard et poires en vinaigrette aigre-douce aux baies roses
- Bar de ligne, sauce au champagne, fondue de fenouil, salpicon d'huîtres Gillardeau
- Saint-Pierre rôti sur l'arête et pommes fondantes aux truffes
- Canard de Challans rôti aux navets
- Filet de chevreuil poêlé au cerfeuil tubéreux et sauce aux truffes
- Pamplemousse caramélisé à la cassonade, glace au miel

Gilles Goess, *La Briqueterie*, p. 100 à 115

- Petits coquetiers de brandade de morue aux perles de saumon, salade de mâche aux herbes et chips de betteraves
- Cassolettes d'escargots au champagne et cèpes en persillade, cuites sous cloche feuilletée
- Risotto aux langoustines et noix de Saint-Jacques marbrée de jambon séché
- Dos de cabillaud en viennoise d'herbes, légumes d'autrefois et corail d'oursin servis dans sa coque
- Médaillons de ris de veau en croûte de pain d'épice, pommes fruits caramélisées à la senteur d'agrumes
- Soufflé au chocolat pur caraïbe, giboulée de griottes tièdes, crème glacée à la vanille Bourbon

---

Arnaud Lallement, *L'Assiette Champenoise*, p. 116 à 133

- Déclinaison de langoustine royale (la trilogie)
- Homard bleu, frites de pied de porc pané, sauce tartare et sauce lard
- Turbot à la plancha, sauce Château Chalon, bombe cacahuète et chorizo
- Saint-Pierre de Bretagne, avec ses couteaux, tomates séchées et chorizo
- Tourte de pigeon
- Chocolat pistache

Laurent Laplaige, *Le Millénaire,* p. 134 à 147

- Tartare de bar aux huîtres Gillardeau et des dentelles au jus de la mer L'œuf mollet aux morilles
- L'œuf mollet aux morilles
- Turbot grillé sur une tatin d'échalote et sauce au Banyuls
- Canon d'agneau, pommes boulangère et jus à la tapenade d'olive noire
- Côte de cochon noir de Bigorre de 12 heures avec des grosses asperges de pays rôties
- Macaron aux fruits rouges

Jacky Louazé, *Le Foch*, p. 148 à 161

- Miroir de concombre et saumon d'Ecosse
- Rouleau de printemps au thon et menthe fraîche
- Cannellonis de calamar à l'encre de seiche, poivron baby farci de brandade
- Millefeuille de bar et pomme de terre safranée, beurre à l'ail et persil
- Côte de veau de lait rôtie, mousse de lait à la réglisse, cromesquis de pied de veau à la graine de moutarde
- Oranges braisées au Passoa et aux épices, glace au thé noir de l'Ile Maurice

---

Patrick Michelon, *Les Berceaux*, p. 162 à 175

- Rillettes de saumon fumé et sa crème grelette
- Tartare de thon confit aux herbes, un œuf à cheval et sa grosse tartine de pain au levain grillée
- Saint-Pierre cuit au plat sur une boulangère de pommes de terre cuite au jus de coques
- Rouget-barbet simplement grillé à la fleur de sel, poireaux farcis à la chair de tourteau, pomme verte et curry
- Croustillant de cochon de lait aux épices, choucroute cuite au chardonnay et petit boudin noir d'Aÿ
- Poularde au vin de Champagne

Thibaut Serin-Moulin, *Le Château de Courcelles,* p. 176 à 191

- Foie gras de canard poêlé, céleri confit au beurre de pamplemousse
- Langoustines de petite pêche, servies en salade, vinaigrette acidulée à la mangue
- Rouget-barbet saisi à l'unilatéral, châtaignes compotées au jus et salade de chou rouge et pomme verte
- Saint-Jacques de Bretagne saisies au chou-fleur craquant crémeux, vinaigrette de crevettes grises et coriandre
- Ris de veau dorés au beurre salé avec légumes d'hiver mijotés au citron confit, olives Taggiash et pommes soufflées
- Crémeux passion, confit de fruits exotiques, sorbet coco en coque ivoire

Hideaki Umada, *Château Les Crayères*, p. 192 à 217

- Cochon de Bigorre façon "hure", marmelade de truffes, pied et foie gras fondant
- Langoustine royale en chaud et froid, noix pistache amande noisette
- Sole de petit bateau au beurre citron, truffes, sauce œuf coque
- Blanc de bar à plat sur un palet cresson, tourteau et mousse de céleri rave
- Pigeon en cocotte de fonte, betteraves, comté, jus aux abats
- Passion et ananas glacé, biscuit coco coriandre et meringué

Thierry Voisin, *Les Saisons, l'Imperial Hotel de Tokyo*, p. 218 à 231

- Ballottine de pigeonneau au foie gras et à la noisette
- La fameuse truffe en croûte… comme du temps de Gérard Boyer aux Crayères
- Homard bleu rôti, carottes de Kyoto en textures différentes, pommes et curry
- Bar de ligne en gelée chaude de pinot noir aux pommes de terre rissolées, échalotes confites et herbes fraîches
- C'est un jardin extraordinaire… accompagné de volaille de Bresse
- Sushi mangue au poivre vert et à la noix de coco

Philippe Zeiger, *Aux Armes de Champagne*, p. 232 à 245

- Damier de saumon
- Asperges de l'Epine meunières à la Tuber Aestivum avec ses copeaux de foie gras fumé
- Saint-Jacques bretonnes sur le grill, choux frisés et Culatello di Zibello
- Le cochon est dans le maïs
- Filet mignon de veau de lait farci aux morilles
- Ma boule de chocolat, sabayon au marc de Champagne et glace aux biscuit roses de Reims

Vincent Dallet, *Chocolat Vincent Dallet*, p. 246 à 269

- Le plaisir des Etoilés
- Le Tropical
- L 'Impérial
- Truffes rhum Zacapa aux parfums de cigares sur tui es au grué de cacao
- Aiguillettes d'oranges confites
- Coffret de chocolat et plantes, aux vertus thérapeutiques

Lexique culinaire des chefs

Agar-agar : gélifiant naturel issu de l'algue du même nom.

Alginate : additif alimentaire extrait d'algues brunes et qui possède un pouvoir gélifiant et épaississant.

Anglaise (cuire à l'anglaise) : cuire un aliment à l'eau bouillante salée. Dans le cas des pommes de terre, la cuisson démarre à froid.

Appareil : mélange d'ingrédients lors de la préparation d'un mets.

Beurre pommade : beurre mou plus facile à travailler et obtenu en laissant le beurre à température ambiante avant de s'en servir.

Blanchir : ébouillanter des aliments puis les refroidir dans une casserole d'eau glacée.

Braiser : cuire à feu doux et à l'étouffée avec un peu de liquide des aliments longs à la cuisson.

Brunoise : découpe des légumes en très petits dés de 1 ou 2 mm de côté.

Cebettes : petits oignons blancs

Chablon : Ustensile en caoutchouc qui permet de réaliser des décors en sucre, chocolat…

Châtrer (écrevisses) : ôter le boyau intestinal dont l'extrémité peut se saisir sous la queue.

Chemiser : tapissez les parois d'un récipient ou d'un moule de papier film, de papier sulfurisé ou d'un ingrédient.

Chinois : passoire conique qui sert à filtrer des liquides plus ou moins épais.

Coller : ajouter de la gélatine ramollie à l'eau froide à une préparation tiède pour lui apporter une consistance une fois refroidie.

Compoter : mijoter, laisser cuire très lentement jusqu'à ce que les éléments soit réduits en compote.

Crapaudine : façon de préparer une petite volaille : celle-ci est fendue en deux, aplatie puis grillée.

Crépine : fine membrane veinée de gras qui entoure les intestins des animaux de boucherie. S'en procurer chez son boucher.

Cromesquis : petites croquettes qui renferment une préparation. Mets d'origine polonaise.

Cul-de-poule : bassine en forme de saladier servant surtout à battre les blancs en neige.

Décuire : abaisser le degré de cuisson d'une préparation en lui ajoutant une petite quantité de liquide.

Dégermer : enlever le germe.

Déglacer : dissoudre à l'aide d'un liquide (eau, vin...) les sucs de cuisson qui ont attaché au fond de la casserole après un rissolage.

Dégraisser : enlever l'excès de graisse à froid à l'aide d'un couteau, à chaud en appliquant un morceau de papier absorbant sur la surface.

Demi-glace : réduction d'un fond brun lié de veau.

Dépouiller : enlever toutes les impuretés qui se forment à la surface durant la cuisson

Dessaler : éliminer ou diminuer la quantité de sel contenu dans les aliments, notamment lorsqu'ils sont conservés en saumure.
Le dessalage s'effectue en laissant le produit tremper dans l'eau pendant plusieurs heures. On peut répéter l'opération plusieurs fois.

Dresser : disposer les éléments d'un plat dans l'assiette de service, de façon harmonieuse.

Duxelles : hachis très menu, généralement de champignons, étuvé au beurre.

Ebarber : couper avec des ciseaux les nageoires d'un poisson cru.

Ecailler : ôter les écailles d'un poisson à l'aide d'un grattoir ou d'un couteau. On écaille un poisson en partant de la queue et en remontant vers la tête.

Ecumer : ôter l'écume qui se forme à la surface lors de la cuisson.

Emulsionner : disperser un liquide dans un autre auquel il ne se mélange pas en fouettant : par exemple, l'eau et l'huile. C'est le principe de la mayonnaise.

Etamine : tissu au maillage peu serré, employé pour passer les coulis et les sauces épaisses.

Etuver : cuire un aliment à couvert, à feu doux, avec un peu de matière grasse et de liquide (eau de végétation ou autre).

Fond : bouillon aromatisé utilisé pour la confection d'une sauce.
Le fond est dit blanc si les éléments qui le composent sont directement mis dans le liquide de cuisson.
Le fond est brun si l'on fait colorer les aliments qui le composent avant d'ajouter le liquide.

Fouler : passer un liquide épais à travers un chinois ou une étamine en le pressant à l'aide une cuillère.

Ganache : crème utilisée pour garnir des gâteaux ou des préparations. La plus connue est la ganache au chocolat contenue dans certains chocolats.

Garniture aromatique : mélange de légumes, aromates et condiments utilisé pour parfumer une préparation.

Gastrique : réduction de vinaigre et de sucre sur le feu jusqu'à évaporation du liquide.

Glace : consistance sirupeuse obtenue par réduction d'un fond de sauce.

Glacer : recouvrir ou enduire un aliment d'un jus de façon à obtenir à sa surface une couche brillante et lisse.

Glucose : glucide simple qui a la particularité de ne pas cristalliser. En vente dans les magasins de fourniture pour boulangerie.

Grué de cacao : fèves de cacao torréfiées et concassées

Guarana : petite baie d'Amérique du Sud très riche en vitamine C.

Julienne : taille des légumes en petits bâtonnets très fins (1 à 2 mm d'épaisseur)

Kumbawa : citron vert de la Réunion à la saveur très parfumée.

Lever : prélever des morceaux (tel le filet) de viande, poisson ou volaille.

Lier : ajouter un ingrédient en fin de préparation afin d'apporter une consistance supplémentaire.

Lustrer : enduire un mets de beurre ou de gelée pour lui donner un aspect brillant.

Macis : enveloppe de la noix de muscade. Le macis a une saveur plus sbtile que la noix de muscade. On le trouve entier ou déjà moulu.

Mandoline : ustensile qui permet de couper des aliments en très fines lamelles. On s'en sert notamment pour émincer les truffes.

Maryse : spatule qui permet de racler les contenants afin de ne perdre aucune une goutte de l'appareil.

Meunière : mode de cuisson qui consiste à fariner et poêler au beurre des poissons. Ils sont ensuite arrosés de citron, de beurre et de persil.

Mirepoix : préparation à base de légumes et de lard.

Monder : retirer la peau d'un fruit en l'ébouillantant durant quelques secondes avant de le mettre dans de l'eau glacée. La peau se retire alors facilement. L'astuce consiste à entailler d'une croix la peau du fruit avant de le mettre dans l'eau bouillante.

Monter une sauce : ajouter du beurre froid coupé en dés en fin de cuisson tout en remuant l'appareil.

Mouiller : ajouter un liquide au cours de la cuisson.

Napper : recouvrir un aliment de sauce ou de crème.

Pailleté feuilletine : préparation pâtissière pour la réalisation de croquant praliné, de tablettes ou encore d'intérieurs de bonbons chocolat.

Palette : Lame large et souple qui permet de décoller des éléments d'une plaque ou de glacer des préparations.

Parer : ôter les parties inutiles d'un produit avant sa préparations : ôter les nerfs d'une viande, les «yeux» d'un ananas par exemple.

Paysanne : assortiment de légumes taillés en fins bâtonnets.

Pectine : substance gélifiante naturelle, elle est notamment présente dans les pépins de pomme ou dans le jus de certains fruits.

Peler à vif (pour les agrumes) : ôtez l'écorce du fruit jusqu'à la chair.

Pincer (des champignons) : saisir rapidement sur feu vif.

Piquillos : petits piments doux à la saveur du poivron, spécialité du Pays Basque.

Poche à douille : ustensile qui permet de mettre en forme des pâtes. Il est composé d'une poche que l'on remplit de pâte et d'une douille dont l'ouverture, plus ou moins grande, lisse ou cannelée, permet de répartir la pâte selon la forme voulue.

Poudre à crème : préparation en poudre pour crème pâtissière.

Réduire : diminuer la quantité de liquide par évaporation jusqu'à la consistance voulue.

Réserver : Mettre de côté des éléments de préparation (en veillant à leur conservation) pour leur utilisation future.

Rodoïde : feuille anti-adhésive spéciale pour la pâtisserie.

Sabayon : entremets à base de vin, de sucre et de jaunes d'œuf.

Saisir : commencer la cuisson d'un aliment dans une poêle avec une matière grasse très chaude afin d'en caraméliser les sucs.

Salpicon : préparation qui allie un ou plusieurs ingrédients coupés en dés et épaissis dans une sauce.

Sashimi : préparation de poisson cru, spécialité japonaise. Le poisson est découpé en tranches.

Sauce Teriyaki : sauce japonaise à base de saké, de sauce soja, de sucre et de gingembre.

Sautoir : casserole basse, munie d'une queue, dans laquelle les aliments sont mis à sauter avec un peu de matière grasse.

Serrer (des blancs) : continuer à fouetter des blancs en neige jusqu'à ce qu'ils soient bien fermes.

Shiso : feuilles aromatiques utilisées fraîches dans la cuisine japonaise. Elles ont une odeur à la fois anisée et mélissée, souvent servies avec le sushi, le sashimi et le tempura.

Silpat : feuille de caoutchouc siliconé anti-adhésive.

Sommités : petits bouquets des choux-fleurs et brocolis notamment.

Sous vide : technique de cuisson qui permet de garder un maximum de saveur. Si vous n'avez pas les équipements nécessaires demandez à votre boucher de vous le faire ou mettez les ingrédients au four sous couvercle.

Trimoline/Sucre inverti : la trimoline sert à éviter la recristallisation du sucre et à mieux le conserver. Elle peut être remplacée par la même quantité de sucre normal.

Suer : cuire dans un corps gras des aliments coupés en petits morceaux afin de leur faire perdre leur eau de végétation et de concentrer les sucs de cuisson.

Tempura : beignet d'origine asiatique dont la pâte est constituée d'eau, de farine et d'œufs.

Tomber : réduire le volume de certains légumes très aqueux, comme l'épinard, en les faisant cuire dans un peu de matière grasse : sous l'action de la chaleur, ils rendent leur eau et «réduisent» de volume.

Torréfier : passer des fruits secs dans une poêle très chaude, l'action de la chaleur libère leurs arômes.

Yakitori : brochettes japonaises.

«A mon avis, un plat ne doit pas comporter plus de trois saveurs.
Bien souvent, faire moins est pour le mieux !»

Philippe Augé

Royal Champagne

Originaire du Sud Ouest de la France, Philippe a travaillé principalement dans le Périgord, ainsi qu'à Monaco et Lyon. L'idée ne l'avait jamais effleuré de travailler si loin dans le Nord de la France, en Champagne ! En plus de travailler spécifiquement avec des produits de saison, Philippe apporte également inconsciemment à ses plats une note ensoleillée en provenance du Sud.

Philippe recherche en priorité l'harmonie des goûts quand il s'apprête à créer de nouvelles recettes : «A mon avis, un plat ne doit pas comporter plus de trois saveurs. Trop d'ingrédients et une importante mixité des saveurs sont en règle générale de trop dans une recette et nous ne savons plus ce que nous mangeons. Bien souvent, on peut dire que faire moins est pour le mieux !». C'est cette fascination pour les produits frais que la nature nous apporte qui l'ont amené à devenir cuisinier. Aujourd'hui, il essaye d'inspirer d'autres cuisiniers et notamment d'autres jeunes chefs. Chaque année, il invite les enfants de son village à une dégustation et une découverte des produits qui l'ont lui-même inspiré. Ainsi, Philippe aime à dire qu'il contribue au fait que la gastronomie est une expression de la terre et du terroir. «Dans notre société marquée par l'industrialisation, si nous n'éduquons pas les enfants à la nourriture et aux goûts, qui donc portera le flambeau de la gastronomie dans le futur ?».

Vous pourrez faire la connaissance de Philippe et sa brigade au *Royal Champagne*, établissement situé dans une maison historique qui surplombe les plus beaux et prestigieux vignobles de Champagne, près d'Epernay.

Royal Champagne – Hôtel et Restaurant
F-51160 Champillon
Tel : +33 (0)3 26 52 87 11
Fax : +33 (0)3 26 52 89 69
Email : royalchampagne@relaichateaux.com
www.royalchampagne.com

Raviolis de ricotta

Voici un plat léger et très savoureux. Comme vous pouvez le constater, il est fortement inspiré par la cuisine italienne. C'est un style de cuisine que j'apprécie beaucoup car elle est à la fois simple et généreuse.

Pour 4 personnes

Les raviolis

500 g d'épinards
500 g de roquette
250 g de ricotta
100 g de parmesan râpé
50 g de pignons de pin
Huile d'olive
1 paquet de pâte chinoise
10 g de beurre
Sel, poivre

Le jus

100 g de jambon cru
40 g de beurre
2 gousses d'ail
25 cl de fond de volaille

Garniture et finition

200 g d'épinards
4 pièces de tomates confites
150 g de chipirons
Huile d'olive
1 gousse d'ail
1 poignée de persil haché
8 copeaux de parmesan
Sel, poivre

Les raviolis : Lavez les épinards et la roquette, faites-les tomber au beurre et assaisonnez-les. Egouttez-les bien puis hachez-les très fin. Dans un cul-de-poule, mélangez la ricotta avec les épinards et la roquette, ajoutez le parmesan râpé, les pignons de pin et l'huile d'olive. Rectifiez l'assaisonnement. Réservez l'appareil.
Posez les carrés de pâte sur un plan de travail fariné, posez au centre une belle noix de farce, puis façonnez le ravioli. Réservez au réfrigérateur sur un plat fariné.

Le jus : Dans une russe, faites un beurre noisette, ajoutez l'ail écrasé et le jambon cru en brunoise, enrobez bien la brunoise de beurre noisette. Mouillez à hauteur avec le fond de volaille. Laissez cuire 20 minutes environ, passez au chinois et réservez.

Garniture et finition : Faites tomber les épinards au beurre, disposez-les au fond de l'assiette. Sautez les chipirons dans une poêle avec de l'huile d'olive, ail, sel, poivre et persil. Faites cuire les raviolis dans l'eau bouillante salée. Liez-les avec le jus de jambon. Posez les raviolis dessus, ajoutez quelques pignons de pin, une tomate confite et deux copeaux de parmesan, puis saucez avec le jus de jambon.

Pour accompagner ce mets...

La Maison Philipponnat vous conseille
le Champagne PHILIPPONNAT Grand Blanc 1999

Voilà de bien intéressants raviolis... il y entre beaucoup plus que de la ricotta. La garniture, comme le jus, leur donne un riche air de risotto... On retrouve le style généreux et italianisant, voire vénitien, de Philippe Augé.

C'est un bonheur, Philipponnat, sans doute est-ce une affinité de goût, honore et s'honore des plus belles tables de la péninsule.

Ricotta, pâte, jambon cru, huile d'olive... le choix est vite tranché, c'est un cas d'école en faveur d'un «Grand Blanc», 100% Chardonnay de Premiers et Grands crus, par exemple le millésime 1999, tendre et élégant. Un accord en dentelle sur le beurré et le gras, tout en légèreté.

Alternativement, sur le gras du jambon et le parmesan, un accord plus mûr est possible avec un vieux Grand Blanc, au léger rancio, comme 1985.

Charles PHILIPPONNAT
Champagne PHILIPPONNAT

Huîtres Gillardeau en fine gelée et caviar d'Aquitaine

Cette petite entrée est comme une promenade au bord de la mer. La fraîcheur et le goût iodé nous mettent l'eau à la bouche. On entend presque les mouettes chanter.

Pour 4 personnes

Les huîtres
12 huîtres Gillardeau n°2
300 g d'épinards
240 g de saumon fumé
300 g de chair de crabe
1 citron confit
1 pincée de coriandre fraîche hachée
Sel, poivre

La gelée
Jus d'huîtres
70 g de champagne
1 à 2 g de gélatine
3 pluches d'aneth

La sauce
300 g de jus d'huîtres (ou coquillages)
150 g de crème épaisse
2 cuillères à café de jus de citron

Finition et dressage
4 tranches de pain de seigle
2 g de caviar d'Aquitaine

Les huîtres : Ouvrez et décoquillez les huîtres, pochez-les dans leur jus et ébarbez-les. Réservez le jus. Hachez les bardes avec le saumon fumé. Mélangez la chair de crabe avec les bardes hachées, le saumon, la coriandre et le citron confit. Rectifiez l'assaisonnement. Faites cuire les feuilles d'épinards 30 secondes dans l'eau bouillante salée, retirez et laissez refroidir.
Etalez les feuilles d'épinards sur un torchon. Roulez les huîtres dans les feuilles d'épinards. Dans de petites verrines, disposez la chair de tourteau au fond et les huîtres par-dessus.

La gelée : Récupérez le jus d'huîtres. Ajoutez 1/3 du champagne, puis la gélatine (1 g pour 100 g de jus) et l'aneth. Versez la gelée dans les verrines aux 3/4. Réservez au réfrigérateur.

La sauce : Mixez le jus d'huîtres avec la crème épaisse et le jus de citron. Rectifiez l'assaisonnement.

Finition et dressage : Sortez les verrines 10 minutes avant de servir, passez la sauce dans un mixeur et versez l'écume dans les verrines. Ajoutez une petite quenelle de caviar par verre.
Servez avec une tranche de pain de seigle grillée.

Pour accompagner ce mets...

La Maison Vilmart & Cie vous conseille
le Champagne VILMART Grand Cellier

Tout en finesse, le Champagne Vilmart Grand Cellier dégage une myriade de bulles fines et élégantes s'associant à merveille aux saveurs fragiles et iodées des huîtres. La cuvée Grand Cellier est un assemblage de 70% Chardonnay et 30% Pinot Noir. Ce champagne est vieilli 10 mois en foudres pour gagner en complexité et en richesse aromatique tout en gardant sa fraîcheur et sa vivacité. L'attaque en bouche est vive, libérant des notes d'agrumes comme le pamplemousse et la mandarine, laissant ensuite place à un final légèrement citronné qui rehausse toute la fraîcheur iodée de ce plat.

Sa texture suave et souple caresse harmonieusement l'onctuosité de la fine gelée et nous offre un moment de pure harmonie au nez et au palais.

Laurent CHAMPS. Propriétaire, récoltant-manipulant
Champagne VILMART & Cie

Bonbonnières de potiron au foie gras poêlé

L'aspect visuel n'est pas moins intéressant que l'aspect gustatif du potiron. Finalement, c'est le goût qui compte. La douceur parfumée du potiron caresse délicatement le foie gras et le reste des ingrédients.

Pour 4 personnes

Les bonbonnières

90 g de foie gras de canard cru
4 bonbonnières
5 dl de fond blanc
1 carottes hachée
1 oignon haché
3 g d'ail haché
2 brins de thym
60 g de champignons (mélange selon saison)
1 échalote ciselée
1 poignée de persil plat haché
1 noix de beurre
Quelques pluches d'herbe (cerfeuil)
Sel, poivre,
Fleur de sel, poivre mignonnette

La sauce

25 cl de jus de canard ou de volaille
4 cl d'huile de noix

La garniture

4 tranches de lard fumé
250 g de cèpes
Huile d'olive

---

les bonbonnières : Lavez les bonbonnières. Ouvrez-les en gardant le chapeau. Assaisonnez-les bien. Braisez-les au four dans une cocotte avec le fond blanc et la garniture aromatique (carotte, oignon, ail et thym) pendant 25 minutes à 150°C.
Faites sauter au beurre les champignons et les échalotes. Ajoutez le persil à la fin.
Poêlez le foie gras dans une poêle anti-adhésive sans matière grasse 2 minutes sur chaque face. Assaisonnez le foie gras avec le poivre mignonnette, le poivre et la fleur de sel.

La sauce : Préparez le jus de canard selon la même procédure que pour le jus de pigeon (recette : Pigeon aux écrevisses p : 30), en remplaçant la carcasse de pigeon par celle d'un canard (ou achetez un jus de volaille dans le commerce). Emulsionnez le jus de canard ou de volaille avec l'huile de noix.

la garniture : Coupez le lard fumé en fines tranches. Mettez-les à sécher dans le four entre deux feuilles de papier sulfurisé à 80 °C pendant 20 minutes.
Mettez les cèpes dans une casserole et couvrez à mi-hauteur avec de l'huile d'olive. Faites confire très doucement pendant une dizaine de minutes puis couvrez et laissez mariner dans l'huile tiède pendant au moins une heure.

Dressage : Dans la bonbonnière, disposez les champignons et la tranche de foie gras, arrosez de sauce, décorez d'une bande de lard séché, une pluche d'herbe (cerfeuil) et trois cèpes confits.

Pour accompagner ce mets...

La Maison Mercier vous conseille
le Champagne Cuvée Eugène MERCIER

La Cuvée Eugène Mercier perpétue l'esprit du fondateur de la Maison. Elle est un hommage aux champagnes qu' Eugène Mercier réservait aux moments d'exception et aimait à déguster avec ses amis.

Elle se distingue, dans sa composition, par un fort pourcentage de vins de réserve qui lui confère sa maturité et contribue à la pérennité du style.

Par sa richesse aromatique, sa structure et sa puissance, elle est idéale pour accompagner cette bonbonnière. L'intensité du foie gras et de cette cuvée offre un mariage remarquable. Depuis le début et jusqu'à la fin de bouche, se succède une diversité d'arômes où l'harmonie est complète.

Monique CHARPENTIER, Chef de cave
Champagne MERCIER

Coquilles Saint-Jacques aux endives et coquillages

Pour accompagner les délicates coquilles Saint-Jacques, laissez courir votre imagination, vos envies et vos souvenirs de vacances quant au choix des coquillages ! A vos bottes, à vos épuisettes, tout le monde à la pêche !

Pour 4 personnes

Les coquilles Saint-Jacques

12 coquilles Saint-Jacques (avec les bardes)
Huile de noix
1 noix de beurre
Sel, poivre

Les coquillages marinières

500 g de moules
500 g de palourdes
500 g de coques
500 g de couteaux
3 échalotes ciselées
1 noix de beurre
25 cl de vin blanc
Bouquet garni (laurier, thym...)

La sauce

25 cl de jus de coquillages
25 cl de crème
100 g de beurre
Jus d'un demi-citron

Garniture et dressage

2 endives jaunes
2 endives rouges

Les coquilles Saint-Jacques : Ouvrez et nettoyez les coquilles Saint-Jacques. Récupérez les bardes, nettoyez-les puis braisez-les en cocotte dans l'huile de noix. Faites cuire les coquilles Saint-Jacques dans une poêle anti-adhésive, à sec, puis en fin de cuisson ajoutez une noix de beurre.

Les coquillages marinières : Décortiquez les coquillages et gardez les coquilles des couteaux. Faites fondre des échalotes dans le beurre, ajoutez le vin blanc et le bouquet garni.
Couvrez et laissez bouillir jusqu'à ce que les coquillages s'ouvrent (2 à 3 minutes). Gardez le jus de cuisson pour la sauce. Hachez les coquillages finement et farcissez les couteaux.

La sauce : Récupérez le jus des coquillages, faites-le réduire (attention au sel). Ajoutez la crème, réduisez de 1/3. Montez au beurre et ajoutez le jus d'1/2 citron. Rectifiez l'assaisonnement

Garniture et dressage : Effeuillez les endives. Dressez les bardes de Saint-Jaques dans les endives, ajoutez les Saint-Jacques et saucez avec le jus. Posez les couteaux farcis à côté.

Pour accompagner ce mets...

La Maison Pol Roger vous conseille
le Champagne POL ROGER Brut Réserve

Le style et la qualité : reflet du savoir-faire de la Maison, le Brut Réserve Pol Roger développe les qualités propres à toute grande marque de champagne : la constance du goût et la profondeur des arômes. Composée à part égale de Chardonnay, de Pinot Noir et de Meunier, cette cuvée offre un équilibre optimal entre puissance et finesse, fraîcheur et délicatesse.

Une harmonie naturelle s'installe entre le vin et la structure du mets : la délicatesse des coquilles Saint-Jacques relevées à l'huile de noix, auxquelles s'ajoutent la finesse des coquillages, la fraîcheur et le croquant des endives.

Hubert de BILLY
Champagne POL ROGER

Tajine de homard aux épices de feu avec semoule à l'oriental

Le homard est un produit qui s'adapte à toutes sortes de combinaisons de goût. Cependant, faites attention au dosage car son goût délicat est rapidement dépassé. Alors quand je dis... épices de feu... ça ne veut pas dire qu'il faille brûler la baraque !

Pour 4 personnes

La semoule

325 g de semoule fine
5 cl d'huile d'olive
1 pointe de couteau de curry
1 pointe de couteau de safran
50 g de raisin
50 g de pignons de pin
50 g d'amandes effilées
1 noix de beurre
Sel, poivre

Le jus tajine

1/2 l de fumet de homard
1 oignon tranché
1 cuillère à soupe de miel
Jus de 1/2 citron
1/2 botte de coriandre
1 g de quatre épices
2 g de cumin
1 g de curry
1 g de badiane
1 g de gingembre

Les homards

4 homards (500 g chacun)
1 pincée d'ail écrasé
1 branche de thym

La semoule : Lavez la semoule. Ajoutez l'huile d'olive, le sel, le poivre, le safran et le curry. Faites-la cuire à la vapeur en couscoussière. Faites tremper les raisins. Torréfiez les amandes et les pignons au four. Lorsque la semoule est cuite, ajoutez raisins, pignons et amandes et réservez.

Le jus tajine : Etuvez l'oignon à l'huile d'olive durant 10 minutes. Faites un caramel avec le miel en le colorant dans une casserole puis déglacez avec le jus d'1/2 citron, ajoutez-le à l'oignon. Ajoutez les épices et mélangez. Mouillez avec du fumet de homard et faites cuire 25 minutes à petits bouillons. Passez le jus au chinois et réservez.

Les homards : Placez les homards encore vivants dans de l'eau bouillante pendant 1 minute. Placez-les en tajine ou cocotte beurrée, ajoutez le jus tajine et laissez cuire 8 minutes à couvert. Décortiquez les homards.
Passez le jus au chinois fin et faites-le réduire jusqu'à ce qu'il nappe la cuillère puis beurrez-le légèrement. Rectifiez l'assaisonnement. Chauffez la semoule. Dressez dans une assiette creuse, cerclez de semoule, disposez les homards, chauffez la sauce et nappez.

Pour accompagner ce mets...

La Maison Pommery vous conseille
le Champagne Cuvée Louise 1998

Cuvée Louise 1998, ce vin au charme fou, d'une classe extraordinaire se devait de trouver comme compagne ce tajine de homard fait de douceur, de rondeur et de distinction. La finesse, la pureté mais aussi la complexité du vin se mêlent avec subtilité à la richesse distinguée de ce mets.

Il semble que la pureté naturelle du vin soit décuplée par la finesse de la texture de ce homard qui caresse le voile du palais.

Un moment d'exception, pour deux produits hors du temps.

Thierry GASCO, Chef de cave
Champagne POMMERY

Pigeon aux écrevisses

Ce plat est une rencontre entre deux textures et deux saveurs très différentes. Le résultat est une composition très simple avec beaucoup de caractère et de personnalité. On n'a pas besoin d'ajouter plus de choses pour apprécier la complexité des saveurs.

Pour 4 personnes

Les pigeons
4 pigeons d'environ 480 g
100 g de beurre
1 gousse d'ail
1 pincée de thym
1 échalote ciselée
1 pincée de persil plat ciselé

Les écrevisses
12 écrevisses
Huile d'olive
1 noix de beurre

La sauce
1 kg de carcasse de pigeon volaille
12 têtes d'écrevisses
1 carotte hachée
100 g de céleri branche haché
1 oignon haché
2 gousses d'ail
2 brins de thym
100 g de beurre
5 cl d'huile d'olive
1 cuillère à café de concentré de tomate
2 tomates
2 cl de Cognac
5 dl de fond blanc de volaille

Garniture
12 pièces de pâte Zita, grand format
Les pattes des pigeons
150 g de parmesan
crème liquide

Les pigeons : Habillez les pigeons de la manière suivante : faites un beurre pommade, ajoutez l'échalote, le thym, le persil plat et l'ail haché. Placez le beurre d'herbes sous la peau des pigeons, puis bridez-les. Colorez les pigeons à l'huile d'olive, puis faites-les cuire au four à 200°C pendant 12 minutes. Ils doivent rester rosés à l'intérieur. Laissez-les reposer 12 minutes environ

Les écrevisses : Otez les têtes des écrevisses et réservez-les pour la sauce. Faites cuire les écrevisses dans une cocotte avec de l'huile d'olive et du beurre à couvert pendant 5 minutes ou jusqu'à ce qu'elles soient d'une belle couleur rouge. Décortiquez-les et réservez.

La sauce : Faites colorer les carcasses de pigeons ou de volailles coupées en petits morceaux avec de l'huile. Apres coloration, dégraissez, ajoutez une belle noix de beurre, ajoutez la garniture aromatique puis faites suer deux minutes. Déglacez avec une louche de fond blanc et réduisez le liquide jusqu'à ce que tout soit presque absorbé. Répétez l'opération 3 fois. Ajoutez les têtes d'écrevisses, le concentré de tomates et les tomates. Mouillez au fond blanc à hauteur. Laissez cuire l'ensemble au petit bouillon pendant 25/30 minutes en dépouillant fréquemment.
Passez au chinois en pressant bien les carcasses. Faites réduire jusqu'à l'obtention d'une belle consistance onctueuse et servez.

Garniture : Faites cuire les pâtes Zita à l'eau bouillante salée et laissez-les refroidir. Dans une poêle, faites fondre le parmesan dans un peu de crème. Mettez-y les pattes de pigeon et chauffez légèrement. Servez aussitôt.

Dressage : Levez les pigeons. Dressez les pattes glacées au parmesan dans la longueur. Posez les pigeons dessus. Ajoutez les queues d'écrevisses et nappez avec la sauce. Servez avec les pâtes.

Pour accompagner ce mets...

La Maison Vranken vous conseille
le Champagne DEMOISELLE La Parisienne 1er cru 2000

Un vin de l'extrême qui dévoile ses charmes tout au long de la dégustation, laissant apparaître une multitude de senteurs florales et d'agrumes, mais aussi de brioche délicatement toastée, l'ensemble enrobé d'un film légèrement mielleux.

Cet univers de plaisir naissant dans le verre trouve son équilibre avec l'assiette qui présente un paradis de richesses célestes et maritimes.

Dominique PICHART, Chef de cave
Champagne DEMOISELLE

«La cuisine traditionnelle, de par sa simple préparation, dépend entièrement de la qualité des produits»

Christophe Bernard
La Grillade Gourmande

D'aussi loin qu'il se souvienne, Christophe sait qu'il a toujours voulu être un chef ! Christophe est né à Lyon, au sein du berceau de la gastronomie française ! Sa mère lui a raconté qu'elle l'a trouvé, à l'âge de trois ans, la tête dans le placard aux provisions ! Il avait vidé un sac de farine et était en train de mixer le contenu avec de l'huile d'olive. «C'est probablement ma première expérience culinaire» nous raconte-t-il, un large sourire aux lèvres. Il a ainsi commencé sa carrière dans la cuisine familiale, et l'a poursuivie auprès des plus grands comme Paul Bocuse et Alain Ducasse.

Christophe a récemment pris la direction de *La Grillade Gourmande*, un agréable et très charmant restaurant familial réputé pour ses traditionnels steaks saignants grillés au feu de bois. Tout en restant fidèle aux traditions de *La Grillade Gourmande*, il parvient à ajouter progressivement son propre style élégant et novateur au menu. Lorsque nous lui demandons s'il préfère la cuisine créative ou la cuisine traditionnelle, il nous répond : «les deux sont formidables à préparer et à déguster. Tout dépend de l'occasion. Cependant, parvenir à mélanger les deux styles sur un même menu est un double challenge. La cuisine créative dépend beaucoup de l'imagination du chef et de son savoir-faire alors que la cuisine traditionnelle, de par sa simple préparation, dépend entièrement de la qualité des produits».

Restaurant La Grillade Gourmande
16 rue de Reims
F-51200 Epernay
Tel : +33 (0)3 26 55 44 22
Fax : +33 (0)3 26 54 01 74
Email : grilla2gourmande@aol.com
www.lagrilladegourmande.com

Cappuccino de carotte et crème fouettée parfumée au cumin

Rafraîchissant et goûteux en début de repas.

Pour 4 personnes

La crème de carotte

300 g de carottes
3 dl de bouillon de poule
3 feuilles d'estragon
1,5 dl de crème fleurette
Sel, poivre
Vinaigre balsamique de Modène
Cerfeuil

La crème fouettée au cumin

5 cl de crème fleurette
1 pincée de cumin en poudre
Sel, poivre

La crème de carotte : Epluchez puis taillez les carottes en brunoise. Mettez les carottes taillées dans une casserole avec les feuilles d'estragon, mouillez avec le bouillon de poule, portez à ébullition et laissez cuire 7 à 10 minutes. Vérifiez la cuisson des carottes et mixez le tout. Débarrassez et réservez au frais. Quand la crème de carotte est bien froide, incorporez la crème fleurette au mixeur. Vérifiez l'assaisonnement. Dressez la crème de carotte dans un verre, ajoutez sur le dessus une petite quenelle de crème au cumin. Décorez avec quelques graines de cumin, une belle pluche de cerfeuil et 5 gouttes de vinaigre balsamique.

La crème fouettée au cumin : Montez la crème fleurette au fouet. Ajoutez une pincée de cumin en poudre, sel et poivre. Réservez au frais.

Pour accompagner ce mets...

La Maison Malard vous conseille
le Champagne MALARD Grand Cru Chardonnay

Notre Champagne Grand Cru 100% Chardonnay est composé uniquement de raisins issus des dix-sept terroirs classés Grands Crus (Chouilly, Avize, Cramant, Mesnil-sur-Oger). Le nez est caractérisé par la fraîcheur et la finesse, où l'on retrouve également des notes de fleurs d'acacia.

La bouche, à la fois fraîche et mûre, dégage une impression de maturité et d'équilibre.

Jean-Louis MALARD, Directeur Général
Champagne MALARD

Crème de châtaignes et tartine toastée au brie de Meaux

En amuse-bouche ou en entrée légère, cette crème de châtaignes vous chauffe le cœur et le corps les jours froids d'hiver.

Pour 8 personnes

La crème de châtaignes
50 g de beurre
1 oignon haché
100 g de poitrine fumée
800 g de châtaignes
1,6 l de bouillon de poule
400 g de crème liquide
Sel, poivre

La tartine au brie
8 tranches de pain de campagne
1/4 de brie de Meaux
Fleur de sel
Huile d'olive

La crème de châtaignes : Faites fondre 50 g de beurre dans une casserole pour y faire revenir, sans coloration, l'oignon et la poitrine fumée coupée en petits dés. Ajoutez-y ensuite 800 g de châtaignes épluchées, laissez suer de nouveau 5 minutes. Mouillez avec le bouillon de poule, portez à ébullition et ajoutez ensuite la crème liquide. Salez et poivrez légèrement.
Laissez cuire environ 30 minutes à frémissement puis passez au mixeur et ensuite au chinois. Vérifiez l'assaisonnement.

La tartine au brie : Placez les tranches de pain sur une plaque à four, arrosez d'un filet d'huile d'olive puis couvrez-les de lamelles de brie de Meaux, ajoutez une pincée de brisures de châtaignes et de fleur de sel. Mettez les tartines au four à 230 °C environ 5 minutes avant de servir.

Pour accompagner ce mets...

La Maison Canard-Duchêne vous conseille le Champagne CANARD-DUCHÊNE La Grande Cuvée Charles VII Blanc de Noirs

Cette cuvée est élaborée à partir de cépages noirs des meilleurs crus de la Champagne (70% Pinot Noir, 30% Pinot Meunier) et se distingue par sa puissance et sa structure.

Au nez, des arômes de fruits chauds (mirabelle, pêche) laissent place, à l'aération, à des notes épicées et briochées.

En bouche, ce vin présente en final une belle maturité à travers des arômes de fruits confits.

Laurent FEDOU, Chef de caves
Champagne CANARD-DUCHÊNE

Salade de coquilles Saint-Jacques rôties et sa vinaigrette au beurre noisette acidulé

Cette recette simple et délicieuse est mon plat fétiche depuis des années et les gens le plébiscitent encore ! Pourtant, il n'est pas compliqué à préparer mais c'est toujours un succès.

Pour 4 personnes

Les coquilles Saint-Jacques

20 coquilles Saint-Jacques
2 endives
2 quartiers de tomates confites
5 olives noires
80 g de fèves
80 g de beurre
7 cl de vinaigre de Xérès
Mélange de salade (frisée, trévise)
Sel

Les coquilles Saint-Jacques : Décoquillez les Saint-Jacques et réservez les noix. Triez les endives, gardez 20 belles feuilles. Epluchez les fèves. Dénoyautez les olives. Faites chauffer une cuillère à soupe d'huile d'olive dans une poêle anti-adhésive. Une fois l'huile bien chaude, faites dorer les Saint-Jacques sur chaque face (ne pas trop les faire cuire). Réservez-les au chaud. Mettez le beurre dans une casserole avec une pincée de sel fin. Chauffez le beurre pour qu'il devienne couleur noisette. Une fois la coloration désirée, retirez la casserole du feu et versez aussitôt le vinaigre de Xérès en remuant vivement au fouet.

Dressage : Mettez au centre de l'assiette un bouquet de salade assaisonnée. Disposez autour 5 belles feuilles d'endive, ajoutez entre chacune les noix de Saint-Jacques dorées, posez sur chaque Saint-Jacques une lanière de tomate confite, quelques copeaux d'olive noire et 1 ou 2 fèves. Saucez le tout avec le beurre noisette acidulé qui sert de vinaigrette pour ce plat.

Pour accompagner ce mets...

La Maison Mercier vous conseille
le Champagne MERCIER Brut

Les commentaires de Christophe Bernard sur cette recette "simple et délicieuse" sont à l'image du Brut Mercier.

Moins strict qu'un chef cuisinier sur les proportions mises en œuvre dans la composition d'une recette, c'est l'équilibre des vins qui nous guide dans l'assemblage. Pinot Noir et Pinot Meunier pour leur fruité, agrémentés de Chardonnay pour la fraîcheur, l'assemblage est une composition où l'on joue avec les qualités des vins tranquilles pour obtenir, quelques années après, un champagne en harmonie avec poissons et fruits de mer préparés dans une belle simplicité comme cette salade de Saint-Jacques.

Monique CHARPENTIER, Chef de cave
Champagne MERCIER

Petites pommes de terre en chemise de poitrine fumée farcies au foie gras et crème de truffes

Voilà, les pommes de terre ordinaires qui se font belles, revêtues de leur robe du soir, maquillées et coiffées, prêtes à séduire !

Pour 4 personnes

Les pommes de terre farcies

16 pommes de terre de Noirmoutier Grenaille
80 g de foie gras de canard cru
16 tranches de poitrine fumée
Sel, poivre

Les oignons confits

3 oignons paille
3 cuillères à soupe d'huile d'olive
Sel, poivre, sucre

La crème de truffe

2 dl de bouillon de poule
2 dl de crème fleurette
50 g de truffes noires

Les pommes de terre farcies : Emballez individuellement chaque pomme de terre dans une feuille de papier aluminium. Disposez-les dans un plat sur un lit d'un centimètre de gros sel. Enfournez à 200°C environ 20 à 25 minutes.
Déballez les pommes de terre de leur papier d'aluminium. Coupez-les en deux puis creusez-les. Remplissez chaque demie pomme de terre avec du foie gras cru assaisonné. Reconstituez la pomme de terre puis liez-la avec une tranche fine de poitrine fumée. Réservez au frais dans un petit plat. Juste avant de servir, passez au four à 220°C environ 5 minutes. Servez sur un lit d'oignons confits et nappez avec la crème de truffes.

Les oignons confits : Epluchez et émincez finement les oignons. Faites chauffer trois cuillères à soupe d'huile d'olive dans une sauteuse. Faites revenir les oignons émincés dans cette sauteuse, salez, poivrez, et sucrez légèrement. Laissez compoter doucement les oignons à feu doux.

La crème de truffe : Dans une casserole, versez le bouillon de poule, laissez réduire de moitié, ajoutez la crème fleurette et la moitié des truffes écrasées. Laissez cuire 5 minutes puis ajoutez le reste des truffes noires écrasées.

Pour accompagner ce mets...

La Maison Agrapart & Fils vous conseille
le Champagne AGRAPART Cuvée Vénus 2001 Blanc de Blancs

Nous proposons la cuvée Vénus 2001 Blanc de Blancs Grand Cru Avize issue d'un terroir très crayeux, vinifiée en demi-muids et tirée sous liège. Ses aromes toastés et grillés, de tabac blond se marieront parfaitement à la truffe et à la poitrine fumée, la bouche restant fraîche et mentholée.

Pascal AGRAPART, Propriétaire, récoltant-manipulant
Champagne AGRAPART & FILS

Tartare de thon et tomate aigrelette en millefeuille de chips de pommes de terre

Un plat succulent et savoureux, à servir en terrasse ou au jardin en plein été.

Pour 4 personnes

Le tartare de thon

400 g de thon rouge
Jus de citron
Huile d'olive
Ciboulette ciselée
Sel, poivre

La tomate aigrelette

4 tomates
Ciboulette ciselée
Vinaigre de Xérès
Jus de tomate
Basilic ciselé
Estragon ciselé
Sel, poivre

Les chips de pommes de terre

4 pommes de terre
1 l d'huile d'arachide
Sel, poivre

Dressage en millefeuille

Salade
Radis
Haricots verts
Huile d'olive
Fleur de sel de Guérande.

Le tartare de thon : Hachez le thon au couteau puis assaisonnez-le : sel, poivre, jus de citron, huile d'olive et ciboulette.

La tomate aigrelette : Mondez les tomates en les ébouillantant une trentaine de secondes. Epépinez-les, puis coupez-les en petits dés. Assaisonnez les tomates avec : sel, poivre, vinaigre de Xérès, jus de tomate, huile d'olive, ciboulette, basilic et estragon.

Les chips de pommes de terre : Epluchez les pommes de terre, coupez-les en fines lamelles. Rincez-les bien à l'eau claire puis épongez-les. Faites-les frire dans l'huile d'arachide jusqu'à ce qu'elles soient colorées.

Dressage en millefeuille : Commencez le montage par 1 chips de pomme de terre, ensuite 1 couche de tartare de thon, à nouveau 1 chips puis une cuillère de tomate aigrelette, 1 chips, une couche de tartare de thon de nouveau puis 1 chips pour refermer le millefeuille. Disposez sur une assiette avec quelques brins de salade frisée, radis et haricots verts coupés en petits morceaux. Mettez un filet d'huile d'olive et une pincée de fleur de sel avant de servir.

Pour accompagner ce mets...

La Maison Pascal Hénin vous conseille le Champagne Pascal HENIN Rosé

Ce champagne rosé, obtenu en partie par macération, présente une robe d'un rose soutenu.
Le nez développe toute la palette des petits fruits rouges. On trouve également une note de pâte d'amande, offrant au Champagne Pascal HENIN Rosé une impression pâtissée.

Ces mêmes impressions se retrouvent en bouche. L'intensité des saveurs fruitées s'accordent parfaitement avec le goût puissant de la chair du thon.

Pascal HENIN, Viticulteur
Champagne Pascal HENIN

Poêlée d'écrevisses au champagne

Les écrevisses ont du goût et du caractère. Ces bêtes de scène jouent le rôle principal, bien soutenues par le champagne qui apporte sa fraîcheur pétillante au spectacle.

Pour 4 personnes

1,5 kg d'écrevisses
8 cl de Marc de Champagne
1/2 bouteille de champagne Blanc de Blancs
50 g de persil haché
1/2 gousse d'ail haché
100 g de beurre froid
5 cl d'huile d'olive
Sel, poivre

Châtrez les écrevisses. Faites chauffer l'huile d'olive dans une poêle. Une fois l'huile bien chaude, ajoutez les écrevisses, salez et poivrez. Faites-les bien sauter, flambez avec le Marc de Champagne puis ajoutez le champagne. Laissez mijoter 4 minutes environ.
Incorporez le beurre froid en morceaux, laissez mijoter de nouveau 2 minutes, ajoutez l'ail et le persil, vérifiez l'assaisonnement et servez aussitôt.

Pour accompagner ce mets...

La Maison G. Tribaut vous conseille
le Champagne G. TRIBAUT Grande Cuvée Spéciale

Cette poêlée d'écrevisses nécessite un champagne structuré, frais et généreux. Je suggère la Grande Cuvée Spéciale, composée de 50% de Chardonnay et 50% de Pinot Noir.

Une belle attaque en bouche. Un rappel de fruits secs et des notes légèrement citronnées confèrent un bon équilibre à l'ensemble.

Vincent TRIBAUT, Chef de cave
Champagne G. TRIBAUT

«J'aime revisiter des produits anciens et oubliés, quelquefois en ajoutant, par exemple, une touche exotique.»

Martial Berthuit
Auberge Le Relais

Né dans la région du champagne, Martial est très attaché à ses racines et traditions. Cependant, cela ne l'empêche nullement de rechercher d'autres inspirations, comme celles qui proviennent de ses voyages ou de sa propre pensée. "J'aime revisiter des produits anciens et oubliés, quelquefois en ajoutant par exemple une touche exotique. Mais, ce que je souhaite plus que tout, c'est que ma cuisine soit simple et harmonieuse à la fois, en utilisant pour cela les meilleurs produits disponibles. Je pense que trop de manipulations, de mélanges de produits et de goûts n'est pas agréable au palais, voire dérangeant".

Martial et son épouse Line sont propriétaires de l'*Auberge Le Relais* depuis 1981. Celle-ci est située dans la campagne, entourée de fermes typiques et surplombant les vignes de Champagne. L'auberge est en quelque sorte un abri gourmet qui nous permet de nous échapper, loin de nos soucis du quotidien, loin du bruit de nos villes.

Line et Martial reçoivent leurs hôtes avec tout leur cœur, même si ceux-ci ne s'arrêtent que pour un très court séjour ou un bref week end. L'accueil chaleureux ainsi que le paysage environnant ne laissent personne indifférent.

Auberge Le Relais – Hôtel et Restaurant
2 rue de Paris
F-02850 Reuilly-Sauvigny
Tel : +33-(0)3 23 70 35 36
Fax : +33-(0)3 23 70 27 76
Email : auberge.relais.de.reuilly@wanadoo.fr
www.relaisreuilly.com

Noix de Saint-Jacques rôties et crème de potimarron, copeaux de châtaignes et de parmesan, cappuccino de lait

Une entrée facile à réaliser, aux saveurs subtiles et douces. Les potimarrons ainsi que les châtaignes sont des grands classiques de la période des fêtes, rehaussés et modernisés grâce au parmesan.

Pour 4 personnes

Les Saint-Jacques
16 noix de Saint-Jacques
20 g de beurre
Sel, poivre

La crème de potimarron
300 g de potimarron
20 g de beurre
10 cl de crème fraîche
30 g de châtaignes
50 g de parmesan

Le cappuccino de lait
30 cl de lait entier

Les Saint-Jacques : Chauffez le beurre dans une poêle et faites cuire les Saint-Jacques pendant 1 à 2 minutes de chaque coté. Salez et poivrez.

La crème de potimarron : Cuisez le potimarron dans l'eau bouillante salée pendant 20 minutes. Egouttez et pressez la chair pour extraire l'eau. Mixez puis ajoutez le beurre et la crème fraîche. Servez avec des copeaux de châtaignes et de parmesan.

Le cappuccino de lait : Chauffez le lait entier et mixez-le pour avoir une écume mousseuse.

Dressage : Chauffez 4 assiettes creuses, mettez 4 noix de Saint-Jacques, versez la crème de potimarron au milieu puis parsemez de copeaux de châtaignes et de parmesan. Ajoutez enfin le cappuccino de lait mousseux au centre de l'assiette.

Pour accompagner ce mets...

La Maison Pannier vous conseille le Champagne Egérie de PANNIER Extra Brut Millésime 1999

L'harmonie subtile d'Egérie, basée sur l'équilibre du charnu délicat et de la fraîcheur élégante, lui permet une symbiose remarquable sur les saveurs douces et veloutées du potimarron, accompagnant la délicatesse fondante de la Saint-Jacques.

La chair rôtie des Saint-Jacques, les copeaux de châtaignes et de parmesan (fondu subtil de boisé, de noisettes et de cacao) et la crème se fondent parfaitement avec la générosité racée des Pinots Noirs d'Egérie.

La finale fraîche et élégante d'Egérie, jusqu'alors masquée, s'exprime enfin pleinement sur l'écume de lait, relevée par la saveur légèrement saline des Saint-Jacques : la synergie fugace des mousses du cappuccino et du champagne prolonge le plaisir de cet instant rare de cohérence entre Egérie et son compagnon de bouche.

Philippe DUPUIS, Chef de Cave
Champagne PANNIER

Foie gras de canard poêlé avec coing au safran, sauce au champagne demi-sec et au miel

Le coing a une longue histoire dans notre pays. Il est accompagné de safran, de miel et de vin doux comme il était de coutume au Moyen-Âge. Cela apporte au foie gras des contrastes amers, sucrés et épicés et renforce ainsi la complexité des saveurs pour nous captiver jusqu'à la dernière bouchée.

Pour 4 personnes

Le foie de canard et sa sauce

1 lobe de foie gras de canard de 550 g
1 cuillère à café de miel
10 cl de fond de volaille
15 cl de champagne demi sec
50 g de farine
Sel, poivre

Les coings

2 coings
30 g de beurre
3 g de safran

Le cappuccino de lait

30 cl de lait entier

Le foie de canard et sa sauce : Tranchez 12 escalopes de foie gras de 40 g environ. Salez, poivrez et passez-les dans la farine. Mettez-les à cuire dans une poêle bien chaude 1 minute de chaque côté de manière à ce que les tranches soient bien dorées. Réservez les tranches sur du papier absorbant. Retirez l'excès de gras et déglacez avec le champagne demi-sec. Ajoutez le fond de volaille et le miel puis réduisez de deux tiers. La sauce doit être nappante.

Les coings : Epluchez les coings et coupez-les en quatre tranches biseautées avec la pointe d'un couteau, étalez le safran sur chaque tranche et mettez-les dans une poêle chaude beurrée. Colorez-les légèrement et finissez la cuisson au four à 200°C pendant 15 minutes.

Dressage : Déposez 2 morceaux de coing au safran dans chaque assiette puis ajoutez 3 escalopes de foie gras. Nappez avec la sauce chaude.

Le coing est cultivé depuis 4000 ans. Pour les Grecs, il était le symbole de l'amour et du bonheur. Connu en France depuis l'époque médiévale, le coing n'a pas seulement été employé en cuisine; ses pépins, par exemple, servaient en parfumerie et en médecine. Alors, bon appétit et bonne santé !

Pour accompagner ce mets...

La Maison Goutorbe vous conseille
le Champagne GOUTORBE Cuvée Prestige

Le foie gras de canard demande un vin mature et rond pour combler sa puissance mais également une belle fraîcheur pour remettre nos papilles en éveil.

Le Champagne GOUTORBE Cuvée Prestige marie harmonieusement la maturité et la fraîcheur pour accommoder ce plat. Il est élaboré avec 70% de cépages Pinot Noir, 5% de Pinot Meunier et 25% de Chardonnay. Cette cuvée est vieillie plus de trois ans sur lies, d'où sa complexité et sa vivacité.

Le nez est d'une élégante maturité et dégage des arômes de caramel et d'épices en parfaite harmonie avec la composition de miel et de safran que contient ce plat. Une touche d'agrumes confits en fin de bouche nous rafraîchit le palais et assure un bel équilibre tout au long de notre dégustation.

René GOUTORBE, Propriétaire, Récoltant-Manipulant
Champagne GOUTORBE

Filet de sandre à l'Ambonnay rouge Coteaux Champenois avec sa mousse de céleri

Et si on parlait de cuisine régionale ? Ce plat léger et savoureux nous raconte toute une histoire. Il nous parle de nos vignes, nos vins et de la pêche à la ligne au bord de la Marne.

Pour 4 personnes

Le sandre

4 x 130 g de sandre
1 cuillère à soupe de beurre
Sel, poivre

La mousse de céleri

300 g de céleri boule épluché et citronné
1 litre de lait
10 cl de crème fraîche
50 g de beurre
Sel, poivre

Les échalotes

100 g d'échalotes
5 dl de vin rouge des Côteaux Champenois (Cépage Pinot Noir)

La sauce au vin rouge

50 g d'échalotes
30 g de beurre
2 dl de fond de veau
2,5 dl de vin rouge des Côteaux Champenois

Le sandre : Assaisonnez les morceaux de sandre et cuisez-les côté peau dans une poêle chaude et beurrée pendant 8 à 12 minutes (suivant l'épaisseur). Servez avec la sauce et la garniture.

La mousse de céleri : Faites bouillir le lait et mettez le céleri coupé en morceaux à cuire pendant 25 minutes. Egouttez-le et mixez avec la crème fraîche et le beurre. Salez et poivrez. Réservez au chaud.

Les échalotes : Emincez très finement 100 g d'échalotes et mettez-les à cuire dans le vin rouge pendant 1 heure. Il ne doit plus rester de liquide en fin de cuisson.

La sauce au vin rouge : Faites suer les échalotes dans le beurre, ajoutez le fond de veau et le vin rouge. Réduisez des deux tiers, salez et ajoutez une belle noisette de beurre que vous faites fondre hors du feu.

Les Coteaux Champenois (AOC) est l'appellation des vins tranquilles de Champagne : Seul le vin de Champagne produit en vin effervescent peut porter le nom de Champagne.

Quant aux vins tranquilles venant du même sol que les vins effervescents, ils portent le nom de Coteaux Champenois. Ce sont en général des vins rouges issus de cépage Pinot Noir, d'un caractère fruité et léger. Ils proviennent souvent des communes d'Ambonnay, de Bouzy et d'Aÿ, où on peut voir de vastes panneaux indiquant "Vieilles vignes françaises préphylloxériques". Ces vignes sont les rares vestiges français des pieds de vigne n'ayant pas été tués ou remplacés par des pieds américains après les crises dévastatrices du phylloxéra en France à la fin du 19e siècle.

Pour accompagner ce mets...

La Maison de Egly-Ouriet vous conseille
le Coteaux Champenois EGLY-OURIET Ambonnay Rouge Vieilles Vignes.

Grâce à sa finesse et ses notes de fruits rouges, l'Ambonnay Rouge EGLY-OURIET saura respecter parfaitement la chair tendre et fine de ce poisson.

Ce vin, issu de vieilles vignes et élevé en fûts pendant 18 à 22 mois, est souvent comparé aux plus grands vins de Bourgogne. Cet Ambonnay Rouge est le résultat d'un travail exceptionnel.

Francis EGLY, Propriétaire, Récoltant
Champagne EGLY-OURIET

Suprême de pigeon rôti, cuisses farcies aux abats et aux champignons, poire au beurre

Les poires, légèrement caramélisées et naturellement sucrées, apportent fraîcheur et douceur à la saveur prononcée du pigeon.

Pour 4 personnes

Les pigeons

4 pigeons de 450 à 500 g (avec les abats)
100 g de champignons de Paris
1 échalote hachée
40 g de beurre
100 g de crépine
1 poireau
2 carottes
2 petits navets
20 g de persil

La sauce

Les 4 carcasses de pigeons
30 g de beurre
2 dl de fond de volaille
10 g de chocolat noir
Sel, poivre

Les poires et les pois mange-tout

2 poires Conférence
12 pois mange-tout
1 cuillère à soupe de beurre
Eau salée

Les pigeons : Levez les suprêmes et les cuisses des pigeons. Videz l'intérieur en gardant les abats (cœur et foie) et les carcasses.
Pour préparer la farce des cuisses, lavez les champignons de Paris et émincez-les finement en duxelle. Faites-les revenir avec l'échalote hachée dans 20 g de beurre. Ajoutez les abats préalablement hachés dans la duxelle, salez et poivrez. Désossez les cuisses en gardant l'os du pilon, mettez-les à plat, ajoutez une cuillère de farce puis refermez délicatement et enveloppez dans la crépine.
Coupez les poireaux, carottes, navets et persil en brunoise. Dans un sautoir, avec 20 g de beurre, faites revenir les cuisses, les suprêmes et la moitié de la brunoise. Cuisez les cuisses pendant 30 minutes et les suprêmes seulement 7 minutes car ils doivent rester rosés.

La sauce : Faites revenir les carcasses broyées avec l'autre moitié de la brunoise dans 30 g de beurre. Faites colorer et déglacez avec le fond de volaille puis réduisez de moitié. Pour finir, ajoutez une belle noisette de beurre et rectifiez l'assaisonnement.

Les poires et les pois mange-tout : Epluchez les poires, coupez chacune en 8 morceaux et poêlez-les avec le beurre en les faisant légèrement colorer. Finissez de les cuire au four à 200°C pendant 10 minutes. Cuisez les pois mange-tout à l'eau bouillante salée 3 minutes. Egouttez et refroidissez sous un filet d'eau.

Dressage : Sur une assiette chaude, dressez les deux suprêmes tranchés en deux et les cuisses, placez autour les quartiers de poires et les pois mange-tout réchauffés.
Nappez avec la sauce chaude dans laquelle vous aurez ajouté au dernier moment les 10 g de chocolat.

Pour accompagner ce mets...

La Maison Pannier vous conseille
le Champagne PANNIER Brut Blanc de Noirs Millésime 1999

Née des noirs cépages de Champagne, cette cuvée étonnante décoche des traits de saveur avec la signature fruitée de l'archer : les sensations d'automne alliées au torréfié révèlent la générosité de ce Blanc de Noirs, dont l'opulence naissante s'accorde naturellement à l'onctuosité du beurre et à la chair rôtie du pigeon.

La noblesse de cette volaille, la densité de sa chair rosée et les poires délicatement mises en valeur accompagnent la distinction du Blanc de Noirs au travers des arômes complexes de fruits à chair blanche et jaune, et d'amandes fraîches.

La persistance et la richesse de cette cuvée sont intimement soutenues en final par une touche subtile de chocolat noir où s'exprime l'amertume racée du cacao.

Philippe DUPUIS, Chef de Cave
Champagne PANNIER

Noix de ris de veau et queues de gambas rôties aux deux poireaux, sauce au citron

Un mélange terre et mer à ma façon. L'un est onctueux, l'autre ferme. Un joli contraste de textures rehaussé par la fraîcheur du citron.

Pour 4 personnes

Les ris de veau

4 noix de ris de veau de 130 g
50 g de graisse d'oie
20 cl de fond de volaille
1 brunoise de légumes
(carottes et navets)
1 noisette de beurre
1 citron frais
1 citron confit
Sel, poivre

Les poireaux

1 gros poireau
1 cuillère à soupe d'huile
Eau salée

Les gambas

8 queues de gambas
1 noisette de beurre

Les ris de veau : Salez, poivrez et farinez les noix de ris de veau. Dans un poêlon à fond épais, chauffez bien la graisse d'oie. Mettez les noix de ris de veau et colorez-les de chaque côté. Finissez la cuisson au four à 200°C pendant 25 minutes environ. Sortez-les du four et du plat, réservez-les au chaud. Mettez le poêlon sur un feu vif, ajoutez la brunoise de légumes et faites colorer légèrement. Retirez l'excès de gras et déglacez avec le fond de volaille. Faites réduire à deux tiers. Passez la sauce au chinois. Coupez le citron confit en deux et videz l'intérieur. Coupez la peau en fine julienne et ajoutez-la à la sauce ainsi qu'un filet de citron frais. Mettez une belle noisette de beurre et vérifiez l'assaisonnement.

Les poireaux : Séparez le vert et le blanc du poireau. Gardez le blanc et coupez-le en fine julienne. Prélevez la moitié et blanchissez 1 à 2 minutes à l'eau bouillante salée. Faites frire le restant à l'huile bouillante 1 minute.

Les gambas : Retirez les anneaux sur les queues des gambas en laissant la tête attachée. Poêlez au beurre 1 à 2 minutes de chaque côté.

Dressage : Dans une assiette, chaude disposez la julienne de poireau au milieu. Posez la noix de ris de veau bien rôtie et les gambas de chaque côté du ris de veau, nappez de sauce au citron confit et ajoutez le poireau frit sur le ris de veau. On peut ajouter quelques girolles poêlées à ce plat.

Pour accompagner ce mets...

La Maison De Meric vous conseille
le Champagne DE MERIC Cuvée Grande Réserve Sous Bois

Une alliance de grande originalité, le vin s'adaptant à la recette très élaborée de Martial Berthuit. Ce qui frappe dans l'assiette, c'est tout d'abord le feu d'artifice des textures. L'onctuosité des ris, la fermeté des gambas, ainsi que le croquant, le croustillant et le fondant des poireaux !

La cuvée Grande Réserve Sous Bois répond à cette invitation en présentant une structure d'onctuosité, une effervescence crémeuse, ainsi qu'une certaine fermeté en finale.

De surcroît, le vin, par son ambivalence, sait parfaitement s'adapter à la grande complexité des saveurs du mets (gras, salé, acide, amer).

Enfin la sauce réduite apporte longueur et intensité aromatique et vient compléter la persistance du vin. Champagne De Meric Grande Réserve Sous Bois 1er cru est issu de 80% Pinot Noir et 20% Chardonnay. Champagne vineux (dû à la dominance du Pinot Noir), vinification et élevage en fût de chêne.

Kirsten NEUBARTH, Directeur Général
Champagne DE MERIC

Fines crêpes croustillantes accompagnées de clémentines et mangues caramélisées

Une belle harmonie entre le croquant et la fraîcheur des fruits, pour finir en finesse.

Pour 4 personnes

Les crêpes

175 g de farine
80 g de sucre
3 œufs
80 cl de lait
1 gousse de vanille
Pincée de sel
50 g de sucre glace

La crème de clémentines

4 clémentines (pressées)
3 cl de Grand Marnier
30 g de sucre
2 œufs
25 g de farine
25 cl de lait
15 cl de crème fraîche

La mangue et les clémentines

1 mangue
50 g de beurre
30 g de sucre
6 clémentines

Le sirop de clémentines

60 g de sucre
5 cl d'eau froide
Jus de 2 clémentines

Les crêpes : Dans une terrine, mettez la farine, le sucre et une pincée de sel. Faites une fontaine et déposez-y les œufs entiers. Mélangez délicatement en ajoutant le lait progressivement. Grattez la gousse de vanille et ajoutez-la à la pâte à crêpe qui doit être bien lisse et sans grumeaux. Cuisez les crêpes dans des petites poêles légèrement beurrées. Posez-les ensuite sur une plaque et saupoudrez de sucre glace. Passez au four à 180°C pendant 15 à 20 minutes pour les dessécher puis un court instant sous le grill pour les caraméliser.

La crème de clémentines : Faites réduire le jus de quatre clémentines pour obtenir 10 cl de jus, ajoutez le Grand Marnier et réservez. Dans un autre contenant, mélangez le sucre et les œufs entiers au fouet et faites blanchir. Ajoutez la farine et le lait bouillant. Mettez dans une casserole et faites bouillir 2 à 3 minutes, retirez du feu et ajoutez le jus des clémentines. Laissez refroidir. Fouettez la crème fraîche en chantilly et incorporez-la à la préparation.

La mangue et les clémentines : Pelez la mangue et coupez-la en lamelles d'1/2 cm d'épaisseur. Faites dorer les mangues dans une poêle avec le beurre et le sucre. Epluchez les 6 clémentines et séparez les quartiers que vous couperez en deux dans la longueur.

Le sirop de clémentines : Mettez le sucre dans une casserole avec 5 cl d'eau froide et faites cuire sur un feu vif pour avoir un caramel blond. Ajoutez les jus des 2 clémentines et faites cuire le tout un court instant.

Dressage : Dans une assiette, déposez une fine crêpe, puis une cuillère de crème et les clémentines. Recommencez l'opération deux fois et terminez par une crêpe. Ajoutez sur le côté 3 lamelles de mangues et finissez avec le sirop de clémentines. On peut servir avec un sorbet aux clémentines.

Pour accompagner ce mets...

La Maison Louis Casters vous conseille
le Champagne Louis CASTERS Rosé

Assemblage de trois cépages dont 5 à 10 % de vin rouge de Champagne qui distille lentement ses arômes fruités, légers et discrets.

Vinosité et profondeur, harmonie et fraîcheur font de ce rosé élégant et fruité le vin des plats sucrés salés et des desserts.

Johan CASTERS, Vigneron
Champagne Louis CASTERS

«Mon objectif est d'offrir à mes invités un univers international et moderne qui sache rester élégant et authentique.»

Didier Elena

Château Les Crayères

Didier Elena est un chef que l'on peut qualifier de "Globe Trotter". Son aventureuse carrière, commencée auprès d'Alain Ducasse, l'a emmené de Monaco à Paris, puis New York, Moscou, Tokyo et enfin en Champagne. Suite à quinze années d'apprentissage passées auprès de son mentor, Didier est devenu le chef renommé du légendaire *Château Les Crayères*. Il a apporté à l'établissement quelques éléments de la philosophie propre à Alain Ducasse : "Il n'est pas question de copier son style. Au contraire, ma philosophie est de dire que chaque restaurant représente un univers unique. Cet univers ne peut pas être imposé, ni par moi ni par quelqu'un d'autre mais il est le résultat de l'harmonie qui existe dans un lieu, le terroir qui l'entoure, ses clients et les traces du temps. Mon travail est d'observer ces facteurs et de m'adapter à eux, tel un buvard."

Sa cuisine reflète ce même point de vue philosophique. Il estime que celle-ci ne se résume pas à un style ou à un terroir. Français d'origine italienne, Didier est naturellement un adepte de la cuisine méditerranéenne. Cependant, il ne se sent pas obligé de se comporter en ambassadeur de celle-ci. "Ce style de cuisine plaît beaucoup à Monaco ou à Nice, car il fait partie de l'univers local. Paris ou New York n'ont pas de terroir particulier mais très certainement leur propre univers distinct. De même, en Champagne, la cuisine reflète davantage une culture qu'un terroir. La Champagne accueille des touristes du monde entier et ceux-ci souhaitent trouver au sein de cette région des symboles forts représentatifs de la France comme la joie de vivre et le savoir vivre. Pour résumer, mon objectif est d'offrir à mes invités un univers international et moderne qui sache rester élégant et authentique. A ce mélange, j'ajoute ma touche personnelle, mon propre univers. J'aime beaucoup le design un peu décalé, l'univers Alessi qui joue avec les formes en respectant l'identité des choses. Ma cuisine est comme les objets Alessi, souvent basée sur le respect de la tradition mais pour laquelle on a modifié les formes. Ça, c'est mon univers".

Château Les Crayères - Hôtel & Restaurant
64 boulevard Henry Vasnier
F-51100 Reims
Tel : +33 (0)3 26 82 80 80
Fax : +33 (0)3 26 82 65 52
Email : crayeres@relaischateaux.com
www.lescrayeres.com

Foie gras de canard, champignons blancs, truffes noires, vin d'orange

Une ambiance forestière autour du foie gras. En réalité, ce sont trois recettes différentes, réalisées à partir des mêmes bases pour varier les plaisirs.

Pour 10 personnes

Le foie gras cuit

500 de foie gras (2 lobes bruts)
7 g de sel
2 g de poivre
1 cl de cognac
1 cl de sherry

Le foie gras aux champignons de Paris

4 citrons
100 g d'huile d'olive
200 g de foie gras cuit
200 g de champignons blancs
30 g d'amandes effilées
10 g de beurre
100 g de magret de canard fumé

Le foie gras à la truffe noire

1/4 l de porto rouge
1/4 l de fond de cou de canard
1 feuille de gélatine
100 g de truffe noire
200 g de foie gras cuit
50 g de pomme Granny Smith

Le foie gras vin d'orange

100 g de foie gras cuit
2 cl de crème
1 feuille de gélatine

Le foie gras cuit : Dénervez le foie gras après avoir séparé les deux lobes puis assaisonnez avec le sel et le poivre. Ajoutez le cognac et le sherry. Laissez mariner pendant 12 heures. Roulez le foie gras en forme de boudin dans un film. Plongez celui-ci dans l'eau pendant 25 minutes à 57° C (ou le cuire au four vapeur). Laissez au réfrigérateur pendant 12 heures.

Le foie gras aux champignons de Paris : Réalisez une crème citron : pour cela, faites cuire les citrons au four en papillote pendant 30 minutes à 150°C, videz-les de la pulpe, mixez et passez au chinois puis montez à l'huile d'olive.
Taillez 10 barres de foie gras cuit, assaisonnez-les de sel et de poivre et ajoutez la crème citron au pinceau.
Râpez les champignons qui ont été lavés et épluchés sur les barres de foie gras. Ajoutez quelques amandes préalablement poêlées au beurre noisette et déposez un petit bâtonnet de magret de canard fumé.

Le foie gras à la truffe noire : Pour réaliser une gelée de porto : Faites bouillir le fond de canard et le porto rouge. Réduisez de moitié et ajoutez la feuille de gélatine. Laissez refroidir.
Taillez les barres de foie gras à l'identique que le foie gras aux champignons de Paris et assaisonnez de sel et de poivre. Panez de truffe noire hachée et glacez d'une gelée de Porto. Attention : pour napper le foie gras, la gelée doit être pratiquement prise (huileuse).
Taillez des petits bâtonnets de pomme et déposez-en environ 5 par personne sur le foie gras pané.

Le foie gras vin d'orange : Passez le foie gras au tamis, faites tiédir la crème, ajoutez la gélatine, puis versez sur le foie gras et lissez ; mettez en cadre et réservez au froid

Chutney façon sangria

2 pommes
1 poire
1/2 ananas
3 oranges
10 g de miel
1/2 litre de vin rouge
1 écorce de macis
1 anis étoilé
1/4 de bâton de cannelle
2 clous de girofle
1 feuille gélatine

Décoration

1/4 l de porto rouge

Chutney façon sangria : Pour réaliser une poupée d'épices : Mettez les épices à l'intérieur d'un morceau de chiffon. Faites une boule et fermez à l'aide d'une ficelle.
Taillez en brunoise les pommes, les poires, l'ananas et l'orange. Faites caraméliser le miel et déglacez avec le jus des oranges pressées. Ajoutez le vin rouge. Faites bouillir jusqu'à réduction de 2/3 avec la poupée d'épices. Ajoutez les fruits et montez à ébullition. Retirez du feu et laissez refroidir. Egouttez les fruits, chauffez le jus pour faire fondre la gélatine puis déposez les fruits dans le cadre et collez avec le jus gelé (jus de cuisson des fruits).

Décoration : Faites réduire le porto jusqu'à obtention d'une consistance sirupeuse pour faire le contour de l'assiette en petites gouttes. Servez à part une tranche de pain de campagne toastée.

Pour accompagner ce mets...

La Maison de Venoge vous conseille
le Champagne de VENOGE «Blanc de Noirs»

Le Blanc de Noirs développe une incroyable harmonie entre fraîcheur et puissance, lui permettant de se livrer à toutes les audaces. Perpétuant le style de la Maison de Venoge, c'est un champagne suffisamment vineux, ample et généreux pour accompagner et magnifier ces foies gras. Mêlant notes citronnées et nuances de fruits confits, il équilibre à la perfection la générosité de ce plat et souligne subtilement le chutney façon sangria.

Gilles de La BASSATIERE – Président Directeur Général
Champagne de VENOGE

Du homard, du champagne et de la conversation, par Eric Poindron

Quand nous sommes arrivés en Champagne, l'un de nos premiers et grands plaisirs, était assurément les déjeuners enjoués, réguliers et gaillards avec feu le Colonel Bonal. Inutile de présenter ici notre gentilhomme. Auteur d'une œuvre importante et saluée – *Le Livre d'or du champagne, Mademoiselle de Navarre, la vie galante d'une champenoise du XVIIIe siècle* et j'en oublie – le colonel était un épicurien, un lettré et un ambassadeur tout sourire à la conversation réjouissante. Un honnête homme à la mode d'antan. À bien l'écouter, il semblait avoir tout lu, voyagé large, goûté avec justesse. Quand il dégustait et commentait un poisson de rivière, un dessert simple ou complexe, un vin inconnu, on eût cru qu'il faisait salon comme Grimod de la Reynière en d'autres temps. Nous l'écoutions bouche ouverte, œil pétillant, papilles décomplexées, et il nous arrivait même quelquefois de noter des bribes de conversation, semblant fort des aphorismes. Je crois avec modestie que c'est lui qui nous a donné le goût – et peut-être l'esprit – des conversations badines et des associations réussies. Un jour que nous déjeunions à Epernay, l'amphitryon évoqua dans le plus juste des désordres les filets de truite au champagne des *Soupers de la Cour* – ouvrage majeur du XVIIIe siècle – a vertu des vins des coteaux de la Montagne de Reims - avec une tendresse non feinte pour ceux de Verzenay - , et l'obligeance des chefs qui savaient associer et magnifier les champagnes et les mets. Vivant, Gourmand comme il respire, et le bon mot n'est pas de moi. La gastronomie comme un éloge de l'exigence, en somme. Avant de nous quitter, ce jour-là, François Bonal reprit presque à son compte les mots que Lord Byron, le dandy définitif, prête à Dom Juan : « J'aime fort pour ma part le coin du feu, les grillons, et, ce qui va bien avec, une salade de homard, du champagne, et de la conversation. »

Le soir même, je fis un feu, j'imaginai les grillons et, à défaut de homard, j'associai le champagne à lui-même. Il était en âge de se suffire. Je notai les souvenirs de l'exquis repas et pris comme – bonne habitude – d'écrire sur le plus précieux des vins. Un triste jour, les repas ont cessé, mais j'ai continué à me souvenir et à converser en silence avec l'ami. Avec sobriété – car il en faut, il paraît –, – j'ai intitulé le carnet *Du Champagne et la conversation*. Il y est question, l'affaire est entendue, de gastronomie – nous y reviendrons – , de citations de gens d'esprit et de mission d'ambassade à l'instar de nos écrivains, des vignerons et des étoilés.

Entre les recettes majeures de nos amis les chefs, les conseils avisés des œnologues ou des chefs de cave, ce sont des divertissements, de modestes respirations, des anecdotes ou des entractes, des rafraîchissements aux allures de trou champenois. Et, *In Memoriam*, je vous souhaite le bon esprit et bel appétit.

Noix de Saint-Jacques, caviar et endives au jambon de Reims

Ce plat est un jeu de goûts et de textures différents. On y trouve du doux et de l'amer, du chaud et du froid. Un vrai régal !

Pour 10 personnes

Les Saint-Jacques

25 pièces de Saint-Jacques
50 g de caviar
20 g de beurre clarifié

Le fumet de Saint-Jacques

Bardes de Saint-Jacques
50 g de beurre
20 g d'échalotes ciselées
30 g de céleri en branche ciselé
30 cl de champagne
1/2 l de fond blanc
1/4 botte de queue de persil

Le velouté d'endives

1 kg d'endive
15 cl de Noilly Prat (vermout sec)
15 cl de vin blanc
50 g de beurre
1/2 l de crème
1 l de fond blanc (de volaille)
30 cl de fumet de Saint-Jacques

La mousse d'endives

Les endives du velouté
1/2 l de crème liquide

Tube

5 feuilles de brick

Les Saint-Jacques : Ouvrez les Saint-Jacques délicatement et gardez les bardes pour le fumet. Nettoyez les noix puis percez le centre avec un emporte pièce. Introduisez le caviar dans cette cavité, poivrez et faites cuire à la plancha sans matière grasse.

Le fumet de Saint-Jacques : Lavez les bardes au gros sel pour faire cracher le jus. Faites-les sauter une première fois puis caramélisez-les au beurre noisette avec l'échalote et le céleri. Déglacez avec le champagne réduit de moitié et ajoutez le fond blanc. Faites cuire pendant 30 minutes, puis infusez au persil 15 minutes et passez au chinois.

Le velouté d'endives : Caramélisez les endives coupées en deux dans un beurre noisette. Déglacez avec le Noilly Prat et réduisez à sec, ajoutez le vin blanc et réduisez de moitié puis faites cuire avec la crème et le fond blanc. Egouttez au chinois après cuisson et récupérez le bouillon. Ajoutez le fumet de Saint-Jacques pour obtenir le velouté et vérifiez l'assaisonnement.

La mousse d'endives : Récupérez les endives du velouté et mixez-les. Passez au chinois à gros trous et détendez à froid avec la crème puis versez dans un siphon à chantilly. Si vous ne possédez pas de siphon à chantilly, travaillez votre mousse d'endives très froide, comme vous le feriez d'une chantilly, à la main, au fouet ou au batteur électrique.

Tube : Détaillez 10 rectangles de 10 cm sur 3 cm pour former un tube et laissez-les cuire au four pendant 4 minutes à 180°C.

La mousse de jambon

50 g d'échalotes
10 g d'ail
30 g de beurre
500 g de jambon
20 cl de fond blanc
10 cl de crème épaisse
1/4 l de crème liquide

La garniture

5 œufs de caille durs
100 g d'oignons grelots
1/4 botte de persil
1 citron jaune
60 g de câpres
100 g de pain

La salade

150 g de jambon cuit
(de Reims)
5 endives
5 cl de vinaigre de Xérès
15 cl d'huile d'olive
20 g de beurre clarifié
50 g de beurre

La mousse de jambon : Suez les échalotes, l'ail et le jambon. Déglacez avec le fond blanc et ajoutez la crème épaisse. Faites cuire doucement à frémissement pendant environ 20 minutes. Mixez, passez au chinois à gros trous et détendez avec la crème liquide, puis mettez en siphon.

La garniture : Coupez les œufs de caille en 6. Emincez les oignons en rouelles, passez ces dernières dans la farine et faites-les frire dans une huile à 120 °C détaillez le persil en pluches. Emincez le citron en julienne et faites-les confire : pour cela, blanchissez-les 3 fois puis cuisez-les à feu doux dans un sirop composé d'eau et de sucre. Toastez le pain puis taillez-le en petits triangles. Déposez ces éléments sur la mousse d'endive.

La salade : Taillez le jambon en triangles. Effeuillez les endives : 1/3 est gardé cru et assaisonné de vinaigrette de Xérès (vinaigre et huile d'olive émulsionnés); 1/3 cuit à la meunière et 1/3 séché au four pendant environ 2 heures à 100°C.

Pour accompagner ce mets...

La Maison Gosset vous conseille
le Champagne GOSSET Celebris Blanc 1998

Impossible n'est pas champenois ! Il fallait oser ces mariages impossibles : sucré-salé, terre-mer, amer-acide, iode et jambon. Il fallait oser un millésime 1998 et 8 grands crus pour lesquels l'acide malique naturel a été soigneusement préservé. C'est la passion de deux «jusqu'au-boutistes» qui permet cet accord et cette rencontre en terre champenoise où l'on sait que l'amertume est un révélateur d'arômes, et celle de l'endive ne peut-être soutenue que par celle des grands crus. Comment concevoir cet accompagnement sans un subtil équilibre entre le Pinot Noir et le Chardonnay qui, tour à tour, révèlent la douceur du jambon, la fraîcheur des Saint-Jacques et l'iode du caviar.

«L'art suprême est de partir de l'impossible pour arriver au plaisir d'autrui».

Champagne GOSSET

Quelques précurseurs et ambassadeurs, par Eric Poindron

N'en déplaise aux esprits chagrins, la cuisine au champagne, ou accompagnée de champagne, n'est pas une vaine invention et c'est encore moins une mode récente. Dès le siècle des Lumières, le champagne devient « l'associé » de la cuisine royale et de la cuisine dite « bourgeoise ». Citons ici quelques audacieux à qui l'audace a su sourire, quelques ambassadeurs avant l'heure…

Dès 1712, dans *Le Cuisinier Royal et Bourgeois*, François Massialot instaure les huîtres en casserole, auxquelles il ajoute un demi-verre de champagne, ou les truffes vertes à l'italienne. Dans la seconde recette, ce sont deux verres entiers qui viennent exhaler tous les arômes de l'entremets. Il persistera en 1717 et signera *Le nouveau Cuisinier Royal et Bourgeois*.

En 1746, l'illustre Menon, maître d'Hôtel du Maréchal de Soubise et cuisinier raffiné, propose à ses hôtes illustres *une raye au champagne* et à ceux qui ne goûtent guère le poisson des *ailerons de dindons au vin de champagne*.

En 1755, *Les Soupers de la cour* mettront à l'honneur les *artichauts au vin de champagne* et les *côtelettes de mouton à l'amoureuse*, délicatement « mouillées » avec un verre de champagne.

Au XIXe siècle, dans son *Grand dictionnaire de cuisine*, Alexandre Dumas, le tout aussi grand, fait du champagne un ami proche et jamais démenti. L'ogre écrivain est aux fourneaux, le maître queue manie la bouteille comme une plume ou une épée. Il célèbre le champagne en l'associant à sa crème bachique ou aux « huîtres à la minute ». Mais la liste des hommages est trop longue. Il faudrait un ouvrage et la chose se prépare. Dumas déclare sans crainte que le champagne peut se marier avec tout. Un seul bémol peut-être – et insistons sur le peut-être – les gibiers puissants, quoique l'on puisse toujours essayer des accords avec un vin vieux et vineux. Et pour mieux mettre en application ses expériences culinaires, Héron de Villefosse, dans *l'Histoire de Paris et de bien d'autres sujets*, nous raconte que « Monsieur Alexandre Dumas s'est placé à cette même place lors de son dernier duel : un beau duel celui- à messieurs (…) Il s'est bu six bouteilles de champagne ».

Enfin, le 30 mars 1833, Alexandre Dumas – encore notre homme – nous conte les préparatifs fastueux du bal costumé qu'il prépare pour le mardi-gras, si bien nommé :

« À sept heures, Chevet arrivait avec un saumon de cinquante livres, un chevreuil rôti tout entier, et dressé sur un plat d'argent qui semblait emprunté au dressoir de Gargantua, un pâté gigantesque et le tout à l'avenant. (…) Trois cents bouteille de Bourgogne rafraîchissaient, cinq cents bouteilles de Champagne se glaçaient. »

Inutile de préciser que les convives furent réchauffés !

Turbot de Bretagne à blanc rehaussé de poivre, pommes à pommes aux échalotes

Le turbot est un poisson riche en goût, plein de protéines et d'oméga 3. Pour parfaitement l'accompagner, on peut jouer avec les saveurs et même le servir avec des sauces qui ont du caractère et du goût, comme ici avec une sauce au vin rouge et porto.

Pour 10 personnes

Le turbot

1 turbot de 4 kg
50 g de beurre
100 g de fond blanc

La sauce poivre

1/2 l de porto
1/2 l de vin rouge
50 g d'échalotes
10 g de poivre mignonnette
1 l de jus de daube
150 g de beurre

Le jus de daube

100 g de carottes
100 g d'oignons
20 g d'ail
Bouquet garni (thym, laurier)
1.5 kg de plat de côte de bœuf
50 g de poireaux
100 g de beurre
20 g de concentré de tomates
2 g de jus d'orange
2 l de vin rouge
1 g de jus de citron
10 cl de cognac
2 l de fond blanc
100 g d'huile d'arachide
10 g de poivre noir

Le turbot : Levez le turbot en filets puis retirez les peaux (blanches et noires) et portionnez (2 morceaux par personne). Faites mousser votre beurre, ajoutez le turbot puis faites cuire environ 2 minutes sur chaque côté, déglacez avec le fond blanc et montez au beurre. Parsemez de fleur de sel et de poivre mignonnette.

La sauce poivre : Faites bouillir le porto, le vin rouge, l'échalote et le poivre noir. Flambez et réduisez à miroir. Ajoutez le jus de daube, montez au beurre et réduisez à consistance.

Le jus de daube : Taillez en petits morceaux le plat de côte de bœuf et colorez à l'huile d'arachide. Ajoutez le beurre puis la garniture : oignon, poireau, ail, céleri en branche, carottes, le jus d'orange et de citron, thym, laurier, concentré de tomates caramélisé, sel et poivre. Ensuite, déglacez avec le cognac, réduisez à sec puis ajoutez le vin rouge. Réduisez à consistance d'un sirop et mouillez avec le fond blanc. Faites cuire pendant 3 heures et passez au chinois. Réservez.

Sauce dauphinoise : Faites suer les échalotes et l'ail. Déglacez avec le fumet de homard. Réduisez de moitié et ajoutez la crème. Réduisez de moitié à nouveau et ajoutez la crème de cuisson des pommes de terre. Réduisez à consistance et montez au beurre.

La garniture pommes à pommes : Suez les échalotes pour les caraméliser jusqu'à obtention de la couleur blonde puis déglacez avec le cognac. Réduisez et mixez en ajoutant un peu de pommes de terre (100 g). Epluchez et taillez 2 kg de pommes de terre en tube de 8 cm long sur 2 cm de diamètre.

Sauce dauphinoise

50 g de beurre
10 g d'ail
10 g d'échalotes
1/4 l de crème
1/4 l de fumet de homard
1/4 l de cuisson de pommes de terre (voir pommes à pommes)

La garniture pommes à pommes

3 kg de pommes de terre
250 g d'échalotes émincées
60 g de beurre
1/4 l de crème
10 cl de cognac
1/4 l de fumé de homard
10 g d'ail
1/4 de bouquet de thym

Décor

1 pièce de salade romaine
20 g d'huile d'olive
30 g de crème fraîche d'Isigny
1 citron jaune
Peau de turbot (blanche)

Suez l'ail avec le thym et ajoutez les pommes de terre. Déglacez avec le fumet de homard et la crème. Laissez cuire pendant à peu près 20 minutes.
Egouttez et garnissez d'échalotes caramélisées. A part, taillez le reste de pommes de terre en pomme paille (coupé en tranches fines, puis en bâtonnets) avec une mandoline japonaise puis rincez-les, épongez-les et faites-les frire 5 minutes à 150°C au beurre clarifié.

Décor : Taillez les romaines en petites feuilles en forme de pointe. Lustrez les feuilles et ajoutez un trait de crème d'Isigny citronnée, sel et poivre. Prenez la peau blanche et mettez-la entre deux plaques et 2 feuilles sulfurisées. Séchez au four à 140°C pendant 30 minutes puis taillez en petit bâtonnets.

Pour accompagner ce mets...

La Maison Ruinart vous conseille
le Champagne Cuvée Dom Ruinart 1996

Une association réussie entre Dom Ruinart et le poisson pour sa légèreté et sa pureté. La finesse et la délicatesse du turbot se marieront très bien à la souplesse et à l'élégance du Dom Ruinart 1996.

Dans sa puissance maîtrisée, l'équilibre du Dom Ruinart est étonnamment en accord parfait avec les échalotes caramélisées et les pommes paille, montrant ainsi toutes les qualités et le potentiel des Chardonnays grands crus de la Montagne de Reims associés à ceux de la Côte des Blancs.

Champagne RUINART

De l'inspiration, par Eric Poindron

Est-il utile de rappeler que le champagne est le vin de l'inspiration. Il a su enchanter les poètes russes, les compositeurs français, et permit même à quelques dandys anglais – je songe au beau Brummel - de confectionner le plus rare – le plus cher aussi - des cirages. Le vin délie peut-être les langues, mais le champagne fait encore mieux : il enchante les âmes. Au bout du monde ou au cœur de la capitale, le champagne est le compagnon des personnages fantasques, des visionnaires et des amateurs singuliers. J'en veux pour preuve deux belles anecdotes où se confondent, la plume, la table et le vin effervescent…

On ne lit plus guère Arsène Houssaye et c'est dommage. L'homme avait de l'allure, du goût et du bagout, et un tempérament inimitable pour décrire la Bohème romantique ou bachique. C'est ce qu'il fait du reste avec talent dans *Les Confessions, souvenir d'un demi-siècle* lorsqu'il évoque les coulisses de la joyeuse humeur. Arsène Houssaye aimait le théâtre, ses entractes et le vin de Champagne comme l'attestent ses souvenirs de la comédie française : « Nous commençâmes la fête à huit heures du soir, il y eut un souper à minuit. Dumas avait d'abord demandé des femmes, mais les femmes ne vinrent pas. Le souper n'en fut pas moins gai, le vin de Champagne raviva la verve. À peine à table, c'était à qui trouverait une scène ou un mot. Verteuil avait son encrier à côté de sa coupe de vin de Champagne. Il lui arriva plus d'une fois de tremper sa plume dans la coupe, mais il ne lui arriva point de prendre son encrier pour y boire. »

Il arriva en France, sous le règne de Louis-Philippe, une missive cachetée de Russie portant l'unique mention : « Au plus grand poète de France ». L'administration postale embarrassée décida qu'il fallait porter la lettre hommage chez Monsieur de Lamartine. Ce qui fut décidé fut fait. Notre poète, humble comme personne, refusa l'envoi et la fit adresser à Victor Hugo, place Royale, aujourd'hui place des Vosges. La lettre changea donc d'arrondissement et de destinataire. Victor Hugo, humble à son tour, refusa la lettre puis annonça sans empressement et sans doute aucun : « Cette lettre est pour Lamartine ». Le directeur des postes, un certain Monsieur Comte – et les bons comtes font les bons amis -, fit cesser les allers et venues de la lettre vagabonde et la décacheta, de sorte à savoir enfin de qui en était l'auteur, et à « qui » elle s'adressait. C'était l'hommage d'un prince russe à un célèbre marchand de champagne. Le prince remerciait ce dernier pour la qualité de son vin, source d'inspiration.

Au plus grand poète de France
À Monsieur Moët, fabricant de Champagne
Tous mes hommages
Zirow, prince russe

L'histoire ne s'arrête par là et pourtant c'est ici que nous l'arrêtons ; ou plutôt que nous la commençons : au mot inspiration.

Carré de porcelet rôti, laqué, boudin noir, échine en salade

Dans le cochon, tout est bon !

Pour 10 personnes

Le carré de porcelet rôti

3 carrés de porcelet
1 poitrine de cochon
2 gousses d'ail hachées
1 brin de thym
2 feuilles de sauge
5 boudins noirs
2 pommes Granny Smith
2 grosses pommes de terre
Farce à tourte (voir recette)
Vinaigre de Xérès

La farce à tourte

20 g de foie de volaille
20 g de foie de veau
20 g de foie de porc
100 g de viande de porc (tête, joue, oreille, pied…)
35 g de farce à gratin
35 g de lard gras en dés
25 g de foie gras passé au tamis
1,5 dl de crème
1 cl de jus de truffe
1 cl de madère
20 g de foie gras en dés
20 g de truffe hachée
3 cl de jus de cochon réduit

Le jus de cochon

1,5 l de fond blanc
10 kg de viande de porc
1 oignon
1 tête d'ail
Sauge, thym, poivre mignonnette
50 g de truffes hachées.

Le carré de porcelet rôti : Levez le carré, parez et portionnez en forme de canons d'environ 130 g. Faites cuire doucement au beurre avec ail, thym et sauge en arrosant régulièrement avec le beurre. Arrêtez la cuisson quand la viande est rosée puis réservez.
Mettez la poitrine de cochon sous vide (ou sous couvercle) avec de l'ail et du thym. Faites cuire 36 heures à 59° au four vapeur. Détaillez des rectangles et réchauffez avec du jus de cochon avant de servir.
Détaillez les boudins en 10 bâtons, poêlez, déglacez au vinaigre de Xérès et glacez avant de servir. Détaillez les pommes Granny Smith en beaux bâtons, poêlez et glacez avant de servir.
Passez les pommes de terre à la dérouleuse (ou coupées en fines tranches), faites blanchir à l'huile à 140° 1 à 2 minutes, étalez sur du papier sulfurisé, passez le rouleau à ajourer, enroulez autour d'un tube et colorez dans l'huile à 120°C environ 4 à 5 minutes. Garnissez-les avec la farce à tourte.
Vous pouvez également monter les pommes de terre en étages comme un millefeuille ou laisser faire votre imagination.

La farce à tourte : Réalisez une farce fine avec le foie de volaille, le foie de veau et le foie de porc. Ajoutez-y un mélange de viande de porc et farce à gratin. Ajoutez ensuite tous les ingrédients. Réalisez des cylindres de farce, faites-les cuire au four vapeur à 85°C environ 10 minutes. Farcissez-en les tubes de pomme de terre avant de servir.

Le jus de cochon : Colorez les morceaux de viande à l'huile, ajoutez le beurre, suez la garniture. Dégraissez un peu et mouillez avec le fond blanc à hauteur, laissez cuire doucement jusqu'à la consistance voulue. Passez au chinois étamine. Ajoutez la truffe hachée avant de servir.

La décoration

Pain de mie
3 sucrines (à la vinaigrette)
10 lanières d'échines cuites
10 cornichons
2 échalotes
Quelques lamelles de truffe.

La décoration : Taillez le pain de mie en bâtons, creusez-les en V et colorez-les au beurre clarifié. Posez dessus 1 quart de sucrine assaisonnée à la vinaigrette et posez harmonieusement dessus la garniture composée de lanières d'échines cuites, de julienne de cornichons, de rouelles d'échalotes au vinaigre et de lamelles de truffe.

Sous vide est une technique de cuisson qui permet de garder un maximum de saveur pendant la cuisson. Si vous n'avez pas les équipements nécessaires, demandez à votre boucher de vous le faire ou mettez les ingrédients au four sous couvercle.

Pour accompagner ce mets...

La Maison Pol Roger vous conseille le Champagne POL ROGER Cuvée Sir Winston Churchill 1996

Profondeur et sensualité : Sir Winston Churchill ne buvait son champagne qu'en fonction du plat qu'il dégustait…, du Pol Roger évidemment. Exclusivement même. Meilleur client et ami de la Maison, cette cuvée fut créée en son honneur et dédiée à son goût. Composée majoritairement de Pinot Noir, chaque millésime de Cuvée Sir Winston Churchill ne voit le jour qu'après 10 années passées dans des caves fraîches, gage de concentration de ses arômes et du développement de sa pleine puissance. Sir Winston appréciait ainsi le champagne, à la fois structuré, puissant dans son «ossature» et aussi tellement subtil, rond, savoureux…

Le porc laqué farci associé au boudin noir est une alliance idéale pour accompagner la puissance de texture et l'intensité de goût de la Cuvée Sir Winston Churchill 1996. L'association soutient l'idée du «goût Churchillien», fait de profondeur et de subtilité. Un mariage jouant sur la sensualité de chaque ingrédient où l'harmonie reste la dominante majeure.

Hubert DE BILLY, Membre du directoire
Champagne POL ROGER

« *À gorgées espacées, réfléchies* », par Eric Poindron

Dans son *Guide du vin* – un classique – le gastronome, prince des amateurs et presque poète Raymond Dumay nous rappelle que le « tout » au champagne est possible à la condition de « verser » dans l'art de savoir choisir les vins, en commençant par des vins secs et légers, pour monter en puissance, des vins corsés, puis des vieux vins et des vins plus dosés à mesure qu'avance le repas. On pourrait ajouter que c'est le vin de tous les instants et de la mémoire. Je crois, pour ma part, qu'il est le vin d'avant et d'après l'opéra, à savoir des instants uniques. Mais il n'est point question ici de gagner l'opéra, regagnons plutôt les cuisines et la table, sans raison, ou justement pour de bonnes raisons. Quittons aussi les terres de Champagne pour rejoindre la capitale et quelques-unes des « grandes femmes de Paris ».

Colette, l'illustre résidente du Palais Royal – rue du beaujolais exactement – voyait dans le champagne un « murmure d'écume, perles d'air bondissantes » et qu'il s'accordait « avec les truffes grises de la Puisaye », le pays bourguignon de son enfance. Elle précise qu'il fallait servir le vin rare dans des verres étroits, puis absorber « à gorgées espacées, réfléchies ». Voilà de la méthode et de la manière. L'on croirait entendre une musique de chambre…

« À l'ombre des grandes femmes », toujours, il faut se souvenir qu'il y avait toujours dans la loge de Sarah Bernardt, en plus des fleurs et des lettres d'admirateurs, des choux à la crème et du champagne qui rafraîchissait dans la baignoire. On sait aussi qu'elle collectionnait les vins des grandes maisons comme d'autres les conquêtes masculines…

Et puisque les femmes nous reviennent à l'esprit et nous mettent en appétit, il faudrait aussi évoquer les soupers fin de Louis XV, Mademoiselle de Navarre, comédienne ou amante selon ses humeurs, la Musette des *Scènes de la vie de bohème* qui aime le champagne pour son beau bruit, la Pompadour ou George Sand. Quant à la danseuse Isadora Duncan, elle servait le champagne à l'amphore à qui voulait tendre sa coupe ! Et les courtisanes oubliées… Mais le temps est "conté". Et les souvenirs aussi…

À propos de souvenir, Anatole France évoque celui d'un banquet illustre de la Saint-Charlemagne où il fut convié. L'auteur de *La Rôtisserie de la reine Pédauque* se souvient d'un repas de qualité, des œufs à la neige servis dans de grands saladiers et du champagne que l'on versa dans des verres de cristal. À en croire l'écrivain, l'instant fut intense puisqu'il s'en souvint et le coucha dans son autobiographie…

Des truffes, des choux à la crème ou des œufs à la neige, le tout accompagné de quelques souvenirs et voilà nos grands écrivains qui « passent à table »…

Ainsi le champagne serait un accélérateur de souvenirs, entre limbes et aventures rêvées ou magnifiées. Pourquoi ne pas en tenter l'expérience ? Levons notre f ûte aux bulles légères, fermons les yeux et « à gorgées espacées, réfléchies » laissons opérer…

À chacun ses madeleines…

Fontaine de chocolat et citron

Ne vous laissez pas intimider par le montage en fontaine un peu compliqué. Faites votre propre montage si vous préférez et savourez ce dessert, à la fois moelleux, croustillant, et fruité.

Pour 10 personnes

La tuile citron

50 g de farine
100 g de sucre
60 g de beurre
10 g de nougat sec
10 g de glucose
Jus de 3 citrons

La gelée citron

150 g de pulpe de citron
10 g de sucre
2 g d'agar-agar
1 pièce de zeste de citron

La mousse chocolat blanc

200 g lait
50 g de crème
3 jaunes d'œufs
15 g de sucre
100 g de chocolat blanc
1 feuille de gélatine
125 g de crème liquide

La crème chocolat noir

25 g de lait
25 g de crème
1 jaune d'œuf
20 g de chocolat noir
5 g de sucre

Les tubes et gouttières

200 g de chocolat couverture noire

La tuile citron : Faites fondre le beurre, le sucre, le nougat sec, le glucose et le jus de citron. Laissez refroidir et ajoutez la farine. Etalez avec un chablon (pochoir) de 1 cm sur 20 cm et faites cuire 2 x 3 minutes à 170°. A la sortie du four, formez un triangle autour de la gelée citron, en utilisant l'émulsion chocolat comme colle.

La gelée citron : Chauffez la pulpe de citron puis faites bouillir avec le sucre et l'agar-agar.
Ajoutez le zeste de citron jaune (râpé) et coulez en cadre de 1cm d'épaisseur. Une fois la gelée prise et refroidie, détaillez-la en palets de 6 cm de diamètre.

La mousse chocolat blanc : Faites une crème anglaise avec le lait, 50 g de crème, le jaune et le sucre. Montez la température jusqu'à 85° puis retirez du feu. Versez sur le chocolat blanc et la gélatine et laissez refroidir. Incorporez les 125 g de crème liquide montée en chantilly et étalez en cadre avec la crème chocolat.

La crème chocolat noir : Faites une crème anglaise avec le lait, la crème, le sucre et les jaunes d'œuf. Montez la température jusqu'à 85° puis retirez du feu et versez sur le chocolat noir.
Attention : versez la mousse chocolat blanc et la crème chocolat noir dans le même cadre pour obtenir des ramages. Laissez refroidir puis taillez des palets de 8 cm de diamètre.

Les tubes et gouttières : Faites fondre le chocolat au bain marie, étalez-le en 10 carrés de 10 cm sur 10 cm de côté sur une feuille de rodoïde. Formez 10 tubes en les roulant sur eux-mêmes. Faites la même chose pour les gouttières : étalez 5 carrés que vous couperez en 2 à froid.

Le sorbet chocolat lait

100 g d'eau
125 g de lait
45 g de crème liquide
50 g de sucre
35 g glucose atomisé
200 g de chocolat lait

La crème citron

1 œuf
60 g de sucre
60 g de beurre
Jus de 2 citrons

La sauce évanescence citron

25 g d'eau
25 g de zeste de citron
30 g de sucre
10 g de sucre
15 g de cacao
300 g de sucre

La ganache chocolat

100 g de chocolat noir haché
100 g de crème liquide

La pâte fruit citron

100 g de pulpe citron
5 g de pectine
125 g de sucre
20 g de glucose
1 g d'acide citrique

Le sorbet chocolat lait : Faites un sirop avec l'eau, le lait, la crème, le sucre et le glucose atomisé. Versez sur le chocolat au lait puis turbinez en sorbetière. Mettez le sorbet dans les tubes avant de servir.

La crème citron : Faites cuire au bain marie le sucre, le jus de citron et les œufs à 85°C hors du feu, incorporez et faites fondre le beurre. Laissez refroidir. Placez dans les tubes au-dessus du sorbet chocolat lait.

La sauce évanescence citron : Faites un sirop avec de l'eau, le sucre et versez sur les zestes de citron, la crème et le cacao. Passez au chinois et gardez au frigo. Avant de servir introduisez cette sauce avec une seringue dans une boule en sucre soufflé (pour la boule en sucre soufflé, demandez à votre chocolatier/pâtissier).

Pour le décor

La ganache chocolat : Faites chauffer sans bouillir la crème liquide puis versez tout en remuant sur le chocolat afin de le faire fondre. Etalez en cadre de 1cm d'épaisseur puis détaillez 10 cercles de 2 cm de diamètre et 5 carrés de 2 cm sur 2 cm.

La pâte fruit citron : Faites chauffer la pulpe citron et ajoutez la pectine et un peu de sucre (à peu près 25 g). Donnez une ébullition puis ajoutez le glucose et le reste du sucre. Faites cuire à 107° C pendant 3 à 4 minutes. Ajoutez l'acide citrique en fin de cuisson. Coulez en plaque de 1 cm d'épaisseur et coupez à froid en carré de 2 cm sur 2 cm.

Dressage : Posez comme socle de montage du dessert une tuile citron sur chaque assiette. Déposez sur chaque tuile une fine couche de gelée de citron et recouvrez d'un palet de mélange mousse chocolat blanc et crème chocolat noir. Fixez-y un tube, en enfonçant légèrement et découpez un carré d'1 cm sur 1 cm dans lequel vous fixerez la gouttière. Glissez dans chaque tube du sorbet chocolat lait et recouvrez de crème citron.
Fixez une gouttière dans le tube et posez dessus la boule de sucre soufflée garnie de sauce évanescence. Avant de déguster, chaque convive cassera délicatement la boule pour libérer la sauce qui coulera le long de la gouttière et viendra se répandre dans l'assiette garnie de petites ganaches chocolat et de pâtes de fruits citron.

Pour accompagner ce mets...

La Maison Duval-Leroy vous conseille le Champagne DUVAL-LEROY Lady Rose

Le chocolat apporte la touche sucrée, le citron pondère cette ardeur avec sa juste acidité et le croustillant prolonge la persistance. Un accord en trois actes où tout est réuni pour mettre en scène la Lady Rose. Un vin qui se caractérise par son fruit et son équilibre. La suavité est parfaitement intégrée dans la palette gustative et se révèle plus en bouche qu'arômatiquement. La mousse onctueuse et crémeuse apporte une plus grande dimension au volume de bouche.

Didier BUREAU, Directeur Commercial Prestige
Champagne DUVAL-LEROY

Une résurrection, par Eric Poindron

J'ai toujours aimé les contes et, n'en déplaisent aux vilains garçons, les contes de fées. Toutefois, ceux que je préfère sont les contes de faux. Je vais m'en expliquer... Comme beaucoup d'esprits crédules, je crois aux miracles et j'en ai à vous raconter. Une fois encore, le champagne en est la cause ou tout du moins l'épilogue. Alors en guise de préam*bulle* ou de mise en appétit voilà un peu d'Histoire oubliée...

Chacun connaît les frères Grimm, Jacob et Wilhelm, et leurs célèbres contes. Mais qui connaît leur homonyme Friedrich Melchior Grimm ? L'homme de lettres du XVIIIe siècle fut critique littéraire et musical, baron, ami de Diderot et correspondant de Catherine de Russie. Naviguant entre les salons des philosophes français et les lettrés allemands, il n'avait pas son pareil pour essayer de faire parler de lui. On le jugeait de peu de talent, toutefois, ses conquêtes féminines lui permirent de se faire un petit nom. C'était aussi un courtisan, un voyageur européen et un habile comédien que l'on en juge plutôt...

Grimm fut un jour invité chez le baron d'Olbach, philosophe fortuné dont les salons étaient fort prisés. Les jolies femmes et les artistes y étaient les bienvenus et c'était un véritable honneur que d'y être acceptés. Ce soir-là, Grimm y rencontra celle qu'il croyait être la plus séduisante des créatures en la douce personne de Mademoiselle Fel. La dame était chanteuse, ravissante de sa personne et le musicien Rameau la préférait souvent à toutes autres. On racontait à son sujet qu'elle n'avait pas son pareil pour faire chavirer les cœurs. Un regard de la belle fut suffisant pour que notre homme s'éprenne de la cantatrice. Avec élégance, la cantatrice repoussa Grimm, elle lui préférait le peintre Quentin de la tour qui devait l'immortaliser en un admirable pastel. De désespoir, Grimm décida d'en finir et se mit en grève de tout : de faim, de soif, de tout ! Ses amis bienveillants tentèrent de l'aider, mais l'homme préférait son lit, le lent désespoir et les affres du trépas à venir. Un soir, les amis décidèrent de lui rendre le goût de la vie et lui préparèrent le plus merveilleux des repas.

- Grimm, que diriez-vous d'une côtelette Soubise ?
- Grimm, voulez-vous goûter à ce faisan de Fontainebleau, mon ami ?
- Des huîtres peut-être ?
- Grimm, un peu de choucroute ?
- Grimm allons, et cet agneau pascal ?
- Grimm, un verre de vin de Vin du Rhin à la gloire de l'Allemagne ?

Notre presque moribond ne pipait mot.

- Grimm, un verre de vin de Champagne à la gloire de la France ?

À cette invitation, Grimm se « ressuscita » d'un bond. Il mit son plus bel habit, se saisit d'une coupe et porta un toast en déclarant : « mes amis, je bois aux victimes de Mademoiselle Fel, et déclare que les amoureux qu'elle a tués se portent à merveille ! »

Caramel au croustillant de pralin, sauce carambar

Voilà le carambar classique de mon enfance revisité. Au fond, quand il s'agit de manger nous sommes tous des grands enfants. Alors laissez-vous gâter.

Pour 10 personnes

La dacquoise noisette
250 g de poudre de noisettes
100 g de sucre glace
250 g de sucre semoule
200 g de blanc d'œuf

Le praliné feuilleté
300 g de praliné noisette
100 g de feuillantine
50 g de chocolat noir (Côte d'ivoire)

La glace caramel
375 g de lait
125 g de crème liquide
125 g de sucre
100 g de jaune d'œuf

La sauce carambar
100 g de carambar
130 g de lait concentré non sucré

Le florentin au grué
50 g de sucre
50 g de beurre
50 g de glucose
50 g de grué cacao

Le caramel au beurre
125 g de sucre
25 g de beurre

La dacquoise noisette : Montez les blancs en neige avec le sucre semoule et incorporez délicatement la poudre de noisette et le sucre glace. Etalez sur du Silpat et faites cuire 2 x 4 minutes à 170°.

Le praliné feuilleté : Faites fondre le chocolat puis ajoutez le praliné noisette et la feuillantine. Puis étalez sur la dacquoise noisette. Taillez des cadres de 4 cm sur 10 cm.

La glace caramel : Faites fondre le sucre en caramel à sec et ajoutez le lait et la crème. Faites ensuite cuire à l'anglaise avec les jaunes à 85°. Turbinez à la sorbetière et moulez en tube de 10 cm de longueur sur 3 cm de diamètre. Placez au congélateur puis percez le centre avec un tube de 1 cm de diamètre. Garnissez le milieu avec la sauce carambar.

La sauce carambar : Faites chauffer au bain marie le carambar et le lait concentré non sucré (remettez au congélateur après avoir garni les tubes).

Pour le décor

Le florentin au grué : Faites fondre le sucre, le beurre, le glucose puis ajoutez le grué de cacao hors du feu. Etalez sur 2 feuilles de papier sulfurisé. Enfournez à 200° pendant 3 minutes. A la sortie du four, laissez refroidir et avant de servir, cassez des morceaux pour le décor.

Le caramel au beurre : Faites fondre le sucre en caramel et déglacez le beurre. Versez sur un silpat et laissez refroidir puis mixez en poudre.
Saupoudrez sur une plaque et enfournez pendant 5 minutes à 200°. A la sortie du four, laissez refroidir et avant de servir, cassez des morceaux pour le décor.

L'arlette
100 g de pâte feuilletée
20 g de sucre glace

La crème décor caramel
100 g de crème
200 g de sucre

Le yaourt
100 g de lait concentré non sucré
300 g de lait UHT
10 g de lait en poudre
2 g de ferment lactique

L'arlette : Etalez la pâte feuilletée très finement et saupoudrez-la de sucre glace. Taillez en fines bandes de 20 cm de long sur 1 cm de large. Enfournez entre 2 plaques, 2 x 3 minutes à 180°.

La crème décor caramel : Faites un caramel avec le sucre (à sec) puis déglacez avec la crème. Juste avant de servir, décorez les assiettes avec cette crème caramel, pour cela, faites-en tomber de petites gouttes tout autour du dessert.

Le yaourt : Mélangez tous les ingrédients et versez dans des petits verres. Faites prendre en yaourtière pendant 7 heures et reposez au frigo pendant 12 heures. Servez à part en pot à glace.

Dressage : Mélangez la dacquoise noisette et le feuilleté praliné pour obtenir le croustillant de pralin et modelez en plaquettes.
Posez une plaquette sur chaque assiette et disposez le tube de glace caramel à la sauce carambar puis décorez.

Pour accompagner ce mets...

La Maison G.H. MUMM vous conseille
le Champagne G.H. MUMM Demi Sec

G.H. MUMM Demi Sec est issu d'un assemblage où prédominent les Pinots Meuniers, cépage du fruité et de la rondeur.

La gourmandise de ce vin, caractérisé par la chaleur de son dosage, s'accordera parfaitement à ce dessert imaginé par Didier Elena.

Didier MARIOTTI, Chef de Cave
Champagne G.H. MUMM

Tables passées et futures, par Eric Poindron

J'ai en sainte horreur l'expression infondée « du passé faisons table rase ». D'abord parce que c'est une expression toute faite et qu'il faut s'en méfier. En second, parce qu'à l'exception du mot « table » les autres mots me semblent vides de sens. À propos de table, il me plait à détourner : « je bois du champagne à table, même si il n'y a pas de table ». Et ce n'est pas Sacha Guitry qui nous contredira puisqu'il lui arrivait souvent, lorsqu'il était en déplacement, d'équiper sa voiture d'un réfrigérateur où l'attendait avec patience son champagne préféré. Mais reprenons notre sérieux et nos conversations qui ne le sont guère…

Il est vrai que tous ces textes cocasses et *coqalanesques* ressemblant à un repas servi dans le désordre paraissent fort étranges. Il est vrai que l'on peut avec raison se demander l'intérêt d'un tel badinage dans les siècles passés. Je répondrai que « l'avenir est du passé en préparation », à la manière de Pierre Dac, un champenois et bien davantage. Et qu'à l'instar du vin qui nous préoccupe, le futur n'est qu'un assemblage. Il a fallu que les siècles défilent, que les outils se perfectionnent, que les moines cellériers ou non fassent des découvertes hasardeuses ou miraculeuses pour connaître les vins que nous buvons. Il en est de même à la Sainte table. Nos chefs qui regardent l'avenir avec envie sont les enfants, les petits-enfants, les camarades de fortune des aînés illustres. Citons-les en un joyeux désordre, les Grimod de la Reynière – qui inventa la critique gastronomique et les guides d'avant les guides –, Brillat-Savarin – qui fut un théoricien doublé d'un praticien, Carême – qui fit de la cuisine une arrière-salle de la diplomatie. Je ne peux m'empêcher d'évoquer Ali Bab, Jules Gouffé et son éloge de la simplicité, Auguste Escoffier qui, pour les palais sucrés et les yeux d'une belle cantatrice, imagina la pêche melba qu'il faut savoir servir selon les usages à savoir sans crème chantilly. La chantilly me rappelle Monsieur Vatel à qui l'on attribue l'exquise crème à l'occasion d'un repas donné par Fouquet au château de Chantilly en l'honneur de Louis XIV. Si les grands hommes ont fait l'Histoire, ils ont aussi fait un peu la cuisine, à l'image de Stanislas de Leczinski - le Stanislas de la place Stanislas à Nancy - beau-père de Louis XV. Un jour qu'il trouvait le kougelhof – ou kouglof - un peu sec, le grand homme inspiré décida d'imbiber d'un sirop de rhum la pâtisserie fatiguée, puis la fit flamber. Le résultat lui convint tant, qu'il décida que l'on l'appellerait Ali Baba. Le chanceux cultivé était en train de lire *les Mille et une nuits*.

J'espère que l'énoncé vous aura convaincu. Il n'est d'avenir qui ne puisse regarder le passé dans le fond des yeux ainsi qu'on le fait lorsque l'on trinque avec un ami. Alors santé !

«L'innovation est plus un sujet de découverte de goûts qu'une présentation et des décorations compliquées.»

Dominique Giraudeau
Restaurant Le Grand Cerf

Dominique a travaillé avec quelques-uns des plus grands chefs français. Il a ainsi beaucoup appris de l'expérience des autres avant de se lancer dans sa propre aventure. Il aime la simplicité dans la nourriture mais celle-ci doit rester généreuse. "L'innovation est plus un sujet de découverte de goûts qu'une présentation et des décorations compliquées. Mes meilleures idées me viennent à l'esprit lorsque je suis sous pression. Toutes les personnes qui aiment cuisiner vous le diront : les meilleures idées naissent lorsque votre frigo est vide ! Pour moi, c'est le même sentiment. Jour après jour, je cherche à trouver le meilleur que peuvent m'offrir les fruits et légumes de saison. J'utilise mon expérience du métier, j'essaye de nouvelles recettes et j'improvise souvent !"

Sa passion pour la gastronomie lui a été transmise par son père. Celui-ci était métallurgiste de métier, mais, se transformait, à ses heures, en véritable passionné pour la bonne nourriture et le bon vin. C'est ainsi, en accompagnant son père au marché et en s'asseyant auprès du fourneau pour ne pas perdre une miette des préparatifs du déjeuner familial que Dominique a été contaminé par la passion de la cuisine.

Le Grand Cerf est situé sur la route touristique du Champagne, au cœur de la région, entre Reims et Epernay.

Le Grand Cerf – Restaurant
RN 51 - Monchenot
F-51500 Villers-Allerand
Tel : +33 (0)3 26 97 60 07
Fax : +33 (0)3 26 97 64 24
www.le-grand-cerf.fr

Homard et poires en vinaigrette aigre-douce aux baies roses

La touche aigre-douce apporte au plat l'acidité nécessaire en lui laissant toute sa fraîcheur. Ce plat est l'entrée idéale pour titiller vos papilles !

Pour 4 personnes

Homards et poires

2 homards de 500 g
2 poires
Quelques baies roses
Quelques pluches de cerfeuil
Eau salée
Sel, poivre

Vinaigrette aigre-douce

1 cuillère à soupe de miel
1 cuillère à café de moutarde
2 cuillères à soupe de vinaigre de cidre
3 cuillères à soupe d'huile d'arachide
Sel, poivre

Homards et poires : Faites cuire les homards dans de l'eau bien salée pendant 4 minutes à partir de l'ébullition. Laissez-les refroidir et décortiquez-les. Réservez-les au frais. Munissez-vous de 4 moules en aluminium légèrement évasés. Chemisez ces moules de film étirable en laissant dépasser sur les bords. Coupez les homards en fines tranches, tout en réservant 2 ou 3 médaillons pour le décor. Epluchez les poires et coupez-les en fines tranches à l'aide d'une mandoline. Chemisez le moule filmé de ces tranches fines de poire. Remplissez de homard et un peu de vinaigrette, fleurs de sel et poivre du moulin. Rabattez le film étirable qui dépasse du bord des moules et serrez bien le tout.
Démoulez sur 4 assiettes froides, arrosez les poires de vinaigrette à l'aide d'une cuillère, décorez de 2 ou 3 médaillons de homard et 2 ou 3 baies roses. Décorez l'assiette de baies roses et de pluches de cerfeuil.

Vinaigrette aigre-douce : Mélangez sel, poivre, moutarde, miel et vinaigre de cidre. Ajoutez l'huile d'arachide et montez au fouet comme une mayonnaise.

Si vous êtes d'humeur plus estivale, vous pouvez remplacer les poires par un melon.

Pour accompagner ce mets...

La Maison Vilmart & Cie vous conseille
le Champagne VILMART Cœur de Cuvée 1998

Ce plat riche en saveurs aigres-douces de miel et de fruits se révèle être subtil et complexe. Il mérite un vin à la fois complexe et fin pour mettre en valeur toute sa splendeur, sans le dominer. Le Champagne VILMART Cœur de Cuvée 1998 est issu des plus anciens vignobles de notre terroir. Comme son nom l'indique, il est élaboré avec le cœur de la cuvée. Lente et soignée, sa vinification et notre savoir-faire lors de son élaboration sont les garants d'un vin précieux et d'exception. Ses notes subtiles de noisettes et de pralines grillées, ainsi que ses arômes plus discrets de saveurs vanillées, briochées et citronnées sont en parfaite harmonie avec ce plat à la fois fin et savoureux.

Ce champagne rehausse à merveille la finesse de ce mets qui n'en attendait pas moins...

Laurent CHAMPS, Propriétaire, Récoltant-manipulant
Champagne VILMART & Cie

Bar de ligne sauce au champagne, fondue de fenouil, salpicon d'huîtres Gillardeau

Comme la plupart de mes plats, celui-ci a été créé avec l'idée de le servir avec un champagne. Les huîtres crues apportent une saveur iodée et un excellent équilibre à la texture douce et la saveur délicate du plat.

Pour 4 personnes

Le bar de ligne

1 bar de 1,5 kg
1 cl d'huile d'olive vierge
2 cuillères à soupe de beurre fin

Fondue de fenouil

2 fenouils
1 cuillère à soupe de beurre

Salpicon d'huîtres Gillardeau

8 huîtres n°3 special Gillardeau
1 échalote ciselée finement
1 botte de ciboulette ciselée

Sauce au champagne

1 échalote ciselée finement
2 dl de champagne
200 g de beurre fin

Le bar de ligne : Ecaillez et coupez le bar en filets. Poêlez-le à l'huile d'olive chaude côté peau 2 minutes. Faites-le cuire sur l'autre face 1 minute et posez-le sur une assiette beurrée allant au four. Enlevez la peau et les parties grises du bar, badigeonnez-le de beurre et réservez. Finissez de cuire le bar au four à 200°C pendant 2 à 3 minutes.

Fondue de fenouil : Nettoyez le fenouil en enlevant la première feuille, émincez finement et étuvez au beurre doucement à couvert pendant 15 minutes.

Salpicon d'huîtres Gillardeau : Coupez les huîtres en petits dés, ajoutez la ciboulette et l'échalote et poivrez.

Sauce au champagne : Etuvez au beurre l'échalote ciselée, déglacez au champagne et réduisez de 1/3. Montez au beurre à l'aide d'un fouet, salez et poivrez.

Dressage : Disposez la fondue de fenouil au centre de 4 assiettes chaudes, placez dessus les huîtres crues. Posez un filet de bar sur chaque assiette, nappez de la sauce chaude et donnez un tour de moulin à poivre sur chaque filet de poisson.

Pour accompagner ce mets...

La Maison Ployez-Jacquemart vous conseille le Champagne PLOYEZ-JACQUEMART Vintage 1997

Tous les éléments de ce plat : le bar, la fondue de fenouil et le salpicon d'huîtres Gillardeau sont effectivement d'une très grande finesse au niveau des arômes mais également tout en douceur.

C'est pour cela que nous vous proposons d'associer ce plat riche en délicatesse avec notre Champagne Ployez-Jacquemart Vintage 1997 blanc de blancs. Ce vin est le mariage de différents grands et premiers Crus de la Côte des Blancs. Il a une très belle mousse avec une robe or vert ainsi qu'une belle fraîcheur. Son nez floral s'accorde parfaitement avec finesse à la délicatesse du bar et de l'huître. Son âge, son vieillissement sur pointe de plus de sept ans (en effet nous dégorgeons très peu de temps avant l'expédition), un dosage très faible lui confèrent une bouche tout en souplesse, fraîche et très agréable. Ce vin a un très bon équilibre en final.

Laurence PLOYEZ
Champagne PLOYEZ-JACQUEMART

Saint-Pierre rôti sur l'arête et pommes fondantes aux truffes

La peau cuite et croustillante du Saint-Pierre ajoute du goût et beaucoup de caractère à l'ensemble du plat. L'utilisation de truffes fraîches est évidemment préférable pour le goût toutefois, vous pouvez parfaitement utiliser des truffes en conserve.

Pour 4 personnes

Le Saint-Pierre rôti

1 Saint-Pierre Breton d'1,5 kg
1 cl d'huile d'olive
1 cuillère à soupe de beurre
Sel, poivre

Les pommes fondantes aux truffes

8 pommes de terre Charlotte de 80 g chacune
5 dl de fumet de volaille
2 dl jus de rôti (rôti de porc ou volaille)
4 feuilles de laurier frais
80 g de truffes fraîches (coupées en fines lamelles)
1 cl de jus de truffes
1 cuillère à soupe d'huile de noix
Sel

Le Saint-Pierre rôti : Ebarbez le Saint-Pierre, sectionnez-lui la tête et videz-le entièrement. Rincez-le sous l'eau courante et séchez-le sur un linge propre. Chauffez la poêle avec l'huile d'olive. Salez et poivrez le poisson. Faites-le cuire 3 minutes sur chaque face. Ensuite débarrassez-le sur une plaque et mettez le tout à refroidir au réfrigérateur. Pour terminer, levez le Saint-Pierre en filet et parez-le soigneusement. Salez et poivrez le poisson côté chair, divisez en 4 parts égales. Chauffez l'huile d'olive dans une poêle et mettez les filets de Saint-Pierre côté peau pendant 2 minutes environ à feu vif pour que la peau du poisson soit croustillante. Retournez les filets et laissez cuire encore 1 minute environ.

Les pommes fondantes aux truffes : Lavez les pommes de terre et coupez-les sans les éplucher en tranches de même diamètre et de 1 cm d'épaisseur. Placez-les dans un sautoir, puis verser le fumet de volaille et 3 cl de jus de rôti. Salez très légèrement et laissez cuire doucement à couvert pendant une demi-heure environ. Ajoutez une cuillère d'eau et un peu de jus de truffes de temps en temps en cours de cuisson pour que les pommes de terre ne soient pas trop collantes. Le jus de cuisson doit être suffisamment réduit pour permettre de glacer les pommes fondantes.

Dressage : Dressez sur 4 assiettes chaudes les pommes fondantes en les intercalant de truffes fraîches. Disposez le poisson sur les assiettes et nappez de jus de rôti en ajoutant au dernier moment le restant de truffes fraîches et de jus de truffes.

Pour accompagner ce mets...

La Maison R&L Legras vous conseille le Champagne R&L LEGRAS Brut Non Millésimé Blanc de Blancs

Pour accompagner le Saint-Pierre rôti sur l'arête et pommes fondantes aux truffes, nous avons choisi dans nos champagnes un Blanc de Blancs non millésimé élaboré sur la légèreté et la finesse du Chardonnay, en parfait accord avec le poisson.

Ce champagne est élaboré à partir de vins provenant exclusivement de cépage Chardonnay. Maintenu à 11° C et élevé pendant plus de deux ans, il développe toutes ses qualités de légèreté, de fraîcheur et de finesse, la légèreté, par son nez frais aux arômes d'agrumes, la fraîcheur du Chardonnay en bouche par ses notes acidulées de citron et pamplemousse et la finesse par ses fines bulles.

Julien BARBIER, Responsable commercial
Champagne R&L LEGRAS

Canard de Challans rôti aux navets

Ce délicieux plat est facile à préparer. L'important pour le réussir est de s'assurer de la bonne qualité du canard. Laissez le temps faire son œuvre en cuisant doucement les ingrédients et en arrosant régulièrement le canard pour obtenir une succulente saveur.

Pour 4 personnes

Canard de Challans

1 canard de Challans de 2,5 kg
24 navets
3 cuillères à soupe de miel
2 citrons
6 cl de vinaigre de cidre
1/2 l d'eau
Sel, poivre

Canard de Challans : Faites cuire les navets lavés et épluchés dans une casserole avec 2 cuillères à soupe de miel, le jus de citron, 1 cl de vinaigre de cidre, l'eau, le sel et le poivre. Mettez à confire pendant une heure à feu doux. Réservez au chaud.
Assaisonnez et faites cuire le canard au four 180°C. Faites confire avec de l'huile et du beurre pendant 2 heures en l'arrosant souvent. Au bout d'une heure, réduisez la température du four à 130°C et ajoutez 1 dl d'eau. Une fois cuit, débarrassez-le sur une plaque et laissez reposer 15 minutes.
Pendant ce temps, confectionnez le jus. Dans une casserole, versez 5 cl de vinaigre de cidre et une cuillère à soupe de miel (gastrique). Laissez évaporer à sec. Versez le jus du canard dégraissé au préalable. Montez le jus au beurre et assaisonnez de sel et de poivre du moulin.

Finition : Déposez les navets dans une poêle avec un peu de leur jus de cuisson et faites caraméliser le tout doucement pour qu'ils prennent une belle couleur dorée. Pendant ce temps, découpez le canard en huit parts égales, les cuisses et les filets en deux. Dans une cocotte en fonte, disposez les morceaux de canard, posez les navets par dessus puis versez le jus et chauffez le tout 2 minutes.

Pour accompagner ce mets...

La Maison Montaudon vous conseille le Champagne MONTAUDON Grande Rose

Pour accompagner le canard, il faut un vin de caractère mais fruité. La Maison MONTAUDON, une des dernières maisons familiales, vous suggère son Rosé «Grande Rose». Le MONTAUDON Grande Rose est justement un vin expressif et complexe dont le nez rappelle le cassis et plus généralement les fruits frais.

En bouche, l'attaque est franche et nette. Ensuite le caractère rosé s'affirme, mais sans excès, grâce à la souplesse et à la finesse du vin Rouge de Pinot Noir des Vignobles Montaudon de la Côte des Bars.

Ce vin très équilibré, à la robe vive, couleur rose groseille et soutenu par une effervescence très fine formant un joli cordon crémeux, sera parfait pour le canard et les saveurs légèrement caramélisées des navets rôtis.

Luc MONTAUDON
Champagne MONTAUDON

Filet de chevreuil poêlé au cerfeuil tubéreux et sauce aux truffes

Le chevreuil est la mascotte du restaurant ! Celui-ci, combiné à la saveur châtaigne du cerfeuil tubéreux et l'élégant parfum des truffes, fait de cette recette le plat parfait pour toute occasion festive.

Pour 4 personnes

Le filet de chevreuil poêlé et sauce aux truffes

4 x 160 g de filet de chevreuil paré
1 cl d'huile d'arachide
1 cl de Porto rouge
2 dl de jus de veau
40 g de truffes fraîches
40 g de beurre fin
1 cl de jus de truffes
40 g de truffes fraîches
Sel, poivre
Fleur de sel

Les cerfeuils tubéreux

400 g de petits cerfeuils tubéreux
Eau salée
10 g de beurre demi-sel

Le filet de chevreuil poêlé et sauce aux truffes : Poêlez les filets de chevreuil dans un sautoir à l'huile et beurre noisette, colorez-les 2 minutes sur chaque face et réservez-les sur une grille pour qu'ils reposent. Dégraissez et déglacez le sautoir avec le Porto, ajoutez le jus de veau, laissez réduire de moitié et montez au beurre, la sauce doit être légèrement épaisse car on la dilue au dernier moment avec le jus de truffes.
Mettez à chauffer les filets de chevreuil au four au 230°C en les badigeonnant de beurre pendant environ 5 minutes. Ils doivent être chauds mais saignants.

Les cerfeuils tubéreux : Lavez les cerfeuils tubéreux et faites-les cuire comme une pomme de terre avec la peau dans une casserole d'eau salée pendant 15 minutes environ. Une fois cuits, épluchez-les et réservez-les. Avant de servir, chauffez le beurre demi-sel et ajoutez les cerfeuils tubéreux jusqu'à ce qu'ils soient colorés.

Dressage : Disposez les cerfeuils tubéreux en ligne sur 4 assiettes chaudes. Emincez les filets de chevreuil, poivrez et salez de fleur de sel. Posez-les à côté des cerfeuils tubéreux et nappez de la sauce chaude aux truffes.

Le cerfeuil tubéreux est une racine qui a été longtemps oubliée et qui regagne aujourd'hui toute sa popularité. Il a une forme de carotte et une saveur proche de celle de la châtaigne.

Pour accompagner ce mets...

La Maison Gosset vous conseille
le Champagne GOSSET Grand Millésime 1999

Quelle évidence, un chevreuil au Grand Cerf ! Traité de façon automnale où les arômes de châtaignes et de truffes font le lit de ce gibier fondant, il fallait un vin élancé qui, tant dans sa structure fondante que dans ses arômes de pleine maturité, relèverait le défit.

De toute évidence un Grand Millésime 1999 de GOSSET qui allie la complexité et la fraîcheur des vins vinifiés en préservant l'acide malique naturel.

Champagne GOSSET

Pamplemousse caramélisé à la cassonade, glace au miel

J'apprécie ce dessert car il n'est pas trop sucré et associe des saveurs intéressantes comme les fruits et le miel.

Pour 4 personnes

Pamplemousse caramélisé

- 4 gros pamplemousses
- 1 dl de coulis de framboises
- 1 dl de jus de pamplemousse
- 1 cuillère à soupe de miel
- 100 g de sucre cassonade

Glace au miel

- 5 dl de lait
- 250 g de miel
- 6 jaunes d'œufs
- 2,5 dl de crème fleurette

Pamplemousse caramélisé : Pelez les pamplemousses à vif et coupez-les en segments (il faut 8 à 10 segments par personne). Disposez-les sur une grille et mettez-les à égoutter 15 minutes environ. Faites réduire le coulis de framboise, le miel et le jus de pamplemousse d'un tiers et laissez refroidir. Saupoudrez chaque segment de pamplemousse de sucre cassonade et caramélisez avec un chalumeau de cuisine ou sous la grille de votre four. Disposez 8 à 10 segments par personne en forme de rosace. Au centre versez 1 cuillère à soupe de coulis de framboises et placez dessus une belle boule de glace au miel.

Glace au miel : Faites chauffer le lait à ébullition. Fouettez les jaunes avec le miel, versez le lait chaud dans la mixture puis laissez refroidir dans le réfrigérateur. Ajoutez la crème fleurette et mettez à turbiner dans une sorbetière.

Pour accompagner ce mets...

La Maison Philipponnat vous conseille
le Champagne PHILIPPONNAT Sublime Réserve Sec 1995

On ne boit plus de champagnes doux et demi-secs. Pourtant, ils sont aux origines des traditions de consommation du champagne. Hélas, nombre de gens continuent à servir aujourd'hui en fin de repas des Bruts totalement inadaptés à tout dessert un tant soit peu sucré.

Pour accompagner ce fruit naturellement acidulé et seulement relevé de miel et d'un peu de cassonade au goût de mélasse, une Sublime Réserve «sec» 1995 sera un mariage en fusion d'arômes idéal. Le vin de purs Premiers et Grands Crus de Chardonnay est lui-même, à dix ans, déjà mûr et mielleux. Il a gardé de sa jeunesse des notes d'agrumes. «Sec» c'est à dire un peu plus sec que «demi-sec», il reste fringant.

Sa mousse crémeuse s'alanguit déjà auprès de la glace au miel, et ses jaunes laiteux... Même la couleur y est; un vrai mariage d'amour, il en existe encore !

Charles PHILIPPONNAT
Champagne PHILIPPONNAT

«Je reste fasciné par l'idée de transformer des produits naturels, de mélanger les saveurs comme un peintre mélange ses couleurs.»

Gilles Goess

Hostellerie La Briqueterie

Passionné par la cuisine depuis tout petit, Gilles est un artiste et un philosophe. Sa vocation est née dès l'âge de 13 ans. Depuis, il n'a plus quitté les fourneaux ! "Je reste fasciné par l'idée de transformer des produits naturels, de mélanger les saveurs comme un peintre mélange ses couleurs, pour arriver à une forme d'art qui touche à tous nos sens. On le regarde, on sent les odeurs, on le touche et surtout, c'est un art que l'on peut partager avec toutes les personnes que l'on aime."

"Quand vous faites partager votre art culinaire, il ne faut pas choquer mais il faut être compris par les autres. La difficulté est que chaque personne perçoit la nourriture différemment à cause de son histoire personnelle. Par exemple, il m'arrive d'utiliser des fleurs dans mes plats quand cela me semble justifié. Ce n'est pas grand-chose mais parfois les gens hésitent à goûter car ils ne sont pas habitués à l'idée de manger des fleurs. Tout ça fait partie de notre éducation et chaque personne réagit à sa manière. Ainsi, pour conquérir le coeur des gens, ma philosophie est d'utiliser des combinaisons originales avec une touche de nostalgie, pour créer un lien avec les bons souvenirs rassurants de notre enfance. C'est comme si on rencontrait un bon vieil ami que l'on n'a pas vu depuis longtemps et on se dit : il a beaucoup changé mais il est resté lui-même." Aujourd'hui, Gilles regrette que les jeunes générations soient de plus en plus habituées à manger des plats tout prêts qui manquent de saveur ou qui n'ont plus le goût originel des produits. "C'est très important que les enfants soient capables de reconnaître les différents produits par leurs simples goûts et sous leurs formes naturelles. Il faut également veiller à varier leur alimentation pour qu'ils puissent développer leur propre souvenir du goût".

Hostellerie La Briqueterie – Hôtel et Restaurant
4 route de Sézanne
F-51530 Vinay – Epernay
Tel : +33 (0)3 26 59 99 99
Fax : +33 (0)3 26 59 92 10
Email : briqueterie@relaischateaux.com
www.labriqueterie.com

Petits coquetiers de brandade de morue aux perles de saumon, salade de mâche aux herbes et chips de betteraves

Ce plat nous rappelle toute notre enfance. Coquetier : quelle merveille ces œufs à la coque et les mouillettes que maman nous préparait avec du bon pain. Brandade : un bon poisson avec l'aspect d'une bonne purée. Chips de betteraves : le croustillant que tous les enfants adorent. En plus avec de jolies perles !

Pour 8 personnes

Brandade de morue

800 g de morue salée
2 gousses d'ail
1/4 litre d'huile d'olive
2 dl de crème liquide
1 litre de lait

Petits coquetiers

200 g de mie de pain réduite en chapelure
600 g de beurre
80 g de farine
3 œufs
5 dl d'huile d'arachide pour friture

Garniture

1/2 betterave crue
200 g de mâche
30 g d'œufs de saumon
2 cuillères à soupe de ciboulette ciselée
3 cuillères à soupe de vinaigrette
Sel

Brandade de morue : La veille : Coupez les filets de morue en morceaux, mettez-les dans un saladier rempli d'eau froide. Laissez dessaler pendant 12 heures au froid en retournant les morceaux de temps en temps et changez l'eau. Au bout de ce temps, égouttez la morue et mettez-la dans une casserole avec le lait froid. Portez très lentement à ébullition, laissez 10 minutes dans le lait hors du feu. Egouttez, effeuillez la chair de morue dans une casserole, ajoutez l'ail pilé au mortier, mettez la casserole sur feu doux et incorporez doucement l'huile d'olive sans cesser de remuer vigoureusement. Incorporez la crème liquide tiède jusqu'à formation d'une masse homogène. Poivrez et mettez la brandade dans un saladier.

Petits coquetiers : Confectionnez 24 boules de beurre de 25 g chacune, mettez-les au frais pendant 30 minutes. Au bout de ce temps, panez-les en les roulant dans la farine, puis dans les œufs battus salés et ensuite dans la chapelure. Faites bien adhérer la chapelure en roulant les coquetiers sur une planche avec la paume de la main puis faites-les cuire en les plongeant dans une friteuse à 160°C. Une fois qu'ils sont bien dorés, épongez-les sur un papier absorbant puis découpez le haut à l'aide des ciseaux.

Garniture : Epluchez et coupez en fines lamelles la betterave crue puis faites-les tremper dans de l'eau froide pendant 15 minutes. Epongez-les et faites frire à 160°C jusqu'à l'obtention de chips bien croustillantes, épongez-les sur un papier absorbant et salez. Mélangez la mâche, la ciboulette et la vinaigrette dans un saladier.

Dressage : Farcissez chaque coquetier d'un peu de brandade et enfournez à 180°C pendant 3 minutes. A la sortie du four, déposez quelques œufs de saumon sur chaque coquetier puis disposez-les sur l'assiette avec la salade de mâche et les chips de betterave.

Pour accompagner ce mets...

La Maison Pommery vous conseille
le Champagne POMMERY Springtime

C'est par la couleur que cette douce combinaison prend vie, offrant, tant dans le verre que dans l'assiette, des déclinaisons de rose pale réfléchies par la blancheur immaculée de la brandade de morue. Ce jeu visuel donne envie de prolonger la découverte des sensations olfactives et gustatives. D'un coup, par la fraîcheur naturelle de ce champagne rosé, on imaginerait presque avoir rendu vie aux mets déposés délicatement dans l'assiette. La texture de la brandade est relevée par les notes acidulées et fruitées, alors que le saumon se laisse ravir par ces petites touches de grenade fraîche et de groseille.

Un mariage à consommer avec délectation.

Thierry GASCO, Chef de cave
Champagne POMMERY

Cassolettes d'escargots au champagne et cèpes en persillade, cuites sous cloche feuilletée

Les escargots, le champagne et les cèpes nous font penser aux joies des fêtes de fin d'année. Cette recette vous offre la surprise de découvrir une nouvelle façon de déguster les escargots.

Pour 4 personnes

Escargots

1 bocal d'escargots (4dz)
20 g d'échalotes
1 dl de champagne
1 dl de fond blanc de volaille
1 dl de crème liquide
1 dl de crème épaisse
1 bouquet de thym citron
30 g de beurre
Sel, poivre

Cèpes

150 g de cèpes
30 g de beurre
1 cuillère et demi à café de persil haché
1 pointe d'ail haché

Préparation des cassolettes

1 jaune d'œuf
sel, poivre
4 disques de pâte feuilletée (2 cm de plus en diamètre que les cassolettes)

Escargots : Faites suer sans coloration l'échalote ciselée avec 10 g de beurre, ajoutez les escargots (que vous aurez rincés et égouttés) tout en remuant à l'aide d'une spatule, ce pendant 2 minutes sur feu doux. Versez ensuite le champagne, le fond blanc de volaille, la crème liquide, la crème épaisse et le thym citron ficelé en bouquet. Laissez mijoter doucement pendant 10 minutes en remuant régulièrement. En fin de cuisson, ajoutez le reste du beurre en petits morceaux, mélangez bien pour le faire fondre et assaisonnez de sel et poivre.
Retirez le bouquet de thym citron et laissez refroidir les escargots dans la sauce.

Cèpes : Lavez soigneusement les cèpes, coupez-les en morceaux moyens et faites-les sauter dans une poêle avec 30 g de beurre pendant environ 5 minutes pour qu'ils deviennent légèrement dorés. En fin de cuisson parsemez de persil et d'ail haché puis déposez-les sur un papier absorbant.

Préparation des cassolettes : Mettez dans chaque cassolette douze escargots avec la sauce, et recouvrez-les d'un disque de pâte feuilletée, collez-les sur le bord de la cassolette avec le jaune d'œuf battu. Dorez la pâte feuilletée de chaque cassolette au pinceau avec le reste du jaune d'œuf battu. Enfournez à 200° pendant 15 minutes.

Pour accompagner ce mets...

La Maison Giraud-Hémart vous conseille
le Champagne Cuvée FRANÇOIS HEMART Brut Réserve Aÿ Grand Cru

Un mariage contrasté entre le fruité, l'élégance, la robustesse des Pinots Noirs d'Aÿ Grand Cru, et la finesse, l'amertume, la fraîcheur de la cassolette d'escargots. Les cèpes révèlent les notes légèrement boisées de cette cuvée et font ressortir la fraîcheur de la persillade. La cuvée François Hémart est 100% Pinot Noir, élevée 6 mois en fût de chêne de la forêt d'Argonne.

La Maison GIRAUD-HEMART

Risotto aux langoustines et noix de Saint-Jacques marbrées de jambon séché

L'accord entre le risotto crémeux, le goût et l'aspect si particulier des langoustines et la douceur des noix de Saint-Jacques marbrées de jambon sec est une merveille à déguster.

Pour 4 personnes

Noix de Saint-Jacques et langoustines

12 langoustines moyennes
8 noix de Saint-Jacques
1 laitue
3 fines tranches de jambon de Parme
2 cuillères à soupe d'huile d'olive
Sel, poivre

Risotto

320 g de riz pour risotto
1 l de bouillon de volaille
1 oignon moyen, ciselé
40 g de beurre
1 dl de vin blanc
30 g de parmesan
Sel, poivre

Noix de Saint-Jacques et langoustines : Faites blanchir 8 belles feuilles de laitue en les plongeant dans une casserole d'eau bouillante et rafraîchissez-les au bout de 15 secondes dans de l'eau glacée. Egouttez-les sur un papier absorbant. Découpez à l'aide d'un emporte-pièce 16 disques de jambon de la grosseur des Saint-Jacques. Coupez les noix de Saint-Jacques en 3 lamelles égales et reformez-les en alternant avec les disques de jambon, enveloppez chaque noix de Saint-Jacques avec les feuilles de laitues blanchies puis emballez-les avec du papier film. Mettez les Saint-Jacques à cuire à la vapeur dans un couscoussier pendant 3 minutes et réservez-les au chaud.
Décortiquez les queues de langoustines, assaisonnez de sel et poivre et faites-les cuire dans une poêle avec de l'huile d'olive pendant 1 minute sur chaque face. Réservez 4 queues entières, coupez le reste en petits morceaux et réservez au chaud.

Risotto : Dans une casserole, faites revenir l'oignon dans le beurre, ajoutez le riz et remuez bien jusqu'à ce qu'il devienne transparent. Ajoutez le vin blanc et faites évaporer. Ajoutez une petite louche de bouillon chaud et faites cuire à feu doux. Dès que le liquide a été absorbé, rajoutez petit à petit du bouillon en remuant de temps en temps pendant 18 minutes. Assaisonnez de sel et poivre. Le riz sera alors cuit mais crémeux et ferme à la fois. Ajoutez le parmesan et les langoustines coupées, goûtez pour ajuster l'assaisonnement et laissez reposer 2 minutes hors du feu. Mettez au centre de chaque assiette le risotto à l'aide d'un cercle, disposez harmonieusement une langoustine et les noix de Saint-Jacques découpées en deux.

Pour accompagner ce mets...

La Maison Boizel vous conseille
le Champagne BOIZEL Brut Chardonnay

Ce très bel assemblage issu de raisins de la Côte des Blancs est d'une plénitude et d'une élégance exceptionnelles : c'est le Chardonnay champenois dans son expression la plus pure. Les notes d'amande, de poire, de miel et de brioche grillée s'associent avec délicatesse aux arômes et à la texture de ce risotto raffiné, tandis que l'acidité tendre de ce champagne mature vient équilibrer la douceur des produits et apporter sa fraîcheur en finale.

Evelyne ROQUES-BOIZEL, Présidente
Champagne BOIZEL

Dos de cabillaud en viennoise d'herbes, légumes d'autrefois et corail d'oursin servis dans sa coque

La douceur du cabillaud juste poêlé et le goût iodé du corail d'oursin se marient à merveille avec en complément le fondant de ces légumes d'autrefois.

Pour 4 personnes

Dos de cabillaud en viennoise d'herbes

500 g de dos de cabillaud
1 dl d'huile d'olive
50 g de beurre pommade
25 g de gruyère râpé
50 g de chapelure
1 gousse d'ail hachée
1 cuillère à soupe d'herbes hachées mélangées (thym, ciboulette, cerfeuil, persil)
Sel, poivre

Oursins

12 oursins

Sauce

30 g d'échalotes ciselées
5 cl de vin blanc
50 g de crème liquide
200 g de beurre

Légumes d'autrefois

100 g de salsifis
100 g de potiron
100 g de topinambours
100 g de crosnes

Dos de cabillaud en viennoise d'herbes : Découpez 4 morceaux de cabillaud, assaisonnez de sel et poivre et faites-les cuire dans une poêle avec l'huile d'olive 2 minutes environ de chaque côté. En fin de cuisson débarrassez-les sur un plat allant au four.
Pour préparer la viennoise d'herbes, rassemblez tous les éléments dans un saladier avec sel et poivre et mélangez à l'aide d'une spatule de façon à obtenir une pâte homogène. Déposez sur chaque dos de cabillaud une bande de viennoise d'herbes et mettez au four en position grill pour faire colorer légèrement.

Oursin : Découpez la partie supérieure des oursins à l'aide de ciseaux, récupérez délicatement les coraux (parties orangées) et réservez-les au frais. Lavez 4 coques d'oursin en les passant sous un filet d'eau froide.

Sauce : Dans une casserole, mettez l'échalote ciselée et le vin blanc, faites réduire presque à sec, ajoutez la crème liquide et le beurre en morceaux en mélangeant rapidement. Ajoutez ensuite la moitié des coraux d'oursins et passez aussitôt au mixeur puis au chinois étamine. Réservez la sauce au chaud.

Légumes d'autrefois : Epluchez et lavez les topinambours, le potiron et les salsifis. Frottez avec le gros sel les crosnes de façon à éliminer les petites peaux et rincez-les bien à l'eau. Faites cuire chaque légume séparément dans de l'eau bouillante salée. En fin de cuisson, rafraîchissez-les dans de l'eau glacée et égouttez-les dans une passoire. Passez les légumes dans une poêle avec le beurre pour les faire colorer légèrement. Disposez les légumes dans chaque coque d'oursin et mettez sur le dessus le reste de corail.

Pour accompagner ce mets...

La Maison Perrier-Jouët vous conseille le Champagne Perrier-Jouët Cuvée Belle Epoque Millésime 1998

La cuvée Belle Epoque 1998 est le fleuron de la Maison Perrier-Jouët créée en 1811. Que certains experts la classent dans le club très fermé des cuvées de prestige les plus réputées au monde n'est pas le fruit du hasard, mais le résultat de près de deux siècles d'histoire. Ici, les saveurs iodées toutes en finesse répondront à l'élégance d'une cuvée millésime 1998 marquée par de légères notes fruitées, d'agrumes et de fruits blancs (pêche de vigne, poire), de fruits exotiques, évoluant ensuite vers des nuances gourmandes de cire, de miel, de crème fleurette, de nougat, de réglisse. Les Pinots Noirs apportent une ossature nécessaire à la personnalité du vin tout en conservant une grande agilité.

Hervé DESCHAMPS, Chef de Cave
Champagne PERRIER-JOUËT

Médaillons de ris de veau en croûte de pain d'épice, pommes fruits caramélisées à la senteur d'agrumes

Ris de veau et pain d'épice… les festivités peuvent commencer ! Les épices de Noël nous réchauffent le cœur et les agrumes nous apportent fraîcheur et vitalité. Le tout se marie à merveille.

Pour 4 personnes

Ris de veau

700 g de ris de veau
80 g de carottes
80 g d'échalotes
1 dl de vin blanc
3 dl de jus de veau
1 petit bouquet garni
50 g de beurre
5 cl d'huile
2 œufs
50 g de farine
150 g de pain d'épice en chapelure
Sel, poivre

Sauce d'agrumes

Jus de 2 oranges
Le jus de cuisson des ris de veau
30 g de beurre

Ris de veau : La veille : Parez le ris de veau en enlevant à l'aide d'un petit couteau les parties nerveuses et graisseuses. Mettez-les dans un saladier rempli d'eau froide et laissez au réfrigérateur pendant 12 heures pour les faire dégorger.
Le dégorgeage terminé, faites blanchir les ris de veau en les mettant dans une grande casserole remplie d'eau froide à 1 cm au-dessous des ris de veau. Faites bouillir pendant 2 minutes et mettez les ris de veau à rafraîchir sous l'eau courante. Epongez-les sur un torchon après les avoir brassés dans l'eau pour bien retirer toute l'écume.
Assaisonnez de sel et poivre les ris de veau, mettez à chauffer dans une sauteuse l'huile et 50 g de beurre. Déposez délicatement les ris de veau dans la sauteuse bien chaude pour les saisir. Dès qu'ils ont une belle couleur blonde, ajoutez les carottes, l'échalote coupée en petits morceaux, laissez revenir 1 minute, ajoutez ensuite le vin blanc, le jus de veau, le bouquet garni. Enfournez à 180° C pendant 15 minutes. En fin de cuisson, laissez le tout refroidir en prenant soin de garder le fond de cuisson pour confectionner la sauce.
Coupez 12 belles tranches de ris de veau, passez-les dans la farine, trempez-les ensuite dans l'œuf battu et posez-les dans la chapelure de pain d'épice en prenant soin de bien la faire adhérer. Disposez les médaillons panés sur un plat allant au four.

Sauce d'agrumes : Dans une casserole, versez le jus de deux oranges, faites réduire presque à sec, ajoutez le fond de cuisson des ris de veau et laissez le tout cuire sur feu doux jusqu'à ce que la sauce nappe légèrement la cuillère. Rajoutez à ce moment 30 g de beurre en mélangeant bien. Passez la sauce au chinois étamine et réservez-la au chaud.

Garniture

8 endives
2 pommes golden
50 g de sucre cassonade
60 g de beurre
1 cuillère à soupe de ciboulette ciselée

Garniture : Lavez puis émincez finement les endives, mettez-les dans une casserole avec 30 g de beurre bien chaud et faites-les cuire pendant 3 minutes environ sur feu vif, sans cesser de les remuer à l'aide d'une spatule. En fin de cuisson ajoutez la ciboulette ciselée et réservez au chaud.
Epluchez les pommes, coupez-les en 6 quartiers en prenant soin de retirer le cœur avec les pépins, roulez-les dans le sucre cassonade et faites-les rissoler dans une poêle avec 30 g de beurre bien chaud.

Dressage : Mettez les médaillons de ris de veau panés dans un four à 180° pendant 5-8 minutes, déposez 3 médaillons sur chaque assiette et disposez harmonieusement les pommes caramélisées et les endives autour ainsi que la sauce.

Le ris de veau est aussi riche en vitamine C qu'une orange. Il contient aussi de la vitamine B12 en grande quantité. Cinquante grammes de ris couvrent les besoins journaliers d'un adulte. Le ris apporte 136,4 Kcal / 100 g (de ris cuit) et 6% de matières grasses en moyenne. Il est riche en protéines de bonne qualité car riche en acides aminés indispensables. Alors pourquoi s'en priver !

Pour accompagner ce mets...

La Maison Pol Roger vous conseille
le Champagne POL ROGER Cuvée Rich

La séduction et la gourmandise : les mets «sucrés-salés» sont les principaux alliés de la cuvée Rich. Dernier né de la Maison Pol Roger, ce champagne demi-sec, peu dosé, épanoui, s'accorde parfaitement sur les saveurs de pain d'épices, de caramel et de fruits exotiques du mets. Son agréable vivacité met en valeur la succulence des saveurs fruitées et la douce sensualité des épices. Une palette aromatique variée autour d'un excellent équilibre entre le vin et le mets.

Hubert de BILLY
Champagne POL ROGER

« Au pays de Papillarie » , par Eric Poindron

En m'égarant dans ma bibliothèque, quoique rangée avec soin, j'ai retrouvé un fier volume connu seulement de bibliophiles chanceux et de quelques gastronomes avisés. Je n'avais pas oublié l'ouvrage, loin de là, je l'avais seulement en partie négligé. C'est un ouvrage de belle facture, sorti de l'Imprimerie Paul Ewen – Metz, 1954 ; tiré à 515 exemplaires sur vélin bouffant des papeteries Navarre - accompagné de gravures sur bois bicolores, naïves à souhait mais du meilleur effet. Le livre s'intitule *Olaf au pays de Papillarie*, du dénommé Pierre Bachelard, sans rapport apparent avec Gaston, le philosophe champenois, hédoniste en diable. Et puisqu'il s'invite, nous ne résisterons pas au bonheur de le citer, comme une mise en appétit : « Qu'est-ce que le vin ? C'est un corps vivant où se tiennent en équilibre les «esprits» les plus divers, les esprits volants et les esprits pondérés, conjonction d'un ciel et d'un terroir. »

Ne croyez pas que la bibliophilie, ou la philosophie, joue ici les intrus. Il y a entre les livres, les vins et les mets, un « je ne sais quoi d'air de famille », une parenté, un lien presque amoureux. On hume de la même sorte, l'on se sert de l'œil pour appréhender ou tenter de comprendre. Quelquefois aussi, les vocabulaires se confondent, l'on parle de tirage, de textures, de saveur… Et un livre, qui plus est s'il évoque ou loue la gastronomie, se doit d'être consommé – et non dévoré – à petites bouchées, à gorgées réfléchies…

Si le mot « papillarie » nous interpelle, il est aisé de deviner que notre auteur dévoué l'a imaginé en songeant à papillaire, à savoir ce mot ancien qui signifie : formé de papilles. Je crois que l'on parle de nous, frères humains… Alors pour un temps, préférons les papilles à ce cher « Gastronomie » qui évoque un peu trop l'estomac ; estomac, soit dit en passant, qui n'est en rien responsable dans notre perception et notre compréhension du bon et du goût.

J'ignore à peu près tout de l'auteur, Monsieur Bachelard, sinon qu'il a voyagé des Vosges aux Carpates et qu'il fut chasseur dans les règles de l'art et sans doute, amateur de gibiers et des vins ad hoc comme il se doit.

Sur la couverture sobre de notre voyage en Papillerie, donc, ce ne sont que jambon, fruits de verger, bouteille de notre vin rafraîchissant dans un seau classique et à la bonne taille, écrevisse fastueuse, asperges saines, dessert en crème collet monté, faisan sauvage et barrique du meilleur bois… Du meilleur tonneau, en somme, cette couverture. Et me voilà installé, relisant les aventures du dénommé Olaf, un Suédois, célébrant les vertus. Ça ne vous rappelle pas quelqu'un, ce gastronome venu des pays froids ?...

Affaire à suivre, parce que le bonheur est toujours à suivre…

Soufflé au chocolat pur caraïbe, giboulée de griottes tièdes, crème glacée à la vanille Bourbon

Le soufflé est un dessert toujours magique. Ici, il est rehaussé d'une note chocolat pur caraïbe tout en puissance, adouci par la crème glacée vanille bourbon et les griottes.

Pour 4 personnes

Giboulée de griottes tièdes

200 g de griottes surgelées
50 g de sucre en poudre
2 dl de bière (Kriek)

Soufflé au chocolat

150 g de chocolat pur caraïbe
4 œufs
100 g de sucre
1 cuillère à café bombée de maïzena
1 cuillère à café bombée de cacao
2 dl de crème fleurette
1 pincée de sel

Giboulée de griottes tièdes : Faites chauffer une casserole, déposez-y les griottes encore surgelées en mélangeant pendant 5 minutes sur feu vif, ajoutez le sucre puis la bière. Laissez mijoter sur feu doux pendant 10 minutes en remuant régulièrement. Au bout de ce temps, ôtez la casserole hors du feu.

Soufflé au chocolat : Tamisez le cacao et la maïzena. Mélangez le tout dans une casserole avec la crème fleurette froide. Mettez la casserole sur feu doux et portez le mélange à ébullition en mélangeant énergiquement. Au premier bouillon retirez la casse-role du feu, ajoutez le chocolat haché, les jaunes d'œufs et mélangez bien en laissant tiédir le mélange.
Montez les blancs en neige avec une pincée de sel. Quand les blancs sont bien mousseux, saupoudrez de sucre et fouettez le tout énergiquement pour bien les serrer (bien fermes).
Incorporez délicatement les blancs en neige sur le mélange de chocolat à l'aide d'une spatule. Beurrez bien 4 moules à soufflés, remplissez-les aux 3/4 avec le mélange et réservez-les au réfrigérateur pendant 30 minutes. Enfournez les soufflés à 190°C pendant 12 minutes. Dressez aussitôt sur une assiette avec une boule de glace vanille et la giboulée de griotte tièdes.

Pour accompagner ce mets...

La Maison Rozès vous conseille
le Porto ROZES Vintage 2000

Le plaisir à l'état pur ! Tout y est, la beauté de l'assiette qui se reflète dans la couleur rouge grenat de ce vin de Porto. Cette couleur qui, à elle seule, transmet la chaleur que le soufflet a lui même emmagasinée. Après avoir découvert des arômes de griottes dans le verre on ne sera pas surpris d'en retrouver dans l'assiette. On ne sait plus si cette griotte est née dans le verre ou dans l'assiette. Puis pour parfaire le mariage, le velours ressenti dans le vin joue avec une élégante complicité avec la glace à la vanille. Une alliance royale pour gourmets exigeants.

Antonio SARAIVA, Wine maker
Porto ROZES

«Je préfère manger un maquereau d'excellente qualité plutôt qu'un mauvais homard !»

Arnaud Lallement
L'Assiette Champenoise

Arnaud est né et fut élevé dans la tradition du restaurant familial, c'est le moins que l'on puisse dire ! Depuis l'âge d'un an, la chambre du jeune garçon était située juste au-dessus de la cuisine de son père. Littéralement plongé dans la potion magique, Arnaud a naturellement aujourd'hui pris la responsabilité de l'établissement familial.

Aujourd'hui considéré comme un des jeunes chefs français les plus prometteurs, son style audacieux lui a déjà permis d'obtenir deux étoiles au guide Michelin. Le message qu'il souhaite faire passer à ses hôtes est de rechercher les vrais et authentiques ingrédients. Sa philosophie du "manger vrai" signifie que les ingrédients ou les plats n'ont pas besoin d'être fantaisistes pour être bons. Il nous explique : "Ne perdez pas votre temps et votre argent à préparer des homards de mauvaise qualité. Je préfère manger un maquereau d'excellente qualité plutôt qu'un mauvais homard. Je préfère également goûter un riche pâté de campagne plutôt qu'un foie gras insipide".

Arnaud et sa famille vous accueillent dans son pays enchanté au Château de la Muire, une magnifique demeure dont l'architecture extérieure est digne des contes de fées, et dont l'intérieur contemporain vous offre une ambiance détendue et cosy.

Assiette Champenoise – Hôtel et Restaurant
40 avenue Paul Vaillant-Couturier
F-51430 Tinqueux
Tel : +33 (0)3 26 84 64 64
Fax : +33 (0)3 26 04 15 69
Email : assiette.champenoise@wanadco.fr
www.assiettechampenoise.com

Déclinaison de langoustine royale (la trilogie)

La langoustine est un produit fabuleux et l'un de mes produits favoris. Je vous propose trois déclinaisons, avec des saveurs et des textures différentes autour de ce produit noble.

Pour 4 personnes

Assiette 1

La purée de citron
50 g de zeste de citron
30 g d'eau
6 g de sucre
25 g d'huile d'olive
10 g de jus de citron
Sel, poivre

La carotte confite
50 g d'oignons émincés
200 g de carottes
50 g de miel
1 l de fond blanc
Sel, poivre

Les langoustines
4 langoustines avec queue

Assiette 2

Les langoustines
4 huîtres Belon
8 quarts d'artichauts confits à l'huile d'olive
8 tomates cerises séchées
4 olives noires
12 chanterelles
4 langoustines décortiquées

Assiette 1 : Langoustines rôties, purée de citron et sa carotte confite

La purée de citron : Faites blanchir quatre fois les zestes, départ eau froide pour retirer l'amertume.
Mixez avec l'eau, le sucre et montez à l'huile d'olive. Finissez en assaisonnant et en ajoutant le jus de citron.

La carotte confite : Suez les oignons à l'huile d'olive, puis les carottes, ajoutez le miel et mouillez au fond blanc, assaisonnez. Faites cuire 30 minutes à basse température (70°C). Tranchez la carotte en rectangle bien parée et faites réduire le jus de cuisson pour obtenir une sauce onctueuse.

Les langoustines : Faites rôtir les langoustines au four à 200°C pendant 3-5 minutes selon leur taille.

Dressage : Disposez la purée de citron dans le fond de l'assiette en rectangle, superposez la carotte taillée et posez la langoustine rôtie dessus. Servez la sauce de carottes à part.

Assiette 2 : Langoustines poêlées, sauce coriandre

Les langoustines : Posez dans 4 assiettes creuses une huître et disposez la moitié de la garniture (artichauts, tomates, olives, chanterelles) dans chaque assiette, ajoutez la langoustine préalablement poêlée, puis la sauce coriandre bien mousseuse. Finissez par disposer le reste de la garniture en mettant du volume.

La sauce coriandre : Faites suer l'échalote avec les parures de coriandre fraîche, mouillez au jus de coquillage, faites réduire, ajoutez la crème et laissez infuser le reste de coriandre 15 minutes.

La sauce coriandre

50 g d'échalotes ciselées
50 g de coriandre parure
300 g de jus de coquillage
300 g de crème épaisse
20 g de feuille de coriandre

Assiette 3

Le tartare de langoustine

4 langoustines
Assaisonnement (sel, poivre, huile d'olive, jus de citron, Tabasco, vinaigre Balsamique réduit, tomate sèche hachée, coriandre haché) selon goût

La nage de langoustines

8 têtes de langoustines
2 dl de vin blanc
2 dl de crème
20 g d'oignons
1 tomate
1 pincée de paprika
Assaisonnement (voir au dessus)
3 feuilles de basilic
2 feuilles de gélatine

La purée de chou-fleur

1/2 tête de chou-fleur (500 g)
300 g de crème liquide
150 g de fond blanc
Sel, poivre

Le rond de gelée de langoustine

60 g de gelée de langoustine
0,06 g d'agar-agar

Assiette 3 : Tartare de langoustine

Le tartare de langoustine : Décortiquez les langoustines et coupez-les en petits cubes. Assa sonnez légèrement.

La nage de langoustines : Faites revenir toutes les têtes des langoustines concassées, mouillez au vin blanc, faites réduire puis crémez. Faites réduire à environ 2 dl de liquide.
Dans une autre casserole, suez les oignons hachés, ajoutez la tomate, le paprika, l'assaisonnement. Mettez la crème réduite (de la première préparation) et incorporez le basilic et la gélatine, laissez infuser 10 minutes. Passez au chinois puis laissez refroidir.

La purée de chou-fleur : Faites blanchir le chou-fleur, départ eau froide, ajoutez la crème, le fond blanc, sel, poivre. Faites cuire 30 minutes, mixez et passez.

Le rond de gelée de langoustine : Mélangez le tout, portez à ébullition et mettez à refroidir en barquette aluminium. Taillez en petit rond.

Dressage en verre cocktail : Mettez une pointe de nage de langoustine au fond du verre puis le tartare de langoustine, recouvrez avec la purée de choux-fleurs et finissez par le rond de gelée.

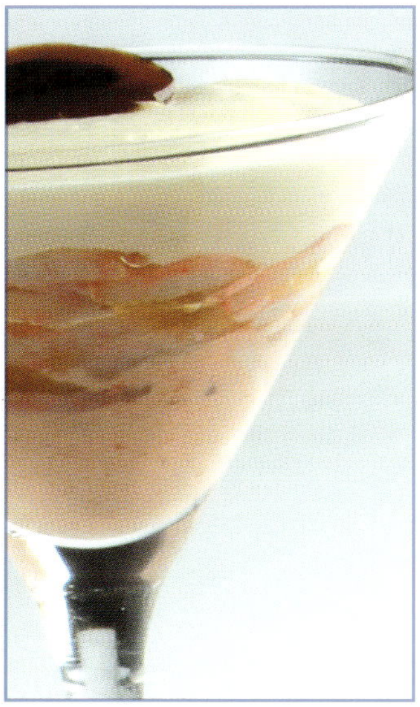

Pour accompagner ce mets...

La Maison Tarlant vous conseille
le Champagne TARLANT Cuvée Louis

Elaborée à partir d'une vigne cinquantenaire au terroir de craie révélant l'absolue quintessence du Chardonnay et du Pinot Noir, la Cuvée Louis Tarlant ouvre un repas de haute expression gastronomique avec éclat. La robe est jaune doré de nuance vieil or et reflet ambre. Le nez généreux et complexe dévoile des arômes de nèfle et de poire sauvage ; aux saveurs toastées se mêlent progressivement de délicates notes de miel, de caramel et d'épices.

La rencontre de la suavité doucement minérale de la langoustine et de la Cuvée Louis est idéale. L'équilibre très franc et la finale puissante du vin se trouvent bercés par les saveurs tantôt confites, tantôt épicées, tantôt natures de la Langoustine Royale en Trilogie. Toutes les nuances en présence se respectent intimement et se valorisent délicatement pour exalter vos papilles.

Benoît TARLANT, Vigneron
Champagne TARLANT

De sacrés guides, par Eric Poindron

Nous avions quitté Olaf notre personnage curieux et gourmet venu des pays du nord, et son créateur Pierre Bachelard à l'instant du départ.

Notre écrivain le dit tout de go : « ce livre n'a aucune prétention littéraire » et de poursuivre qu'il s'est trouvé fort embarrassé quand il s'est agi pour lui de faire face aux tournures enjouées du style gastronomique si habilement pratiqué par d'éminents spécialistes. »

Tournure enjouée, style gastronomique… Que nenni. Il s'agit amplement d'énoncer clairement et c'est déjà bien assez ; ou pour citer Brummell, « élégance, art de ne pas se faire remarquer. Ainsi, loin s'en faut des thuriféraires de la technique, non exempte d'une certaine préciosité, notre personnage central – appelons-le Olaf, mais il pourrait se prénommer Ragnar – voyage, découvre et goûte en honnête homme le cher pays de France et les atours comestibles qui le composent. Allons-y joyeux et sans ambage ! Ce livre et son périple semblent pur bonheur. Chaque phrase prononcée ressemble à l'ingrédient que l'on déposerait avec soin et jubilation dans le panier d'osier qui prépare le repas du pique-nique imminent… Ce Ragnar, pardon cet Olaf, est un sacré guide. Nous voilà en Champagne, justement…

« Accrochés à la montagne, ou reposant à ses pieds, de beaux villages dont chaque nom évoquait un cru, attestaient par leur pittoresque et leur couleur, que tout y était consacré à la vigne (…) Verzenay, Sillery, Mailly, Verzy sur la Montagne de Reims ; Bouzy, Ambonnay,Ay, Dizy, Hautvillers, Cumières, Dennery sur la rive droite de la Marne, tandis que, sur la rive gauche, la côte d'Epernay s'étendait vers le Sud. »

Un peu de géographie, quoique approximative – mais l'on pardonnera à notre estranger – ne peut jamais faire de mal, si elle est pratiquée sans modération. Et puis les vins, les sols et les sous-sols font si bon mélange… Ainsi, un viking en a précédé un second. Le premier était de papier quand le nôtre est de chair. La fiction n'a qu'à bien se tenir et comme on le sait depuis Oscar Wilde « la nature imite l'art ».

Alors "art pour art", je choisis l'art de la table, celui de nos chefs et des vins qui, une fois habilement versés, font de l'ensemble le plus élégant des paysages… Musique !

« Savoir ordonnancer un repas, mettre chaque vin à sa place. n'est pas à la portée de tout le monde ; il y a là une graduation à observer, des nuances à connaître, sans lesquelles on n'arrivera jamais à un mariage parfait. Un dîner bien composé doit être comme un ballet bien dirigé, comme une symphonie orchestrée par un maître depuis l'adagio jusqu'à l'allegro final ».

Homard bleu, frites de pied de porc pané, sauce tartare et sauce lard

Le homard est un joli produit aux qualités intéressantes, à la fois ferme, fondant et juteux. L'accompagnement des frites de pied de porc ajoute encore un contraste de plus à ce plat plein de saveurs.

Pour 4 personnes

Le homard

4 homards bleus de Bretagne

La sauce tartare

2 œufs durs
1 cuillère à café de moutarde
1 cuillère à café de moutarde en grains
50 g d'huile d'olive
Sel, poivre
Herbes ciselées (estragon, cerfeuil, persil)
Câpres hachées
Cornichons hachés
1 oignon nouveau haché

La sauce au lard

100 g de lard fumé
25 g d'oignons hachés
1 brin de thym
1 feuille de laurier
200 g de fond blanc
300 g de crème épaisse
Sel, poivre

Les frites de pied de porc

50 g de pied de porc
40 g de sauce pied de porc
Farine, œuf, chapelure
1 g d'agar-agar

Le homard : Faites cuire les homards dans de l'eau salée pendant 3 minutes puis décortiquez-les.

La sauce tartare : Mixez les jaunes d'œufs avec les moutardes. Montez à l'huile d'olive. Assaisonnez en incorporant les herbes et condiments.

La sauce au lard : Faites revenir le lard avec les oignons, ajoutez le thym et le laurier, mouillez au fond, faites réduire puis ajoutez la crème. Passez au chinois et assaisonnez.

Les frites de pied de porc : Mélangez la sauce pied porc et l'agar-agar. Assaisonnez et portez à ébullition. Ajoutez le pied de porc haché et plaquez en barquette alu. Laissez refroidir. Taillez en bâtonnet puis panez avec le mélange farine, œuf, chapelure. Faites frire dans de l'huile.

Dressage : Etalez la sauce tartare dans le fond de l'assiette sous forme de rectangle. Chevauchez les deux moitiés de homard légèrement tiédies et les frites de pied de porc chaudes en donnant du volume à l'assiette ainsi qu'une pince coupée en deux. Finissez par des points de sauce cochon, jus de persil, huile de maïs. Servez à côté de l'assiette un verre avec les particules de homard, quelques macaronis farcis, une pince de homard et le jus de cochon, auquel vous rajouterez une saucière de sauce mousseuse au lard.

Pour accompagner ce mets...

La Maison Philipponnat vous conseille
le Champagne PHILIPPONNAT Cuvée «1522» Millésimée 2000

Sous son apparente simplicité, voilà un plat très exigeant pour un vin. Le homard est certes ami du champagne mais il faut aussi accompagner la sauce tartare, et les pieds panés, rester léger tout en résistant à l'assaut du cochon, de la sauce au lard, et du jus de persil...

L'idéal est de chercher une alliance goûteuse et très sèche à la fois. Ailleurs, un Riesling sec ferait belle affaire. En Champagne, une Cuvée «1522» millésimée 2000 sera un petit miracle de précision : une pure Cuvée de Grands crus au caractère un peu épicé d'Aÿ, et le complément de Chardonnay de la Côte des Blancs lui donnera à la fois la puissance aromatique et la rigueur «Extra Brut» qui conviennent à la cuisine, du plus beau style baroque, d'Arnaud Lallement.

L'acidité contrôle les saveurs herbeuses du persil et tranche dans le gras du porc. La crémosité et le fruité de l'Aÿ prolongent la richesse iodée du homard... fermez les yeux.

Charles PHILIPPONNAT
Champagne PHILIPPONNAT

Turbot à la plancha, sauce Château Chalon, accompagné de sa bombe cacahuète et chorizo

C'est un plat qui vient de l'imaginaire, inspiré par des cultures de cuisines différentes. Je trouve le résultat bien sympa.

Pour 4 personnes

Le turbot

4 x 140 g de filet de turbot

La bombe cacahuète

(Pour un appareil de siphon à crème de 75 cl)
250 g de cacahuètes
400 g de crème épaisse
1 petite boîte de lait de coco
100 g de jus de coquillage
6 g d'agar-agar
Sel, poivre

La sauce Château Chalon

2 bouteilles de vin Château Chalon (Vin Jaune du Jura)
400 g de crème épaisse
80 g d'échalotes ciselées
Noix de beurre
Sel, poivre

La garniture

320 g de pommes de terre Ratte
100 g de jus de coquillage
200 g de beurre

Le turbot : Faites cuire le turbot à la plancha, d'abord côté peau, retournez-le et finissez la cuisson puis salez à la fleur de sel.

La bombe cacahuète : Faites torréfier les cacahuètes dans un four à 170°C pendant 15 minutes (coloration légèrement brune). Débarrassez-les dans une casserole, ajoutez-y le lait de coco, la crème, le jus de coquillage, salez et poivrez. Jetez en pluie l'agar-agar, tout en fouettant. Portez à ébullition, mettez dans un mixer et mélangez bien, passez au chinois étamine, vérifiez l'assaisonnement. Remplissez le siphon en prenant soin de le refermer hermétiquement. Introduisez 2 cartouches de gaz successivement dans la bonbonne, remuez bien entre chacune d'elle. Réservez au chaud.

La sauce Château Chalon : Faites suer les échalotes dans un peu de beurre, déglacez avec une bouteille de vin et laissez réduire. Lorsque le vin a réduit de moitié, ajoutez l'autre bouteille. Renouvelez l'opération en laissant réduire presque totalement, ajoutez la crème, salez, couvrez et laissez cuire 10 minutes. Passez la sauce au chinois étamine, vérifiez l'assaisonnement, réservez au chaud.

La garniture : Faites cuire les pommes de terre en robe des champs (gardez-les légèrement fermes), épluchez-les, puis taillez-les en disque assez épais (5 mm). Portez à ébullition le jus de coquillage et montez-le au beurre, afin d'obtenir une consistance qui nappe la cuillère, salez et poivrez. Réservez au chaud (vous utiliserez le jus pour chauffer les rondelles de pommes de terre au moment de l'envoi).

La décoration

50 g de cacahuètes
20 g de chorizo
10 g de persil haché
20 g de zeste de citron confit
40 g de truffes noires

La décoration : Hachez au robot les 50 g de cacahuètes, passez-les au tamis pour séparer la poudre. Hachez le persil et réalisez une brunoise de chorizo. Mélangez les 3 ingrédients avec quelques gouttes d'huile de maïs. Emincez 20 g de truffes et coupez les 20 g de truffes restants en julienne.

Dans une assiette ronde, réalisez un disque de 12 cm de diamètre à l'aide de l'élément de décoration, avec la julienne de truffes autour, émulsionnez la sauce et disposez une cuillère à l'intérieur du cercle, posez le poisson par-dessus et ajoutez, dessus, les truffes émincées.
A part, dressez les pommes de terre avec quelques zestes, un peu de mixe cacahuètes et nappez de bombe cacahuète.

Pour accompagner ce mets...

La Maison R&L Legras vous conseille le Champagne R&L LEGRAS Cuvée Saint-Vincent 1996 Blanc de Blancs

Le turbot est un poisson de caractère avec une chair tendre qui se doit d'être servi avec un champagne de caractère. Le millésime 1996 est en parfait accord avec ce turbot Breton, en effet les caractéristiques gustatives et olfactives du Chardonnay sauront trouver et créer un équilibre parfait entre mets et vin de Champagne. Le vieillissement du Chardonnay nous apportera des notes grillées pour soutenir la crème de cacahuète, le millésime traduira la fraîcheur pour accompagner le chorizo. La finesse des bulles soutiendra parfaitement l'élégance de sa chair.

Cette cuvée Saint-Vincent 1996 nous fait découvrir pleinement tous les arômes du Chardonnay (ananas, pamplemousse...). On découvre ensuite une acidité naturelle qui vient équilibrer ce vin et qui traduit une stabilité de la qualité tout au long de son vieillissement. La fin de bouche se traduit par une note acidulée.

Le millésime 1996, un des plus beaux depuis 1964, est un champagne qui respecte parfaitement l'équilibre naturel entre le sucre et l'acide. On découvre toute la finesse et la fraîcheur du Chardonnay qui a su garder toutes ses qualités naturelles tout au long de ces années. Le temps sera un élément important pour permettre à ce vin, qui ne demande qu'à vieillir, de se bonifier. Une fois le champagne servi, laissez-lui le temps de s'ouvrir, de s'épanouir, pour que puissent se développer dans votre verre, tous ses arômes enfermés depuis des années.

Julien BARBIER, Responsable commercial
Champagne R&L LEGRAS

A la soubise, par Eric Poindron

Il est une expression française que j'aime à la hauteur des ris de veau : l'expression « aux petits oignons »… Elle signifie comme chacun sait le goût du travail bien fait, de l'ouvrage mené à sa perfection… Mais si l'on ferme les yeux, les petits oignons apparaissent. Frais au jardin ou prêts à passer « à la casserole ». Je les vois les petits êtres sans défense à la face ronde, s'abandonnant sans lutter à la poêle et au feu doux... Tendez l'oreille, ils chuchotent, ils caramélisent avec malice, ils nous en racontent de belles choses… Tendez l'oreille, ce sont des secrets rien que pour vous, presque des contes de fées… Il est toujours amusant de remonter le cours de l'Histoire et de trouver sur le bord du chemin la réponse à une question que l'on ne s'était pas posée… Vérités ou légendes, il n'y a, un peu comme en cuisine, presque jamais de « fumets » sans feu…

Dans *l'Histoire de la table*, André Castelot nous rappelle qu'à une époque où il était de bon ton de « verser dans la cuisine », le maréchal de Soubise se fit une certaine gloire avec la sauce aux oignons dont il accompagnait ses canetons… Ainsi naquit, dit-on, la sauce Soubise, qui accompagne aussi bien les œufs durs que certains rôtis de veau ou des légumes.

Voici à l'intention des profanes, des curieux et des gourmets quelques expressions de cuisine à la « quelque (bonne) chose »…

« Saint Germain », avec des petits pois. Certains préfèrent remplacer les petits pois par des pois cassés. Les petits pois à « la Clamart », d'où ils provenaient, eurent aussi une notoriété certaine.

« Bordelaise » avec de l'ail.

« Crécy » avec des carottes.

« Santé » avec du cresson.

« Bretonne » avec des haricots blancs.

« Parmentier », avec des pommes de terre.

« Portugaise » avec des tomates.

« Vert-prés » avec des haricots verts. Ou sauce verte composée d'herbes et de légumes verts.

« Florentine », avec des épinards.

« Provençale » avec des aubergines et des tomates.

« Brabançonne » avec des endives.

« Esaü », avec des lentilles. L'Ancien Testament mentionne les lentilles à plusieurs reprises et nul n'ignore l'histoire d'Esaü qui, contre un plat de lentilles, vendit son droit d'aînesse à son frère Jacob.

« Flamande », avec des choux braisés.

« Forestière », avec des champignons.

« Périgord » aux truffes.

« Mirabeau » aux olives et aux anchois.

Suite de l'énoncé gourmand p. 191

Saint-Pierre de Bretagne, avec ses couteaux, tomates séchées et chorizo

Les tomates séchées ajoutent de l'acidité et de la fraîcheur. Quant au chorizo, il apporte son parfum et sa rondeur et contribue au bon équilibre du plat.

Pour 4 personnes

Le Saint-Pierre

4 x 200 g de Saint-Pierre

Les couteaux

500 g de couteaux
20 cl de vin blanc sec
1 carotte
1 oignon
1/2 poireau
1 bouquet garni (laurier, thym, romarin)
30 cl de crème réduite

La garniture

2 sucrines (petit cœur de laitue)
8 rondelles de chorizo (gros chorizo pour arriver à faire des rondelles)
8 pétales de tomates séchées
30 cl de jus de veau ou boeuf

Le Saint-Pierre : Saisissez les filets à l'huile d'olive pendant une minute de chaque côté, salez et poivrez.

Les couteaux : Faites suer la garniture aromatique (carotte, oignon, poireau, bouquet garni). Ajoutez les couteaux puis 20 cl de vin blanc sec. Laissez cuire 2 à 3 minutes à ébullition, jusqu'à ouverture complète des couteaux. Débarrassez-les et décortiquez-les en prenant soin de retirer la partie de l'estomac.
Faites réduire la crème dans une casserole jusqu'à ce qu'elle devienne épaisse. Faites chauffer les couteaux dans la crème réduite avec le jus des couteaux.

La garniture : Effeuillez les côtes de sucrine. Gardez quelques feuilles pour la présentation. Faites suer les côtes de sucrine à l'huile d'olive, incorporez la moitié du chorizo et tomate séchée taillée en petits dés (gardez l'autre moitié pour la décoration), déglacez au jus de viande.

Dressage : Disposez la tombée de sucrine au fond de l'assiette avec les couteaux. Saucez avec le jus crémeux des couteaux plus le jus de viande. Ajoutez en décor les feuilles de sucrine, les rondelles de chorizo et les ronds de tomate sèche.

Pour accompagner ce mets...

La Maison G.H. Martel & Ce vous conseille
le Champagne G.H. MARTEL Cuvée Victoire Millésime 1999

Ce mariage unique exaltera vos papilles par la délicatesse du Saint-Pierre et l'élégance de la cuvée Victoire 1999.

La finesse du Saint-Pierre, associée à la tomate séchée et à la rondeur du chorizo, apporte au mets arôme et équilibre.

La cuvée Victoire est un mélange généreux de Chardonnay et de Pinot Noir. D'une couleur lumineuse et dorée, cette cuvée vous étonnera par son raffinement. Le nez est complexe, évoquant l'arôme des fruits mûrs. La bouche est généreuse et puissante.

Christophe RAPENEAU, Œnologue
Champagne G.H. MARTEL &C°

Tourte de pigeon

Ce plat est un grand classique de la maison depuis des années. Je trouve particulièrement sympathique ce mélange de textures différentes et les saveurs sucrées/salées.

Pour 4 personnes

2 pigeons
16 ronds de feuilletage (pour 2 tourtes par personne)
400 g d'épinards blanchis
80 g de ventrêche cuite
60 g de foie gras cru
16 pétales de tomates séchées
Sel, poivre

Désossez les pigeons, récupérez les filets pour les tourtes et retirez la peau. Mettez les flancs à saisir rapidement dans un peu de beurre salé. Laissez colorer des deux côtés et réservez. Prenez des ronds à tartes de 8 cm de diamètre. Disposez à l'intérieur un fond de pâte feuilletée. Ajoutez au dessus de la pâte environ 30 g d'épinards blanchis, deux tomates séchées, le fois gras (10 à 15 g), la ventrêche cuite, la moitié d'un flanc de pigeon et 20 g d'épinards au dessous de tout. Recouvrez avec le cercle de pâte feuilletée et soudez les bords.
Au dernier moment, faites cuire 10 minutes à four 240°C.
Servez avec un jus de pigeon que vous aurez confectionné avec les carcasses et les ailes des pigeons.

Pour accompagner ce mets...

La Maison G.H. MUMM vous conseille
le Champagne G.H. MUMM Grand Cru

Le terroir est la raison d'être du G.H. MUMM Grand Cru où l'harmonie règne parmi le quintette de cinq Grands Crus : Verzenay, Bouzy, Aÿ, Avize et Cramant.

Ce champagne, élégant et riche est naturellement un vin destiné à la gastronomie. Vin puissant sur une belle structure où dominent les Pinots Noirs, il résistera sans complexe à la tourte imaginée par Arnaud Lallement.

Didier MARIOTTI, Chef de Cave
Champagne G.H. MUMM

Chocolat pistache

... et pour finir le conte de fée, il y eut du chocolat et tout le monde vécut heureux.

Pour 4 personnes

La base praliné feuilleté
200 g de praliné
60 g de pailleté feuillantine
60 g de chocolat noir (Jivara)

La crème brûlée pistache
230 g de lait
230 g de crème liquide
105 g de sucre
100 g de jaunes d'œufs
20 g de pâte de pistache

Le crumble pistache
125 g de farine
125 g de beurre pommade
125 g de sucre
125 g de pistache en poudre
PM pâte de pistache

La mousse chocolat
40 g de lait
1 jaune d'œuf
10 g de sucre
150 g de chocolat noir (Jivara)
150 g de crème fouettée

Le glaçage cacao
140 g d'eau
180 g de sucre
30 g de poudre de lait
40 g de cacao poudre
120 g de crème liquide
1 feuille et demi de gélatine

La glace pistache
1 litre de lait
10 jaunes d'œufs
250 g de sucre
40 g de pâte de pistache

La base praliné feuilleté : Faites fondre le chocolat. Ajoutez le pailleté et le praliné. Versez dans un cadre sur une toile pâtissière 'Silpat' et du papier sulfurisé.

La crème brûlée pistache : Faites chauffer le lait et la crème. Faites blanchir le sucre et les jaunes. Versez le lait bouillant sur le mélange blanchi. Plaquez sur papier sulfurisé et faites cuire environ 1 heure à 100°C.

Le crumble pistache : Mélangez tous les ingrédients (pour la quantité de pâte de pistache , faites selon votre goût). Etalez sur une plaque de toile pâtissière 'Silpat'. Faites cuire à 180°C environ 12 minutes (jusqu'à coloration). Emiettez sur le cadre de crème brûlée.

La mousse chocolat : Faites une crème anglaise avec le lait, la crème, le sucre et le jaune. Faites un peu fondre le chocolat, versez la crème anglaise dessus. Une fois bien mélangée et un peu refroidie (en dessous de 40°C), ajoutez la crème fouettée et étalez sur le cadre.

Le glaçage cacao : Mélangez tous les ingrédients. Faites cuire 15 minutes à feu doux en mélangeant régulièrement. Ajoutez la gélatine à la fin. Enlevez le cadre et glacez avec le glaçage cacao.

La glace pistache : Pour faire une crème anglaise, versez le lait dans une casserole et montez jusqu'à ébullition. Fouettez les jaunes avec le sucre et la pâte de pistache, versez le lait chaud dans la mixture, laissez refroidir dans le réfrigérateur. Mettez à turbiner dans une sorbetière.

Pour accompagner ce mets...

La Maison Krug vous conseille
le Champagne KRUG Rosé

Champagne et chocolat noir est un sujet de débats. Certains adorent et d'autres réfutent. Il n'y a pas de voie du milieu. Je crois bien avoir trouvé la réponse qui met les "pro" est les "anti" d'accord : Krug Rosé et chocolat noir, peu sucré, comme l'aiment les vrais amateurs de chocolat.

Dans ce dialogue, Krug Rosé apporte non seulement ses notes de fuits rouges (framboise !), de figue, de coing, d'épices douces mais aussi sa texture soyeuse. Le chocolat noir va se trouver enveloppé, caressé. Sa belle et tonique amertume sera domptée…

Le Chocolat pistache d'Arnaud Lallement relève le défi de façon magistrale. Vous n'avez plus qu'à essayer. A votre... bonheur gourmand !

Rémi KRUG
Champagne KRUG

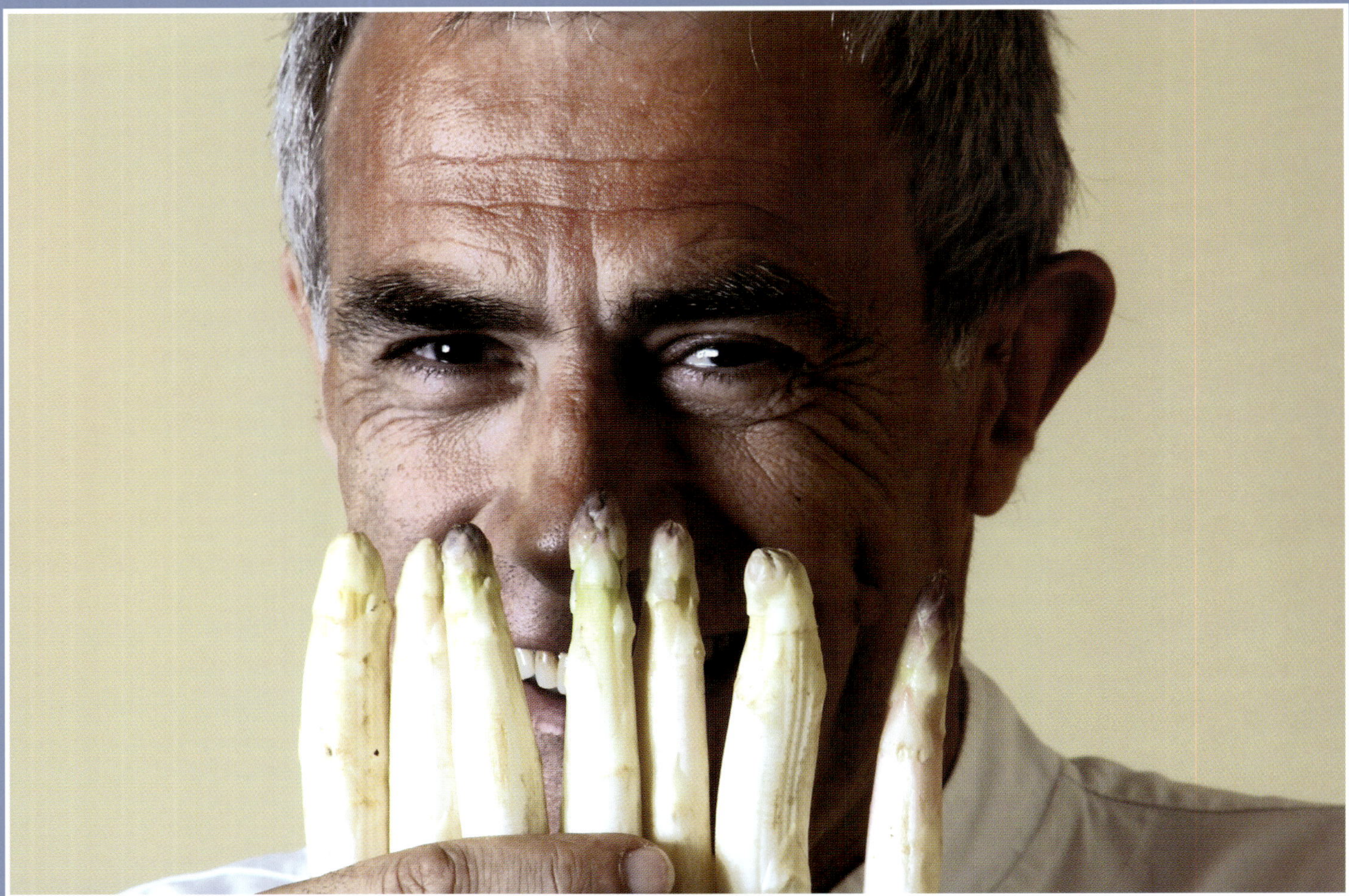

«Un restaurant est comme une scène
où tout le monde peut être acteur.»

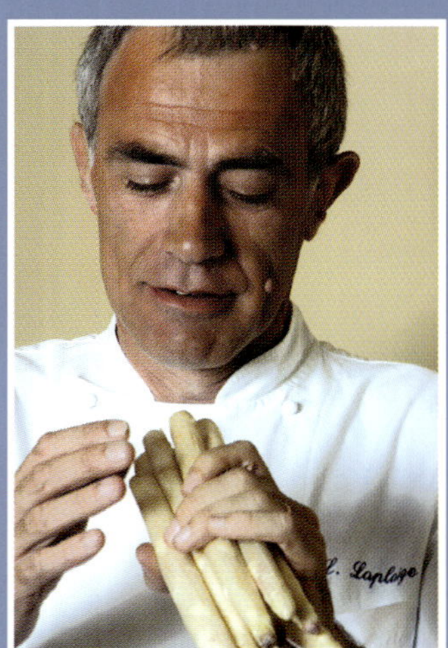

Laurent Laplaige

Le Millénaire

Laurent Laplaige a débuté sa carrière très jeune auprès des très renommés chefs trois étoiles Gaston Boyer et son fils Gérard Boyer. Laurent a retenu de cet apprentissage les valeurs essentielles de son métier que sont l'esprit d'équipe et le partage des connaissances. C'est ainsi, entouré de très grands chefs et dans la tradition purement familiale, que Laurent a non seulement appris son métier mais a également été conquis par "l'esprit de la restauration". Il aime à dire aujourd'hui que le savoir-faire doit se transmettre de génération en génération afin de créer de nouveaux talents. C'est ainsi qu'il nous explique que son grand-père, boucher, a probablement inspiré sa propre carrière et que, aujourd'hui, son propre fils travaille dans l'un des restaurants les plus prestigieux de France pour acquérir de l'expérience: "... et qu' un jour il reprendra les rênes du *Millénaire* à son tour" nous confie-t-il avec un sourire !

Laurent pense que les clients sont de plus en plus conscients de la qualité des produits et de moins en moins obsédés par les décorations compliquées et les produits luxueux hors de prix. "C'est pourquoi je privilégie des préparations simples mais vraies avec les meilleurs produits disponibles. Si vous trouvez un poisson d'excellente qualité, vous n'avez pas besoin d'ajouter des truffes ou du caviar pour impressionner la galerie. Ce qui importe réellement, c'est le service et l'atmosphère. Un restaurant est comme une scène où tout le monde peut être acteur. C'est d'ailleurs pour cela que nous préparons de plus en plus de plats devant nos clients. C'est une bonne manière de les impliquer comme acteur à part entière de la pièce de théâtre qui se joue devant eux et de créer une ambiance conviviale."

Le Millénaire, Restaurant
4-6 rue Bertin
F-51100 Reims
Tel : +33 (0)3 26 08 26 62
Fax : +33 (0)3 26 84 24 13
www.lemillenaire.com

Tartare de bar aux huîtres Gillardeau et des dentelles au jus de la mer

Le secret d'un bon tartare de bar est d'acheter un poisson très frais. Dès l'instant où vous le mélangez avec le vinaigre, il commence à cuire légèrement et à s'assouplir. Les huîtres donnent une texture onctueuse et un goût iodé : on retrouve en bouche toute la fraîcheur de la mer.

Pour 4 personnes

Le tartare

1 filet de bar de 500 g
1 tomate
1 échalote ciselée
6 huîtres Gillardeau
20 g de ciboulette ciselée
1 cuillère à soupe d'huile d'olive
1 cuillère à soupe de vinaigre balsamique
20 cl de crème liquide
Jus de 6 huîtres
1 branche de cordifole

Les dentelles au jus de la mer (Tuiles)

20 g de maïzena
20 cl d'huile d' olive
20 cl de jus de moule
Sel poivre

Le tartare : Préparez le tartare de bar en le coupant en dés, ajoutez les tomates mondées, épépinées et détaillées en dés, les échalotes, l'huile d' olive, la ciboulette, les huîtres hachées, le vinaigre balsamique, le sel et le poivre puis réservez au réfrigérateur. Émulsionnez la crème liquide et le jus d'huîtres au mixeur.

Les dentelles au jus de la mer (Tuiles) : Mélangez bien le tout au fouet. Etalez sur une plaque de pâtisserie et faites cuire au four préchauffé à 180°C pendant environ 5 minutes.

Dressage : Dressez le tartare sur une assiette bien froide, décorez avec une huître, une branche de cordifole et la tuile puis ajoutez l'émulsion au dernier moment.

La cordifole est une surprenante salade à l'état sauvage du bord de mer. Elle se protège de l'effet desséchant des embruns en couvrant ses feuilles et ses tiges de petites vésicules gorgées d'eau salée qui brillent au soleil, donnant l'impression de milliers de cristaux de glace. Sa saveur acide et sa texture ferme en font une salade très prisée et surtout très rafraîchissante.

Pour accompagner ce mets...

La Maison Pol Roger vous conseille
le Champagne POL ROGER Cuvée Blanc de Chardonnay 1998

L'élégance et le talent : à la finesse du bar et des huîtres s'associent l'élégance, la légèreté, la subtilité de la Cuvée Blanc de Chardonnay 1998. Une évidence aussi pure que cette cuvée Brut Millésimée 100% Chardonnay Pol Roger.

Relevée par l'échalote et le vinaigre balsamique, la texture fine et soyeuse du tartare de bar aux huîtres fait parfaitement écho à la finesse et à l'acidité du Chardonnay, vin par ailleurs favorable à une longue garde. Un vin de fraîcheur, compagnon idéal de ce plat aux consonances marines, voire iodées…

Hubert de BILLY
Champagne POL ROGER

L'œuf mollet aux morilles

Le travail du chef est parfois de laisser les produits s'exprimer. En l'occurrence, il n'y a pas grand-chose à ajouter à ce plat simplissime et délicieux.

Pour 4 personnes

Les œufs mollets aux morilles

4 œufs moyens
200 g de morilles fraîches
1 cuillère à soupe d'échalote ciselée
2 cuillères à soupe de beurre
Sel, poivre

La sauce

10 g d'échalotes ciselées
1 cuillère à soupe de beurre
20 cl de fond blanc
10 g de praliné noisette
1/2 l de crème liquide

Les œufs mollets aux morilles : Nettoyez et lavez les morilles plusieurs fois. Mettez-les à égoutter.
Faites cuire les œufs à four à 180°C dans des moules en plastique jusqu'à ce que le blanc ait durci. Le jaune doit rester coulant à l'intérieur (environ 3 minutes).
Suez les morilles avec du beurre puis égouttez. Faites-les ensuite sauter encore une fois avec du beurre noisette, des échalotes, salez et poivrez puis dressez sur une assiette chaude autour d'un œuf mollet. Nappez avec la sauce.

La sauce : Suez les échalotes au beurre, ajoutez le fond blanc et le praliné noisette, faites réduire de moitié, ajoutez la crème, mixez et passez au chinois.

Pour accompagner ce mets...

La Maison Ruinart vous conseille
le Champagne Cuvée Dom Ruinart 1988

La puissance et le raffinement des morilles s'allieront idéalement à la complexité aromatique développée par le Dom Ruinart 1988.

La cuvée Dom Ruinart 1988 est assemblée exclusivement avec des Chardonnays grands crus. D'une couleur lumineuse et légèrement cuivrée, ce vin a une belle profondeur. Le nez, complexe, évolue constamment, passant de notes caramel au lait aux agrumes confits. La bouche, riche et puissante, est dotée d'une belle maturité.

Le fondant de l'œuf poché viendra, quant à lui, s'associer délicatement au velouté de la bouche délicieusement fraîche de cette cuvée.

Un mariage qui marquera les papilles et la mémoire du gastronome.

Champagne RUINART

Turbot grillé sur une tatin d'échalote et sauce au Banyuls

Mariage audacieux mais réussi entre la finesse du turbot et les saveurs épicées et sucrées de la sauce. La tatin d'échalote en témoigne, soyez heureux.

Pour 4 personnes

La tatin d'échalote

2 kg d'échalotes (allongées)
4 disques de feuilletage
100 g de sucre
20 g de beurre demi-sel

La sauce au Banyuls

100 g de miel
3 cl de vinaigre de framboise
12 cl de Banyuls
40 cl de fond de veau
1/2 gousse de vanille
1 feuille d'estragon
1/2 bâton de cannelle

Le turbot

1 filet de turbot de 500 g

La tatin d'échalote : Faites cuire le feuilletage entre 2 plaques au four à 200°C environ 10 minutes et coupez des disques de 10 cm de diamètre.
Réalisez un caramel en faisant cuire à sec le sucre (couleur caramel) puis ajoutez le beurre hors du feu.
Épluchez les échalotes, faites-les cuire au micro-ondes enveloppées dans un film environ 2 minutes. Coupez-les en rondelles de 1 cm et rangez-les dans des moules de 8 cm de diamètre, dans lesquels vous aurez préalablement coulé le caramel chaud. Montez les tatins d'échalote en disposant le disque de feuilletage sur les échalotes et passez au four à 200°C environ 10 minutes. Démoulez les tatins sur une assiette chaude et servez.

La sauce au Banyuls : Dans une casserole, mélangez le tout et faites cuire à consistance nappante (jusqu'à ce que cela nappe la cuillère), laissez infuser hors du feu environ 10 minutes puis tamisez.

Le turbot : Levez les filets de turbot, enlevez la peau puis coupez en 4 portions égales. Grillez le turbot et servez avec la tatin d'échalote et la sauce tout autour.

Pour accompagner ce mets...

La Maison Gosset vous conseille
Le Champagne GOSSET Grande Réserve

Harmonie, entente et évidence : l'évidence du turbot associé à une cuvée Grande Réserve Champagne GOSSET. L'entente entre la texture du turbot et la puissance du Pinot Noir, la fraîcheur et la pureté du Chardonnay (relevée par l'acidité malique soigneusement préservée) ; compléments et exhausteurs de la sauce où la vanille, le caramel, la framboise et le miel sont en parfaite harmonie avec la pleine maturité de ce vin.

La même palette de saveurs et de textures nous entraîne dans un pas de deux où les deux acteurs sont indissociables l'un au service de l'autre et inversement.

Champagne GOSSET

Canon d'agneau, pommes boulangère et jus à la tapenade d'olive noire

La tapenade d'olive noire nous emmène dans le midi de la France. Ecoutez les cigales chanter... et dégustez l'agneau façon "provençale", si simple, si savoureux et si bon. On attendrait presque les cigales chanter...

Pour 4 personnes

1 selle d'agneau 1,4 kg
(ou 600 g de filet d'agneau)
1/2 l de jus d'agneau
10 g de tapenade
1 kg de pommes de terre charlotte
50 g de beurre
2 branches de thym
10 cl de vin blanc
20 cl de fond blanc
100 g d'oignons
Sel, poivre

Réalisez un jus d'agneau en cuisant les os dans un litre d'eau avec quelques légumes aromatiques (oignon, carotte...) et un bouquet garni, réduisez de 2/3 puis filtrez. Ajoutez la tapenade et maintenez au chaud.
Confectionnez les pommes de terre, taillez-les en lamelles de 4 mm, puis posez-les sur une plaque avec le beurre, les oignons, le thym, le vin blanc et le fond blanc à hauteur puis laissez cuire doucement au four environ 15 minutes.
Chauffez bien une poêle et saisissez la selle d'agneau à feu vif environ 2 à 3 minutes sur chaque côté pour la colorer tout en arrosant continuellement avec la graisse de cuisson. Maintenez au chaud, la chair doit rester rosée à l'intérieur. Dressez la garniture sur une assiette, émincez, disposez l'agneau puis saucez.

Pour accompagner ce mets...

La Maison Louis Casters vous conseille
le Champagne Louis CASTERS Sélection

Le Pinot Noir en mono-cépage confère à cette cuvée corps et opulence.

Alliant complexité aromatique, chair et vivacité, cette cuvée Sélection, séduisante et racée, est faite pour accompagner les plats riches en saveurs.

Johan CASTERS, Vigneron
Champagne Louis CASTERS

Côte de cochon noir de Bigorre de 12 heures avec des grosses asperges de pays rôties

Une cuisson lente permet de garder tout le jus à l'intérieur de la viande afin qu'elle soit tendre et savoureuse.

Pour 4 personnes

Le cochon de 12 heures

4 côtes de cochon de 500 à 600 g
1/2 l de fond de veau
Arôme noisette
2 kg de grosses asperges vertes
Sel, poivre

La veille

Parez les côtes de cochon et mettez les parures et les os à côté. Confectionnez un jus avec les parures et les os du carré en les bouillant avec le fond de veau sur feu doux. Faites réduire de moitié, filtrez et ajoutez de l'arôme de noisette.
Faites rissoler les côtes de cochon des 2 côtés. Faites cuire les côtes de cochon sous vide (ou dans une cocotte couverte) avec le jus de noisette, ce à basse température, soit 60°C à 65°C, pendant 12 heures.

Le jour même

Épluchez les asperges et faites-les cuire à l'anglaise. Lorsque les côtes sont cuites, faites rôtir les asperges au beurre et dressez sur une assiette. Emincez les côtes sur un plat et saucez.

Pour accompagner ce mets...

La Maison Duval-Leroy vous conseille le Champagne DUVAL-LEROY Femme de Champagne

Cela pourrait représenter une lutte fratricide entre la bête et la belle. Rien de cela, tout est posé, respecté. La cuisson lente permet de garder tout le jus à l'intérieur de la côte de cochon pour une viande tendre et savoureuse. Maturité, élégance et finesse sont les particularités de ce grand vin d'expression. Sa complexité de bouquet, sa verticalité, son raffinement de texture lui permettent de rentrer «dans la côte» tout en l'accompagnant. Le craquant de l'asperge apporte une juste touche de végétal totalement intégrée dans l'équilibre gustatif avec une juste acidité qui prolonge la persistance.

Didier BUREAU, Directeur Commercial Prestige
Champagne DUVAL-LEROY

Macaron aux fruits rouges

A chaque homme, une femme... à chaque femme, un macaron !

Pour 4 personnes

Les macarons

450 g de sucre glace
250 g de poudre d'amande
200 g de blanc d'oeuf
50 g de sucre
Quelques gouttes de colorant alimentaire

Le biscuit

4 blancs d'œufs
4 jaunes d'œufs
100 g de sucre
60 g de poudre d'amande
60 g de sucre glace
60 g de farine

La crème framboise

1/2 l de lait
1 gousse de vanille
3 œufs
100 g de sucre
40 g de poudre à crème (ou farine)
160 g de beurre
15 cl d'alcool de framboise

La crème mascarpone

250 g de crème liquide
250 g de mascarpone de qualité
30 g de sucre

Le jus

150 g de fraises
40 g de sucre
5 graines de poivre blanc

Les macarons : Montez et serrez les blancs avec le sucre puis incorporez la poudre d'amande et le sucre glace tamisés. Dressez à la grosse douille des galets de 3 cm de diamètre et faites cuire au four à 130°C pendant 20 minutes en tournant la plaque à mi-cuisson.

Le biscuit : Montez 4 blancs en neige avec le sucre, ajoutez les jaunes et la poudre d'amande. Étalez sur une plaque et laissez cuire 2 x 3 minutes à 180°C.

La crème framboise : Pour réaliser une crème pâtissière, coupez la gousse de vanille en deux et grattez dans le lait. Faites bouillir le lait avec la gousse de vanille. Blanchissez les œufs avec le sucre. Incorporez la poudre à la crème. Dès l'ébullition, versez en une seule fois le lait sur les œufs blanchis en mélangeant à l'aide d'un fouet. Transvasez le tout dans la casserole de lait et laissez cuire sur le feu pendant 4 à 5 minutes en remuant constamment afin que la crème n'attache pas au fond de la casserole. La crème va s'épaissir. A froid, ajoutez le beurre en parcelles en chauffant légèrement puis versez-y l'alcool de framboise. Formez des rouleaux et roulez-les dans le biscuit

La crème mascarpone : Fouettez les 3 ingrédients jusqu'à l'obtention d'une chantilly

Le jus : Ecrasez les fraises avec le sucre et les graines de poivre blanc, passez au chinois.

Dressage : 400 g de fruits rouges (fraises, framboises, groseilles, cassis, mûres)
Faites une rosace de chantilly, disposez les fraises coupées sur le macaron et répétez l'opération en diversifiant les fruits rouges. Disposez le cannelloni à la framboise à côté et versez le jus de fraises autour.

Pour accompagner ce mets...

La Maison Perrier-Jouët vous conseille le Champagne Perrier-Jouët Cuvée Belle Epoque Rosé Millésime 1999

En bouteille transparente, la cuvée Belle Epoque Rosé, version rosée de la cuvée Belle Epoque de Perrier-Jouët, se dévoile uniquement enveloppée des anémones de la bouteille Belle Epoque dessinée par Emile Gallé en 1902. Sa robe saumonée fait écho à l'élégance et la finesse de la cuvée Belle Epoque. L'équilibre est suave, fluide et soyeux, tout en respectant la vivacité et la légèreté, trait de caractère du style de la cuvée millésime 1999 qui oscille entre charme et élégance.

Les desserts sont ses alliés de choix, comme ces macarons aux fruits rouges auxquels répond un délicat bouquet de notes florales comme l'iris et la violette ou encore celui des arômes de framboises, de fraises et de mûres…

Hervé DESCHAMPS, Chef de Cave
Champagne PERRIER-JOUËT

*«Lorsque la créativité
s'empare de lui,
il oublie tous les préjugés.»*

Jacky Louazé

Le Foch

Déjà à l'âge de huit ans dans la ferme de ses parents, Jacky s'intéressait beaucoup à la cuisine de sa maman, curieux et désireux d'aider. Inspiré par son cousin, qui est également cuisinier, il a rapidement souhaité améliorer ses talents pour la cuisine traditionne le en se tournant vers une cuisine plus aventureuse qui l'identifie d'ailleurs aujourd'hui. Jacky aime explorer des nouveaux chemins pour trouver des idées souvent inespérées. C'est derrière les fourneaux qu'il s'exprime le mieux. Lorsque la créativité s'empare de lui, il oublie tous les préjugés en mixant des ingrédients provenant de toutes les origines, de l'Afrique au pays du soleil levant, du sucré et du salé, de l'aigre et du doux, pour obtenir des combinaisons originales. Et pourtant, la carrière de Jacky n'a pas débuté dans la gastronomie créative et expérimentale, bien au contraire ! Il a commencé sa carrière dans un restaurant très traditionnel qui servait des plats régionaux. Et c'est donc ainsi, pas à pas, en commençant par acquérir les bases, puis en travaillant plus tard dans les meilleurs restaurants parisiens, qu'il est devenu un chef unique.

Jacky a alors décidé de s'installer en Champagne et son restaurant, *Le Foch*, est situé en plein cœur de la ville de Reims. Cet établissement à taille humaine, très convivial, est fort apprécié par les gourmets du cru et d'ailleurs.

Le Foch – Restaurant
37 boulevard Foch
F-51100 Reims
Tel :+33 (0)3 26 47 48 22
Fax : +33 (0)3 26 88 78 22
Email : mjackylouaze@aol.com
www.lefoch.com

Miroir de concombre et saumon d'Ecosse

Cette entrée est servie froide. Sélectionnez un saumon de très bonne qualité et dégustez-le cru. Il fondera dans votre bouche.

Pour 4 personnes

12 lamelles de saumon d'Ecosse (5 cm de longueur, 5 mm d'épaisseur)
1 concombre
4 pommes de terre (Belle de Fontenay)
2 échalotes
12 cl de vinaigre d'alcool coloré
16 cl de crème fouettée
1 jus de citron
8 cl d'huile d'olive
1 cuillère à soupe d'aneth hachée
Poudre d'agar-agar
Sel de Guérande

Epluchez et épépinez le concombre. Taillez-le en tronçons et blanchissez-les à l'eau bouillante salée pendant 5 minutes. Faites refroidir à l'eau glacée et placez le concombre dans un mixeur afin d'obtenir un coulis. Collez ce coulis à raison de 6 grammes d'agar-agar par litre ou par kilo, puis étalez-le sur une plaque afin d'obtenir une épaisseur de 2 mm. Réservez au frais.

Cuisez les pommes de terre à l'eau salée. Epluchez-les et taillez-les en rondelles de 1 cm d'épaisseur. Confectionnez la vinaigrette avec l'huile d'olive, le jus de citron et l'aneth hachée. Ciselez finement l'échalote, ajoutez le vinaigre et réduisez à sec. Lorsque cette réduction est froide, ajoutez la crème fouettée. Réservez.

Dans chaque assiette, placez 3 rondelles de pommes de terre. Posez sur chacune une cuillère à café de crème fouettée puis une lamelle de saumon que vous aurez préalablement assaisonné avec la vinaigrette et le sel de Guérande. A l'aide d'un emporte pièce uni de 7 cm de diamètre, taillez le concombre gélifié et posez un rond de concombre sur le saumon. Servez frais.

Vous pouvez accompagner ce plat d'un sorbet à l'huile d'olive.

Pour accompagner ce mets...

La Maison Thiénot vous conseille le Champagne THIENOT Cuvée Stanislas Blanc de Blancs Millésime 1999

Le saumon cru est un vrai délice pour le gastronome. Sa texture onctueuse et tendre demande un vin frais et élégant, à la puissance aromatique suffisante pour s'accommoder de la saveur délicate du saumon, sans la dominer. Nous vous conseillons le Champagne THIENOT Cuvée Stanislas Millésime 1999. Cette cuvée est préparée avec 100% de Chardonnay issu des grands crus de Grauves, Mesnil sur Oger, Avize, Chouilly, rigoureusement sélectionné pour sa finesse, son élégance et sa capacité d'évolution.

C'est un vin riche en bouche et soyeux, aux arômes intenses de fruits jaunes et de fruits secs, en parfaite harmonie avec le saumon. Les notes toastées et les arômes frais d'agrumes renforcent la délicatesse de cette alliance.

James FRANÇOIS, Directeur Commercial
Champagne THIENOT

Rouleau de printemps au thon et menthe fraîche

Entrée ou plat exotique, parfumé et léger.

Pour 4 personnes

1 carotte
1 oignon frais
1 concombre
Quelques feuilles de menthe
Quelques germes de soja
Sel de Guérande
4 tronçons de thon rouge
(8 cm de longueur)
4 galettes de riz
Sauce Teriyaki
Huile d'olive
Vinaigre balsamique

Faites mariner le thon dans la sauce Teriyaki environ 1/2 heure.
Epluchez la carotte et le concombre et taillez-les en grosse julienne. Ajoutez les germes de soja, la menthe ciselée et l'oignon frais émincé.
Trempez quelques secondes les galettes de riz dans de l'eau tiède et posez-les délicatement sur un torchon humide. Disposez au centre et dans la longueur de la galette les légumes puis le thon. A l'aide du torchon, formez un rouleau en serrant très fort. Réservez au frais.
Taillez chaque rouleau en 3 tronçons. Assaisonnez de sel de Guérande, d'huile d'olive et de vinaigre balsamique. Servez frais.

Pour accompagner ce mets...

La Maison Duval-Leroy vous conseille
le Champagne DUVAL-LEROY Fleur de Champagne 1er Cru

La légèreté et une certaine simplicité de cette entrée exotique et parfumée appellent une «moustille» pour apporter une harmonie plus subtile. La bulle joue un rôle tactile déterminant dans l'accord.

Fleur de Champagne 1er Cru est un vin très pur, d'une grande précision aromatique où le Chardonnay domine en maître. Un vin de grande facilité gustative et subtil.

Didier BUREAU , Directeur Commercial Prestige
Champagne DUVAL-LEROY

Cannellonis de calamar à l'encre de seiche, poivron baby farci de brandade

Ce plat inspiré de l'Italie est une démonstration parfaite de la manière de faire un plat délicieux avec des ingrédients simples et peu onéreux. Comme toujours, c'est la qualité des produits qui fait la différence.

Pour 4 personnes

Les cannellonis de calamar

4 carrés de pâte à l'encre de seiche de 8 cm sur 4 cm (vous pouvez la commander chez un traiteur italien)
2 calamars
1 poivron
1 courgette
200 g de filet de poisson blanc
4 cl de crème liquide

Le poivron baby farci de brandade

1 filet de morue salée
4 cl de crème liquide
4 petits poivrons rouges
4 gousses d'ail
15 cl d'huile d'olive

Les cannellonis de calamar : Préparez les calamars et taillez-les en petits dés. Poêlez-les à l'huile d'olive puis égouttez-les. Taillez le poivron et la courgette en petite brunoise régulière. Faites blanchir puis refroidir à l'eau glacée. Egouttez. Dans un mixeur hachoir, confectionnez la farce de poisson avec le poisson blanc et la crème. Assaisonnez. Ajoutez à cette farce les petits légumes et le calamar. Cuisez les carrés de pâte à l'eau bouillante salée pendant 3 minutes et laissez refroidir.
Confectionnez les cannellonis.
Posez un carré de pâte sur une feuille de papier film. Posez sur la longueur la farce de poisson puis roulez le cannelloni autour de la farce à l'aide du film. Faites cuire 5 minutes à la vapeur.

Le poivron baby farci de brandade : Dessalez la morue et pochez-la dans du lait. Enlevez les arêtes et effilochez. Cuisez les gousses d'ail dégermées et passez-les au tamis pour obtenir une purée fine. Chauffez l'huile d'olive dans une casserole, ajoutez la morue et travaillez énergiquement avec une spatule. Ajoutez la purée d'ail et la crème. Réservez.
Cuisez les poivrons au four avec un filet d'huile d'olive pendant une demie heure à 150°C. Enlevez la peau et les graines puis farcissez-les de brandade. Dressez avec les cannellonis de calamar à l'encre de seiche.

Un jus de coquillage crémé et safrané peut accompagner ce plat.

Pour accompagner ce mets...

La Maison Charles de Cazanove vous conseille le Champagne CHARLES DE CAZANOVE Stradivarius Millésime 1996

Stradivarius est doté d'une symphonie de sens et de passion, d'un parfum unique qui reflète la finesse du Millésime et apporte une harmonie originale.

La saveur du calamar, associée à la complexité de ce champagne, développera des saveurs exquises, séduisant ainsi vos papilles.

Le nez s'ouvre sur des notes de fruits mûrs, de noix et d'amandes. La finale est puissante et généreuse. La délicatesse du mets, alliée à la plénitude du Stradivarius, s'avère être un miracle de sensations, un hymne à l'éveil des sens.

Christophe RAPENEAU, Œnologue
Champagne CHARLES DE CAZANOVE

Millefeuille de bar et pomme de terre safranée, beurre à l'ail et persil

Le bar dans toute sa simplicité, un plat élégant et savoureux.

Pour 4 personnes

8 petits pavés de bar sans la peau d'environ 100 g chacun
12 lamelles de pomme de terre charlotte de 4 mm d'épaisseur
1 botte de persil plat
4 gousses d'ail
Safran
80 g de beurre

Faites blanchir les gousses d'ail 3 fois et réduisez en purée fine dans un hachoir. Faites cuire le persil plat épluché à l'eau bouillante salée. Faites refroidir à l'eau glacée. Egouttez puis réduisez en purée très fine. Dans une casserole, mélangez la purée d'ail et la purée de persil plat. Chauffez légèrement et montez au beurre. Mixez pour émulsionner la sauce.

Faites cuire doucement les lamelles de pomme de terre dans un fumet de poisson au safran pendant 15 minutes environ. Dans une poêle anti-adhésive, cuisez les pavés de bar à l'huile d'olive 2 minutes de chaque côté. Dans une assiette, intercalez lamelles de pomme de terre et pavés de bar. Entourez de beurre à l'ail et persil. Servez.

Pour accompagner ce mets...

La Maison De Castelnau vous conseille
le Champagne De CASTELNAU Millésime 1998

La chair savoureuse et maigre du bar demande toutes les attentions et aspire à être conjuguée dans un registre de simplicité et de pureté, sans excès de fioriture, pour laisser pleinement s'exprimer la qualité intrinsèquement des ingrédients.

Le Millésime 1998 De Castelnau, conjugue ces différents talents.

Tout d'abord une fraîcheur et une vivacité au nez qui laissent augurer d'une dominance du Chardonnay et d'un vin essentiellement tourné vers les agrumes confits.

La bouche surprend car elle nous emmène dans un tout autre registre, celui des saveurs exotiques, où le Pinot Noir explose et rivalise de talents avec les épices qui accompagnent cette recette. La note beurrée du vin complétera la palette lactée de la recette et assurera la cohésion de l'ensemble.

Richard DAILLY, Chef de Caves
Champagne De CASTELNAU

Côte de veau de lait rôtie avec sa mousse de lait à la réglisse, cromesquis de pied de veau à la graine de moutarde

D'un côté, la délicate saveur du veau rôti est rehaussée par l'arôme subtil de réglisse tout en légèreté. De l'autre côté, nous avons toute la puissance du pied de veau préparé en cromesquis croquants et moelleux.

Pour 4 personnes

2 côtes de veau de lait d'environ 1 kg chacune
1/2 litre de lait
1 bâton de réglisse
3 pieds de veau cuits et désossés
2 échalotes hachées
1/2 botte de persil plat haché grossièrement
1 paquet de chapelure
1 œuf
Beurre
1 cuillère à soupe de graines de moutarde
2 dl de jus de viande

La veille

Hachez les pieds de veau grossièrement. Ajoutez les échalotes, le persil plat et la moutarde en grains. Mettez le tout dans une terrine et maintenez sous presse au réfrigérateur pendant une nuit.

Le jour même

Faites infuser le bâton de réglisse dans le lait chaud. Réservez.
Faites rôtir les côtes de veau dans un sautoir avec une noix de beurre pendant 25 minutes environ afin de les maintenir rosées. Dégraissez puis déglacez avec le jus de viande. Réservez.
Préparez des cromesquis de pied de veau. Démoulez les pieds de veau, taillez-les en cubes réguliers de 2 cm sur 2 cm. Passez deux fois avec l'œuf entier et la chapelure. Faites frire les cromesquis dans une friture à 180°C afin qu'ils soient bien blonds.
Emincez le veau. Mixez le lait afin de le rendre très mousseux. Dressez l'ensemble.

Pour accompagner ce mets...

La Maison Giraud-Hémart vous conseille le Champagne Cuvée FRANÇOIS HEMART Brut Aÿ Grand Cru

L'alliance parfaite de la douceur et de l'élégance entre le veau et le Champagne François Hémart brut n'est plus à prouver. Rond et friand, les arômes de fruits jaunes se découvrent en bouche, le tout soutenu par le gras, la fin de bouche légèrement mentholée rappelant la fraîcheur de la réglisse. 70% de Pinot Noir et 30% de Chardonnay, élevée 6 mois en fut de chêne de la forêt d'Argonne.

Champagne GIRAUD-HÉMART

Oranges braisées au Passoa et aux épices, glace au thé noir de l'Ile Maurice

Attention, une grenade explosive de goût !

Pour 4 personnes

4 grosses oranges
8 cl de liqueur de mangue (Passoa)
14 cl de jus d'orange
3 dl de crème anglaise
1 cuillère à soupe de thé noir
1 mélange d'épices concassées (cannelle, poivre noir, badiane, clou de girofle, muscade)
2 cuillères à soupe de cassonade
1 noix de beurre

Confectionnez la crème anglaise. Versez-y le thé noir. Laissez infuser 1/2 heure. Passez au chinois et turbinez quand la crème est froide.

Pelez les oranges à vif. Sur une plaque allant au four, faites rôtir les oranges avec le beurre, le sucre cassonade et le mélange d'épices. Colorez légèrement sur toutes les faces.
Déglacez avec le Passoa et le jus d'orange. Enfournez à 180°C pendant 20 minutes.
Dressez dans une assiette creuse, nappez les oranges avec le jus de citron et confectionnez une quenelle de glace. Servez.

Pour accompagner ce mets...

La Maison Caillez-Lemaire vous conseille
le Ratafia Champenois CAILLEZ-LEMAIRE

Le Ratafia Champenois CAILLEZ-LEMAIRE joue la partition de l'équilibre, de la complexité et de la finesse. Il est finement boisé, aux arômes de cerises et de fruits confits. La persistance aromatique est longue en bouche sur un caractère "rancio" et des arômes de noix.

Son onctuosité enveloppe toute la puissance du goût des épices et des agrumes de ce plat. La pointe d'acidité nous rafraîchit la bouche et laisse un parfait équilibre entre mets et vin.

M.& Mme CAILLEZ VANPOPERINGHE, Récoltants-manipulants
Champagne CAILLEZ-LEMAIRE

«Prendre cinq minutes pour expliquer la composition d'un plat et l'ordre dans lequel il doit être mangé est mon idée du plaisir.»

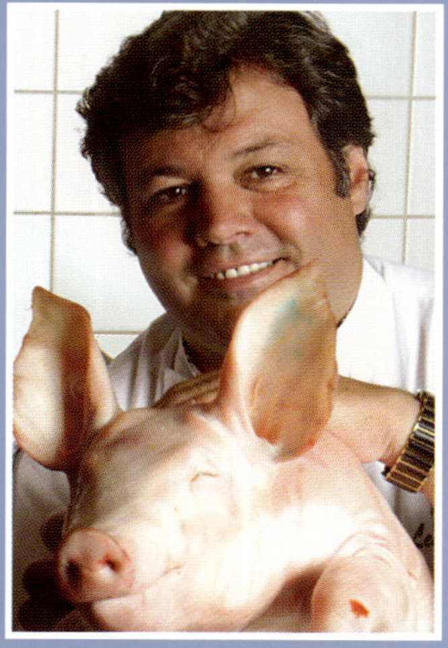

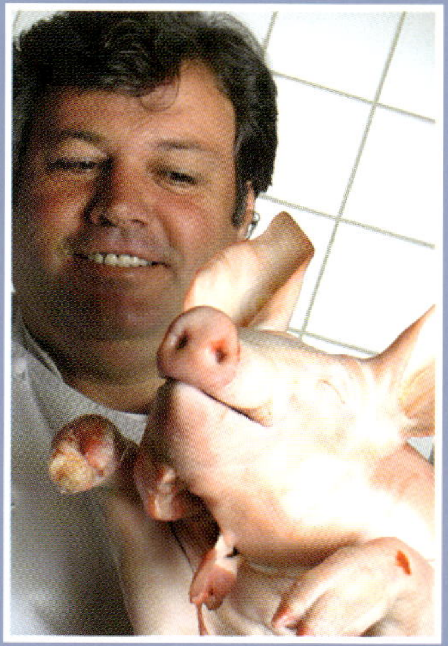

Patrick Michelon

Les Berceaux

Patrick, originaire de l'Alsace, éprouve un grand respect pour les traditions culinaires de sa région natale. Il a naturellement commencé son apprentissage en cuisine en apprenant à préparer des recettes basiques comme des ragoûts ou des choucroutes, avant de s'orienter vers d'autres horizons plus créatifs! Très rapidement, Patrick a été reconnu par ses pairs et les critiques culinaires pour être un des chefs les plus prometteurs. Il admet qu'il a frôlé le délire des créations culinaires quelquefois mais, ses jours «rock'n roll» sont derrière lui maintenant ! Il estime aujourd'hui que le respect des produits, l'harmonie vins et mets, et surtout le plaisir des clients sont des éléments plus importants que le fait de produire un style «haute couture» de la gastronomie que beaucoup admirent, mais finalement, que peu apprécient véritablement !

Patrick nous indique avoir toujours voulu devenir un chef, même s'il ne se souvient pas pourquoi ! «Peut-être pour le plaisir de faire plaisir aux autres !» nous explique-t-il. Cela confirme le fait que Patrick aime passer beaucoup de temps auprès de ses clients pendant que son fidèle second et ami depuis quinze ans, Maurice Lefondeur, gère la brigade avec complicité et talent. Pour Patrick, un restaurant doit être un carrefour, un lieu de rencontres, pour se relaxer et s'amuser ! Son style se définit de la même manière. «Prendre cinq minutes pour expliquer la composition d'un plat et l'ordre dans lequel il doit être mangé est mon idée du plaisir. J'aime offrir à mes clients un plat harmonieux qu'ils vont comprendre et apprécier spontanément». Patrick reçoit ses hôtes dans une demeure historique, située proche du centre ville d'Epernay, à deux pas de quelques-unes des plus prestigieuses maisons de Champagne.

Les Berceaux – Hôtel et Restaurant
13 rue des Berceaux
F-51200 Epernay
Tel :+33 (0)3 26 55 28 84
Fax : +33 (0)3 26 55 10 36
Email : les.berceaux@wanadoo.fr
www.lesberceaux.com

Rillettes de saumon fumé et sa crème grelette

Je vous recommande d'en préparer un peu plus que nécessaire ! Ainsi, s'il en reste, vous pourrez l'apprécier le lendemain sur des petits toasts.

Pour 18 personnes

Les rillettes de saumon
700 g de saumon frais
700 g de saumon fumé
400 g de beurre
2,5 dl de crème
1 cuillère à café de moutarde
1/2 pot (250 g) de raifort
300/400 g de saumon fumé pour border les terrines chemisiers

La sauce grelette
Jus de deux citrons
5 dl de crème fraîche
Ciboulette hachée
Cerfeuil haché
Sel et poivre

Les rillettes de saumon : Mettez-le tout dans un mixeur (sauf le saumon fumé pour border les terrines) et mélangez bien.

La sauce grelette : Mélangez le jus des citrons et la crème fraîche dans un bol, ajoutez les herbes fraîches et assaisonnez à votre goût. Décorez avec du caviar (ou en alternative des œufs du saumon).

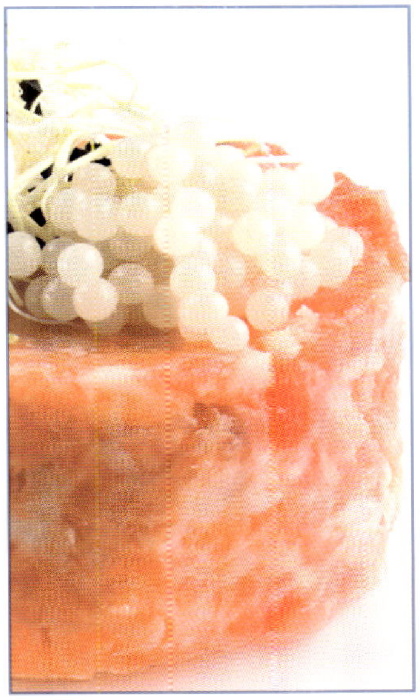

Pour accompagner ce mets...

La Maison Delamotte vous conseille le Champagne DELAMOTTE Blanc de Blancs Millésime 1999

Le DELAMOTTE Blanc de Blancs Millésime 1999, riche et vif, va trouver en ces rillettes de saumon fumé un contre point parfait. La vivacité du Blanc de Blancs 1999 va rompre avec le gras et les notes toastées du Chardonnay et il viendra compléter le fumé du saumon. L'équilibre entre le plat et le vin, sera pour le dégustateur un moment d'exception.

DELAMOTTE 1999 provient de crus à 100 % de la Côte des Blancs. La vivacité et la fraîcheur du Chardonnay offrent une expression toute particulière à ce vin, doté d'un grand potentiel de vieillissement. C'est un vin très droit, très net, très salivant, avec une finale superbe.

Didier DEPOND, Président du Directoire
Champagne DELAMOTTE

Tartare de thon confit aux herbes, un œuf à cheval et sa grosse tartine de pain au levain grillée

Voici une recette simple et savoureuse. Le mariage du chaud et du froid est très agréable pour le thon.

Pour 4 personnes

600 à 700 g de filet de thon frais
2 pincées de sel
15 g de sel marin
1 dl d'huile d'olive
6 grains de coriandre
6 grains de poivre noir
Herbes fraîches du jardin (par exemple : cerfeuil, persil plat, basilic, aneth)
4 œufs bien frais (pas trop gros)
1 cuillerée à soupe d'échalote ciselée
1 cuillerée à soupe de ciboulette hachée finement
1 cuillerée à soupe de câpres fines
1 cuillerée à soupe de mayonnaise
1 pointe de couteau de piment d'Espelette

La veille, mettez le filet de thon frais à confire une demi-heure avec un peu de sucre (pour fixer la couleur) et du sel marin pour rejeter l'eau du poisson. Passez-le dans une marinade d'huile, d'herbes fraîches, coriandre et poivre noir pour le confire. Cette opération doit être faite au moins 48 heures avant (voire plus si le temps vous le permet).
Le jour du repas, hachez au couteau le thon préalablement égoutté de son huile, puis procédez comme pour un tartare de bœuf, en mélangeant ciboulette, échalote hachée, mayonnaise et piment. Rectifiez l'assaisonnement puis moulez dans une grande assiette froide (attention le poisson est déjà salé). Garnissez le tour de quelques herbes fraîches, d'un filet d'huile d'olive et de quelques gouttes de vinaigre de balsamique (optionnel).

Finition et dressage : Juste avant de servir, faites cuire 4 œufs à la poêle. Coupez, à l'aide d'un emporte-pièce de la même dimension que votre tartare de thon puis coiffez-le de l'œuf chaud. Servez avec des grosses tartines de pain au levain, grillées et tièdes.

Pour accompagner ce mets...

La Maison Gosset vous conseille
le Champagne GOSSET Grand Rosé

Trois bonnes raisons pour cet accord d'un plat frais et d'un vin Grand Rosé GOSSET, servi à température de cave. La structure du Pinot Noir vinifié en blanc soutient ce steak de la mer. Les tanins subtils du rouge d'Ambonnay permettent de fondre les arômes des herbes du jardin, les notes de maturité du Chardonnay grillées et briochées sont en harmonie avec la tartine toastée.

Champagne GOSSET

Saint-Pierre cuit au plat sur une boulangère de pommes de terre cuite au jus de coques

Pour une ambiance intime, mettez le plat dans lequel vous avez fini la cuisson directement sur la table et partagez-le en tête à tête.

Pour 2 personnes

1 petit Saint-Pierre bien frais d'environ 700/800 g
400 g de pommes de terre (Bonnotte de Noirmoutier)
400 de coques
1 échalote grise
6 pistils de safran
5 cl de vin blanc sec
Ciboulette
Aneth
Une racine de salsifis frais
Sel marin, poivre blanc

Lavez bien les coques à plusieurs eaux et égouttez-les. Dans une grande casserole, faites revenir l'échalote. Ajoutez une branche de céleri, le safran, les coques puis le vin blanc sec. Portez à ébullition, juste pour faire ouvrir les coquillages. Egouttez soigneusement le jus de cuisson en le filtrant à travers un linge fin. Ce jus de cuisson servira pour cuire les pommes de terre. Décortiquez les coques, elles seront ajoutées aux pommes de terre en toute fin de cuisson avec une cuillère de ciboulette finement hachée. Le Saint-Pierre étêté, ébarbé et vidé sera saisi à feu vif dans une poêle afin de colorer légèrement les deux côtés. Salez, poivrez, déposez sur un lit de pommes de terre cuites au jus de coques et finissez la cuisson au four à 180°C pendant 7 minutes. Servez aussitôt et garnissez avec quelques lamelles de salsifis frais, juste frits, une belle branche d'aneth et quelques grains de sel marin.

Pour accompagner ce mets...

La Maison Louis Casters vous conseille le Champagne Louis CASTERS Millésime 2000

L'assemblage de terroirs d'exception que nous offrent la Champagne a permis d'élaborer ce millésime fruité, miellé et gourmand.

La grande pureté aromatique de ces Blanc de Blancs grands crus en fait un vin épanoui, qui laisse son imposante complexité s'associer avec talent aux nombreuses saveurs originales d'un repas gastronomique.

Johan CASTERS, Vigneron
Champagne Louis CASTERS

Rouget-barbet simplement grillé à la fleur de sel, poireaux farcis à la chair de tourteau, pomme verte et curry

Le rouget simplement grillé, servi avec une sauce légèrement parfumée au curry. Le fait d'ajouter quelques lamelles de pomme verte est un moyen simple et agréable d' apporter une fraîcheur croquante à ce plat.

Pour 4 personnes

Rouget-barbet et poireaux farcis

4 x 250 g de rouget-barbet
4 gros poireaux
200/250 g de chair de tourteau
1 pomme verte
Sel, poivre, fleur de sel

Sauce curry

150 g de beurre doux
1 échalote ciselée
1 cuillère à soupe d'huile d'olive
1 cl de vin de champagne
1 cl de crème fleurette
1 pincée de curry
Sel

Rouget-barbet et poireaux farcis : Ecaillez, levez et désarêtez les rougets. Faites cuire à l'eau salée les poireaux entiers pendant 5 minutes, puis égouttez sur un torchon. Coupez la pomme verte en fine julienne, légèrement citronnée, pour ne pas qu'elle noircisse. Ouvrez les poireaux dans leur longueur et mettez les feuilles bien à plat sur un torchon. Disposez quelques juliennes de pomme verte et des miettes de tourteau avant de les rouler pour former un cylindre d'environ 4 cm de diamètre, serrez-les bien dans une feuille de papier film. Chauffez-les à la vapeur avant de les servir, juste chaud à cœur sans donner de cuisson.
Grillez les filets de rougets pendant 2 minutes sur chaque côté sans trop les cuire, assaisonnez à la fleur de sel sur la peau croustillante. Posez dans une assiette garnie d'un fond de sauce au curry et de poireaux farcis au tourteau.

Sauce curry : Faites revenir l'échalote à l'huile d'olive sans coloration. Ajoutez la crème, le champagne, le curry, portez à ébullition, puis incorporez le beurre pommade et le sel.

Pour accompagner ce mets...

La Maison R&L Legras vous conseille le Champagne R&L LEGRAS Cuvée Vieilles Vignes 1998

Nous avons choisi de marier notre Cuvée Vieilles Vignes 1998 au rouget, car son goût puissant et la finesse de sa chair sont en parfait accord avec la puissance du millésime 1998 et la fraîcheur du Chardonnay. De plus, le Chardonnay saura accompagner, par son côté acidulé, le poireau, la pomme verte et le curry.

La Cuvée Vieilles Vignes est issue de vignes datant des années 1947 à 1952. Celle-ci se compose uniquement de raisins blancs de Chouilly (Grand cru 100%). Le nez est d'une très grande finesse.
Sa fraîcheur se traduit par le Chardonnay et sa vivacité par des arômes d'agrumes (citrons et pamplemousses). Dans un premier temps, on découvre une vivacité à laquelle s'ajoute une rondeur en fin de bouche. Ensuite, on ressent toute la finesse et la fraîcheur du Chardonnay qui a su garder toutes ses qualités naturelles tout au long de ces années. On associe également un côté acidulé qui rappelle le bonbon anglais. La vivacité, assemblée à la fraîcheur, traduit un parfait équilibre.

Julien BARBIER, Responsable commercial
Champagne R&L LEGRAS

Croustillant de cochon de lait aux épices, choucroute cuite au chardonnay et petit boudin noir d'Aÿ

En hommage au pays de mon enfance, l'Alsace…

Pour 4 personnes

Le croustillant de porc

1 kg de cochon de lait (dans le carré de préférence)
4 pièces de petit boudin noir
Court-bouillon (oignon, céleri branche, coriandre, girofle, et un peu de cannelle)
1 cuillère à soupe d'huile d'arachide
1 dl de jus de viande

La choucroute

1 kg de choucroute fraîche
50 g de saindoux
1 oignon
3 dl de vin blanc (Chardonnay)
1 lié (petit taille)
1 gousse d'ail
1 clou de girofle
4 baies de genièvre
4 grains de poivre noir
4 grains de coriandre
1 feuille de laurier
1 brin de thym

La galette de pommes de terre

2 grosses pommes de terre Binjte
1 cuillère à soupe d'huile
Sel, poivre

Le croustillant de porc : La veille, faites cuire la viande de porcelet à feu doux dans un court-bouillon bien épicé pendant 30 minutes. Egouttez-la bien à plat et laissez sécher toute la nuit.
Le cochon de lait sera rôti dans une poêle à l'huile d'arachide bien chaude. Faites dorer la viande côté peau pendant 15 minutes afin de lui donner une belle couleur dorée et une peau bien croustil-lante. Servez aussitôt sur un lit de choucroute, flanqué d'un petit boudin noir et d'une galette de pommes de terre toute aussi croustillante. Finissez avec un filet de jus de viande sur le cochon de lait

La choucroute : Lavez la choucroute. Faites-la revenir avec les oignons, le saindoux et les épices. Mouillez avec le vin et le bouillon, laissez cuire 1 heure 30. Egouttez la choucroute, dressez-la sur un plat.

La galette de pommes de terre : Lavez, épluchez et râpez les pommes de terre. Salez et poivrez. Faîtes chauffer l'huile de la friteuse. Formez des galettes plates de pommes de terre. Faites-les frire jusqu'à ce qu'elles soient bien dorées dessus dessous.

La choucroute est un légume dont l'acidité varie selon les saisons (légèrement acide en automne et plus acide vers la fin du printemps). Selon votre goût, vous pouvez donc la laver 1 ou 2 fois.

Pour accompagner ce mets...

La Maison Moët & Chandon vous conseille
le Champagne MOËT & CHANDON Millésime Rosé 1999

Ce vin au caractère affirmé, complexe et épanoui accompagne parfaitement le croustillant de porc de lait aux épices. L'enveloppe est à la fois ample, solide et ronde. La bouche affirme beaucoup de présence dans les arômes de fruits rouges combinés à des arômes d'agrumes, de fumé et d'épices.

Ses petites notes mentholées au final génèrent une dernière touche de fraîcheur et de vivacité.

Benoît GOUEZ, Chef de caves
Champagne MOËT & CHANDON

Poularde au vin de Champagne

En hommage à mon pays d'accueil, la Champagne...

Pour 4 personnes

1 belle poularde (flambée, tirée et vidée)
1/2 bouteille de Coteau Champenois Blanc
1 oignon
2 gousses d'ail
1 bouquet garni
1 dl de vin de muscat doux (de Rivesaltes)
2,5 dl de fond de volaille
2,5 dl de crème fleurette
Sel, poivre, muscade
800 g de champignons des bois frais de saison

La veille, découpez la volaille en 8 morceaux. Mettez à mariner avec le Coteau Champenois, l'oignon, l'ail et le bouquet garni. Avant de cuire la poularde, égouttez sur un torchon les morceaux de viande. Salez, poivrez puis faites légèrement colorer à l'huile et au beurre.

Faites revenir les oignons, l'ail, le bouquet garni et les champignons puis déglacez avec le vin de la marinade et le vin de muscat. Faites réduire de moitié, ajoutez le fond de volaille, faites réduire à nouveau de moitié, ajoutez la crème et faites réduire de moitié pour finir. La cuisson dure environ 45 minutes.

Ôtez les morceaux de poularde de la sauce pour la filtrer à travers un chinois, puis mixez et rectifiez l'assaisonnement. Garnissez avec quelques champignons préalablement sautés dans une poêle, juste pincés sans les colorer et remettez les morceaux de volaille dans leur sauce.

Servez très chaud accompagné d'un Pilaf de riz Basmati ou autre...

Pour accompagner ce mets...

La Maison Philipponnat vous conseille le Champagne PHILIPPONNAT Royale Réserve Brut

Quelle est la cuisine authentique de la Champagne ? Ancienne région pauvre, lieu de passage aux frontières imprécises... Historiquement, il y en a peu, à part quelques recettes paysannes sans grande typicité.

Alors il y a la cuisine au champagne, et si je devais choisir un plat vraiment typique, ce serait évidemment une volaille marinée ou pochée au champagne ou au Coteaux Champenois ! Et qu'on ne me dise pas qu'un autre vin blanc y conviendrait. Il y faut l'acidité du champagne pour relever la sauce, empêcher la crème d'être lourde et surtout, défaire les chairs de la volaille et leur donner ce fondant incomparable... A condition que la volaille soit noble, bien sûr : poularde ou chapon, inutile de dessécher-là un vulgaire petit poulet. Ne lésinez pas sur le vin non plus !

Qu'y marier ? Un bon Brut Non Millésimé de belle facture, au fruit plein et mûr, aux arômes de levain de pain encore présents. Le beau Pinot Noir d'une Royale Réserve de Philipponnat fera merveille avec ce classique champenois. Merci à Patrick Michelon de nous proposer avec tant de naturel ce beau plat ancien.

Charles PHILIPPONNAT
Champagne PHILIPPONNAT

«Il faut conserver
un esprit
ouvert au monde
qui nous entoure.»

Thibaut Serin-Moulin

Château de Courcelles

Avant son arrivée au *Château de Courcelles*, Thibaut a « mijoté » au sein du melting pot parisien. Il a travaillé comme cuisinier pour les plus prestigieux restaurants étoilés Michelin tel que Lucas Carton ou le Plaza Athenée. Il a ainsi perfectionné son art mais surtout créé sa propre identité. Il explique religieusement son éveil culinaire tout au long de cette période. "J'ai eu comme un déclic" explique-t-il, "Au bout d'un certain temps, vous finissez par comprendre les différents produits et ce qui peut résulter de leurs mélanges ou de différentes préparations et cuissons. C'est comme de trouver la clé d'un code et lorsque vous possédez cette clé, tout devient clair et logique ! ".

Aujourd'hui âgé de 32 ans, Thibaut est un jeune talent qui fait partie de cette nouvelle génération de chefs qui vont modifier la gastronomie française. Son style international et moderne préserve en même temps les traditions françaises. «En France, nous ne devrions pas nous satisfaire en pensant que nous avons la meilleure cuisine car nous avons une fabuleuse histoire. C'est très important de connaître cette histoire mais, en même temps, il faut conserver un esprit ouvert au monde qui nous entoure».

"J'ai la chance de fréquenter de très talentueuses personnes qui viennent du monde entier, qui m'ont inspiré et qui m'ont ouvert des horizons nouveaux. Dans mon restaurant, c'est mon rôle aussi de présenter des plats originaux et ainsi faire vivre à mes hôtes une expérience nouvelle et surprenante. Cela ne m'empêche pas de revisiter les classiques de la cuisine française, mais je le fais à ma manière.».

Château de Courcelles – Hôtel et Restaurant
F-02220 Courcelles-sur-Vesle
Tel : +33-(0)3 23 74 13 53
Fax : +33-(0)3 23 74 06 41
Email : reservation@chateau-de-courcelles.fr
www.chateau-de-courcelles.fr

Foie gras de canard poêlé et céleri confit au beurre de pamplemousse

Le foie gras revisité de manière originale : la petite touche acidulée et amère du pamplemousse et du vin épicé réveille les papilles et accentue le goût du plat.

Pour 4 personnes

Le foie gras poêlé
4 escalopes de foie gras de canard cru

La garniture
2 pièces de pamplemousse
3 feuilles de menthe
1/4 de gousses de vanille
2 g de poudre de cannelle cassia
1/2 boule de céleri
2 pièces d'asperges vertes de Mallemort

Le vin épicé
20 cl de vin rouge
1/2 orange
1/2 citron
1/2 clou de girofle
2 graines de cardamome

Le jus de canard
1 kg de carcasse de canard
1 oignon
Huile d'arachide
Beurre
1 dl de fond brun

Le foie gras poêlé : A la dernière minute avant de servir, saisissez les escalopes de foie gras sur feu vif environ 2 minutes de chaque côté.

La garniture : Epluchez les deux pamplemousses puis taillez-les en quartiers avec un couteau. Gardez les plus jolis quartiers et mettez-les à mariner avec le vin épicé. Faites cuire le restant des quartiers avec la menthe, la vanille et la cannelle cassia dans une casserole. Taillez des petits palets de céleri et faites-les cuire dans l'eau bouillante. Egouttez les palets de céleri puis ajoutez-les dans la casserole contenant les pamplemousses. Maintenez le tout au chaud. Râpez des lamelles d'asperges et faites-les suer à l'huile d'olive. Egouttez les quartiers de pamplemousse marinés dans le vin épicé (voir recette).

Le vin épicé : Mélangez le tout et faites mariner vos quartiers de pamplemousse dedans.

Le jus de canard : Concassez les carcasses de canard, faites-les revenir à feu vif dans un poêlon avec un oignon coupé en gros morceaux et de l'huile d'arachide. Ajoutez ensuite le beurre frais, laissez attacher les carcasses, baissez le feu, laissez cuire puis dégraissez d'un tiers. Réservez la graisse, déglacez avec trois cuillères à soupe d'eau puis avec une spatule à réduction, décollez les sucs et mouillez à hauteur avec le fond brun. Laissez cuire 25 minutes. Passez au chinois sans fouler. Faites réduire le jus de canard à consistance voulue, maintenez au chaud.

Dressage : Disposez les lamelles d'asperges sur les palets de céleris recouverts de pamplemousse, chauffez les quartiers d'agrumes, disposez les quartiers et les palets délicatement sur une assiette, disposez ensuite les escalopes de foie gras. Saucez autour du foie gras.

Pour accompagner ce mets...

La Maison G. Tribaut vous conseille
le Champagne G. TRIBAUT Blanc de Blancs Réserve Millésime 2000

Un accord étonnant et inattendu ! Je suggère le Blanc de Blancs de réserve 2002, aux aromes d'agrumes. En bouche ample, savoureux et plein de fraîcheur dont l'équilibre permet de s'accorder parfaitement avec la texture onctueuse et fondante du foie gras et le croquant du céleri.

Valérie COUDRAIN-TRIBAUT, Responsable commerciale
Champagne G. TRIBAUT

Langoustines de petite pêche, servies en salade, vinaigrette acidulée à la mangue

Ce plat simple met en valeur la qualité des langoustines. Le sucre naturel de la mangue et l'acidité du citron forment un équilibre merveilleux tout en subtilité et élégance.

Pour 4 personnes

Les langoustines

12 pièces de langoustine
Huile d'olive

Le jus de langoustines

Les têtes et pinces de langoustines
1/2 oignon
1/2 fenouil
1 carotte
1 gousse d'ail dégermée
20 g de concentré de tomates
1 bouquet garni (thym, laurier, persil)
Huile d'olive
80 g de beurre doux
5 cl de Noilly Prat (vermout sec)

La garniture

1 pièce de mangue
10 cl d'huile d'olive
1 citron vert
100 g de mesclun de salade ou frisée
5 g de shiso vert

Les langoustines : Décortiquez les langoustines et enlevez le boyau en faisant une légère incision dans la chair côté dorsal. Gardez les têtes et les pinces pour le jus de langoustines. Saisissez-les 2 à 3 minutes dans une poêle anti-adhésive chaude avec un peu d'huile d'olive. Piquez les losanges de mangue dans les langoustines et dressez les langoustines sur la salade. Saucez délicatement en formant des petits points de vinaigrette de mangue et jus de langoustines.

Le jus de langoustines : Taillez en mirepoix la garniture aromatique (oignon, fenouil, carotte, ail). Faites-la revenir sans trop de coloration, ajoutez le concentré de tomates. Concassez les têtes des langoustines et faites-les revenir dans une autre marmite avec du beurre doux. Déglacez au Noilly Prat, laissez réduire, ajoutez la garniture aromatique, mouillez à l'eau puis portez à ébullition. Ecumez régulièrement puis ajoutez le bouquet garni. Laissez cuire pendant une heure environ à petits frémissements. Passez délicatement au chinois étamine. Laissez refroidir et enlevez ensuite la pellicule de gras à l'aide d'un papier absorbant. Faites réduire à consistance et maintenez au chaud.

La garniture : Epluchez la mangue, coupez quelques fines lamelles et taillez-les en forme de losange, faites sécher les losanges au four à 70°C pendant 3 heures. Avec le restant de la mangue, réalisez une purée et ajoutez l'huile d'olive, le jus de citron vert puis le shiso ciselé très fin pour former une vinaigrette. Nettoyez bien le mesclun de salade. Mélangez la salade avec une partie de la vinaigrette en gardant une partie pour la décoration.

Le Shiso est une herbe qui existe depuis fort longtemps au Japon et qui a très souvent été utilisée en tant que médicament. Le shiso a un arôme particulier rappelant un peu la menthe et stimule l'appétit. Toutes ses parties (pousses, feuilles, fleurs et fruits) sont comestibles.

Pour accompagner ce mets...

Le Château de Bligny vous conseille
le Champagne CHATEAU DE BLIGNY Millésime Chardonnay 1995

La saveur et la subtilité de la langoustine se devaient de trouver l'alliance idéale avec le Millésime Chardonnay 1995.

Cette cuvée conjugue ses qualités au pluriel en associant des notes de fruits exotiques et de fruits secs, laissant ainsi s'exprimer toute la sensualité de la mangue.

La rencontre du raffinement de la langoustine et de la finesse du Millésime Chardonnay 1995 ravira gastronomes et épicuriens.

Christophe RAPENEAU, Œnologue
Champagne CHATEAU DE BLIGNY

Rouget-barbet saisi à l'unilatéral, châtaignes compotées au jus salade de chou rouge et pomme verte

Compoter ou confire tout type de produits selon son imagination peut donner des résultats extraordinaires, des saveurs concentrées et des textures étonnantes.

Pour 4 personnes

Le rouget

2 pièces de rouget-barbet de 250 g
Huile d'olive

La sauce vin rouge

1 bouteille de vin rouge (75 cl)
1 zeste de citron
2 baies de genièvre
1 morceau de cannelle
3 grains de poivre noir
500 g de fond de veau

La garniture

400 g de châtaignes décortiquées
25 g de beurre doux
500 g de fond de veau
250 g de chou rouge
1 pomme verte
1 botte de cerfeuil
30 cl d'huile d'arachide
10 cl de vin vieux (vinaigre de vin rouge)
Sel, poivre

Le rouget : Ecaillez et videz les rougets puis levez les filets et retirez-en les arêtes. Faites cuire les filets côté peau dans une poêle avec de l'huile d'olive pendant environ 4 minutes et servez aussitôt.

La sauce vin rouge : Faites bouillir le vin rouge, puis ajoutez les épices et faites réduire de moitié. Faites revenir les arêtes de rouget avec une noix de beurre, mouillez avec le vin rouge épicé, faites bouillir puis ajoutez le fond de veau. Laissez cuire pendant 30 minutes. Passez au chinois étamine, faites réduire jusqu'à ce que la sauce nappe la cuillère.

La garniture : Faites revenir les châtaignes avec du beurre pendant 10 minutes, ajoutez les 500 g de fond de veau. Faites bouillir puis enfournez à couvert pendant 15 minutes à 220°C. Sortez les châtaignes du four et concassez-les grossièrement avec une fourchette puis maintenez au chaud. Emincez le chou rouge finement en enlevant le cœur. Taillez la pomme verte en bâtonnets. Equeutez le cerfeuil. Réalisez une vinaigrette à base de vinaigre de vin rouge et d'huile d'arachide, sel, poivre. Mélangez le tout et rectifiez l'assaisonnement.

Dressage : Disposez la marmelade de châtaignes en bas de l'assiette, puis le filet de rouget et la salade de chou rouge et pomme verte sur le poisson. Déposez un cordon de sauce de chaque côté.

Pour accompagner ce mets...

La Maison Agrapart & Fils vous conseille
le Champagne AGRAPART Minéral 2000 Blanc de Blancs

Le Minéral 2000 Blanc de Blancs Grands Crus Avize et Cramant, vin droit et très minéral, aux arômes d'agrumes, d'anis, de menthol ou encore de réglisse sera parfait pour donner la réplique à ce poisson fin qu'est le rouget barbet. Ce Millésime 2000 est un champagne d'une grande vivacité, élancé et racé.

Pascal AGRAPART, Propriétaire, récoltant-manipulant
Champagne AGRAPART & FILS

Saint-Jacques de Bretagne saisies au chou-fleur craquant crémeux, vinaigrette de crevettes grises et coriandre

La vinaigrette aux saveurs exotiques nous apporte un joli contraste avec les Saint-Jacques douces et moelleuses.

Pour 4 personnes

Les Saint-Jacques

12 pièces de Saint-Jacques
noix de beurre

Le chou-fleur

1/2 pièce de chou-fleur
100 g de beurre doux
2 pièces de fruits de la passion
5 cl de l'huile d'olive
1 botte de coriandre ciselée

Le fumet

Les bardes de Saint-Jacques
Huile d'olive
1 oignon doux
1 carotte
1/2 poireau
1 branche de céleri
10 g d'huile d'olive
Ail et thym
20 cl de vin blanc
1/4 l d'eau
20 g de gingembre frais
1 bâton de citronnelle
100 g de beurre
1 botte de coriandre
1 botte d'estragon
100 g de crevettes grises
2 pièces de fruits de la passion

Les Saint-Jacques : Ouvrez les Saint-Jacques, réservez les noix et mettez les bardes à côté pour le fumet. Poêlez les noix de Saint-Jacques dans du beurre mousseux 1 minute de chaque côté et servez-les aussitôt avec le chou-fleur et le fumet.

Le chou-fleur : Détachez les sommités de chou-fleur. Conservez une sommité et râpez-la très finement. Faites blanchir les sommités à l'eau bouillante salée, réservez une moitié. Faites refroidir dans un saladier rempli d'eau glacée puis égouttez-les et débarrassez-les sur un torchon. Avant de servir, faites colorer dans une poêle avec du beurre salé et une pincée de sucre.
Mixez l'autre moitié comme une purée, maintenez-la au chaud, rectifiez l'assaisonnement et montez au beurre.
Réalisez une petite vinaigrette avec le jus de fruits de la passion, l'huile d'olive, sel, poivre, coriandre et mélangez au chou-fleur râpé très fin.
Dressez le chou-fleur poêlé au centre de l'assiette puis la purée de chou-fleur par-dessus et enfin le chou-fleur râpé.

Le fumet : Faites tremper quelques minutes les bardes de Saint-Jacques pour les nettoyer. Réalisez un fumet, faites suer les bardes avec l'huile d'olive puis ajoutez la garniture aromatique (oignon, carotte, poireau, céleri, ail et thym). Faites ensuite revenir pendant 5 minutes, versez le vin blanc et faites réduire de moitié, ajoutez 1/4 l d'eau, laissez cuire pendant 30 minutes à feu doux. Passez au chinois étamine. Ajoutez le gingembre coupé en brunoise, la citronnelle et faites infuser pendant 20 minutes hors feu. Passez le fumet au chinois étamine et montez-le au beurre frais, ajoutez la coriandre, les crevettes grises décortiquées et les grains de fruit de la passion.

Pour accompagner ce mets...

La Maison G.H. MUMM vous conseille
le Champagne MUMM de Cramant

MUMM de Cramant est la cuvée d'exception de la Maison G.H. MUMM. Depuis 1882, la Maison élabore un demi–mousse exclusivement à partir des Chardonnays du terroir de Cramant, village situé dans la Côte des Blancs. Le MUMM de Cramant n'est produit qu'en petite quantité et fut pendant longtemps une cuvée uniquement réservée aux amis de la Maison.

Fraîcheur, vivacité des notes d'agrumes, c'est d'abord la minéralité, la puissance de la craie de Cramant qui permettront l'accord sur ces notes iodées. Sa mousse légère, presque crémeuse, apportera la dernière touche sur ce plat imaginé par Serin-Moulin.

Didier MARIOTTI, Chef de Cave
Champagne G.H. MUMM

Ris de veau dorés au beurre salé avec légumes d'hiver mijotés au citron confit, olives Taggiash et pommes soufflées

Les citrons et les olives donnent un peu de soleil à vos légumes d'hiver. Ceux-ci sont servis avec du ris de veau mais vous pouvez essayer avec d'autres types de viande.

Pour 4 personnes

Les ris de veau

4 belles noix de cœur de ris de veau
Beurre demi-sel
10 g de tapenade d'olive Taggiash

Le jus de veau

Les parures de veau
1 oignon
Huile d'arachide
Beurre
50 cl de fond de veau

Les légumes d'hiver

100 g de céleri rave
100 g de châtaignes précuites
100 g de potimarron
100 g de rutabaga
1/2 botte de coriandre ciselée
10 g de citron confit haché
Sel

Les pommes soufflées

1 kg de pommes de terre Agria
1 l d'huile d'arachide
Sel

Les ris de veau : Dans une casserole, faites blanchir les ris de veau, départ dans l'eau froide et à frémissement, faites refroidir dans l'eau glacée. Egouttez sur un torchon puis réservez au froid.
Faites dorer les ris de veau de chaque côté au beurre demi-sel. Dressez harmonieusement les légumes en rectangle puis ajoutez les pommes soufflées et le ris de veau dans l'assiette. Réalisez des traits de tapenade et saucez délicatement.

Le jus de veau : Dans un sautoir, versez un petit peu d'huile d'arachide. Lorsque l'huile est chaude, faites saisir les parures de veau, faites-les bien colorer. Ajoutez un oignon taillé en 4 et continuez la coloration. Ajoutez une noix de beurre. Dégraissez aux deux tiers. Déglacez avec trois cuillérées à soupe d'eau. Faites réduire. Mouillez avec le fond de veau, laissez cuire 25 minutes. Passez au chinois étamine sans fouler. Faites réduire le jus.

Les légumes d'hiver : Epluchez tous les légumes et taillez-les en fins losanges. Faites-les suer doucement à couvert dans une noix de beurre, une pincée de sel et 5 cl d'eau. Ajoutez la coriandre et le citron confit.

Les pommes soufflées : Epluchez les pommes de terre et taillez-les en savonnette puis en longues lamelles de 3 mm d'épaisseur à la mandoline. Essuyez-les bien avec du papier absorbant. Plongez les lamelles dans un bain d'huile à 140° C en remuant l'huile à l'aide d'une spatule en bois. Dès que les lamelles commencent à gonfler, récupérez-les avec une écumoire et plongez-les une deuxième fois dans l'huile à 190° C. Remuez l'huile afin que les pommes de terre soient bien soufflées et dorées de façon homogène. Retirez-les puis déposez-les sur du papier absorbant et salez-les.

Pour accompagner ce mets...

***La Maison Salon vous conseille
le Champagne SALON 1996***

Salon 1996 : un sommet ! Des hauteurs à couper le souffle, des airs raréfiés dans lesquels s'expriment des explosions d'arômes et de fraîcheur. SALON 1996 est viril, construit, musclé, tout en force contenue. Il est de ceux dont on parlera dans cinquante ans encore, tel SALON 1928.

Accord de rêve entre SALON 1996 et le ris de veau doré au beurre salé avec légumes d'hiver mijotés au citron confit, olives Taggiash.

SALON 1996, puissant et énergique, vient s'immiscer entre les saveurs douces et suaves du ris de veau. Les légumes mijotés au citron confit sont de merveilleux alliés des notes d'agrumes que ce SALON, encore jeune, va vous procurer. La suavité de ce plat aux arômes complexes sera un accord parfait avec SALON 1996.

Didier DEPOND, Président du Directoire
Champagne SALON

Crémeux passion, confit de fruits exotiques, sorbet coco en coque ivoire

Du frais, du fruité et de l'exotisme pour finir.

en collaboration avec Benoît Visbecq

Pour 4 personnes

La dacquoise coco

50 g de poudre d'amande
50 g de sucre glace
25 g de coco en poudre
20 g de fécule de maïs
100 g de blanc d'œuf

Le crémeux passion

10 cl de jus de passion
3 œufs entiers
140 g de sucre
200 g de beurre
1 feuille de gélatine

Le confit de fruits exotiques

100 g de purée de mangue
100 g de purée d'ananas
5 g de pectine
1/2 jus de citron vert
5 g de rhum blanc
2 fruits de la passion
70 g de mangue
100 g d'ananas

Le sorbet coco

1/2 l de lait coco
30 g de coco râpée
140 g de sucre
40 g sucre de canne

La dacquoise coco : Dans un premier saladier, mélangez le sucre glace, la poudre d'amande, la coco en poudre et la fécule. Montez les blancs d'œuf en neige dans un second récipient et ajoutez-y 20 g de sucre en fin d'opération afin de les serrer. Ajoutez délicatement le mélange du premier saladier sur la meringue. Etalez l'appareil sur une plaque de cuisson et faites cuire 6 minutes au four à 160°C (th.5.5).

Le crémeux passion : Passez les œufs au tamis. Ajoutez le sucre et le jus de passion délicatement. Chauffez dans une casserole jusqu'à épaississement sans porter à ébullition (comme une crème anglaise). Laissez tiédir hors de la casserole. Faites fondre une feuille de gélatine préalablement ramollie à l'eau froide dans le mélange et ajoutez sans attendre le beurre. Coulez le crémeux dans un cadre 12 x 12 cm au fond duquel vous aurez placé la dacquoise. Réservez au froid.

Le confit de fruits exotiques : Mélangez sucre et pectine dans un saladier. Chauffez légèrement les purées de mangue et d'ananas et incorporez le mélange précédant au fouet. Portez le tout à ébullition. Hors du feu, ajoutez le 1/2 jus de citron et le rhum. Réservez au froid 1 heure. Coupez la mangue et l'ananas en cubes. Extrayez la pulpe des fruits de la passion. Mélangez avec le confit et réservez au froid.

Le sorbet coco : Mélangez le lait, le sucre blanc et le sucre de canne. Dans une casserole, portez le mélange à ébullition. Ajoutez la poudre de coco et laissez infuser pendant 1/4 heure à couvert. Découvrez et laissez complètement refroidir. Passez en sorbetière. Faites fondre du chocolat blanc.

Les tubes chocolat

240 g de chocolat blanc

La tuile biscuit

25 g de sucre glace
25 g de blanc d'œuf
25 g de farine
25 g de beurre fondu

A l'aide d'une cuillère à pomme parisienne, détaillez des boules de sorbet coco que vous piquerez sur un bâtonnet au choix. Trempez rapidement la boule de glace dans le chocolat fondu. Réservez au congélateur.

Les tubes chocolat : Faites fondre du chocolat blanc, coulez-le sur une feuille de papier plastique (rodoïde) que vous enroulerez afin de réaliser un tube. Après refroidissement, coupez-le en quatre.

La tuile biscuit : Mélangez tous les ingrédients. Etalez l'appareil sur une feuille de cuisson. Faites cuire à 180°C (th.6) environ 10 minutes. Roulez à la sortie du four sur une bouteille.

Montage : Décadrez le crémeux, détaillez-le en bande de 3 x 12 cm et déposez-le en fond d'assiette sur du jus de passion. Garnissez un tube de chocolat avec le confit de fruit puis déposez-le sur le crémeux en compagnie d'une sucette. Déposez la tuile biscuit. Dégustez.

Pour accompagner ce mets...

La Maison Charles de Cazanove vous conseille le Champagne CHARLES DE CAZANOVE Vieille France Rosé

La douceur et l'équilibre de la cuvée Vieille France Rosé captiveront avec sagesse l'impétuosité des fruits exotiques.

Des notes de fruits frais et de griottes se révèlent. La finale est ample et harmonieuse.

La rencontre de l'onctuosité et du crémeux caressera avec douceur votre palais, tout en éveillant une sensation gustative intense.

En bouche, des arômes fondus sont exaltés par la fraîcheur et le crémeux de ce dessert.

Laissez-vous enivrer par cette explosion de saveurs.

Christophe RAPENEAU, Œnologue
Champagne CHARLES DE CAZANOVE

A la soubise, suite et faim, par Eric Poindron

Reprenons notre voyage au cœur des expressions, et toujours « à la bonne franquette ». Nous avions arrêté notre énoncé sur les préparations, à « Mirabeau », à savoir, aux olives et aux anchois. Voilà la suite.

« Clamart » avec des fonds d'artichauts.

« Boulangère », avec des oignons et des pommes.

« Montmorency » avec des cerises.

« Nantua » avec des queues d'écrevisses.

« Bourguignon » avec du vin.

Vous l'aurez compris, il n'est de cuisine sans les villes de Crécy, les villages de Clamart ou la vallée de Montmorency, sans le lac de Nantua, dans l'Ain, il manquerait quelque chose aux écrevisses. Et voilà que défilent Saint Germain, le ministre de Louis XV et Mirabeau, les illustres. Je vous laisse deviner la parenté avec les plats qui portent leur nom…

La liste est incomplète, elle n'est qu'une mise en bouche. Il faudrait un guide complet à la place de l'entremets. Il faudrait y ajouter « à la du Barry », à savoir au chou fleur, que la favorite de Louis XV semblait fort apprécier. Ajoutons encore « à la Soissonnaise », avec des haricots de Soissons, blancs ou rouges, « à la Sainte-Ménéhould », ville chère à Alexandre Dumas et à Victor Hugo… Et puis il faut aussi citer les préparations « à la Chingara », « à la Orly » ou Horly, avec de la tomate et du vin blanc, « à la Vénitienne », « à l'Anglaise » ou « à la Hussarde »… Les oublis sont nombreux, mais nos chefs seront bienveillants pour nous les rappeler et pourquoi pas en inventer. Dans l'attente, il m'a amusé d'imaginer d'autres expressions, d'autres aventures culinaires. A tout seigneur, tout honneur, car l'homme a souvent laissé son nom associé à la table : «A la Talleyrand», avec un je-ne-sais-quoi de brie, « A la Rémoise », avec un fond de biscuit rose ou de poire Rousselet.

Rappelons qu'il existe une garniture à la champenois que Joseph Favre dans son *Dictionnaire universel de cuisine pratique* définit ainsi : « ragoût blanc, composé de tronçons d'anguille, de champignons et de laitance de poisson. Cette garniture est toujours liée à une sauce faite de la grosse pièce de poisson à laquelle elle s'applique ».

Et parce qu'il est illustre et champenois, souvenons-nous que son cuisinier lui dédia deux hommages : le potage à la Colbert, à la pointe d'asperges, et la sauce du même nom… La sauce se présente ainsi : « pétrir du beurre fin avec sel, poivre de Cayenne, clou de girofle et noix de muscade en poudre ; du cerfeuil et de l'estragon hachés. À la consistance de sauce maître d'hôtel, on la met dans une petite casserole avec de la glace de viande et du jus de citron. » Pour les poissons, on gardera le beurre en lieu frais et l'on garnira ledit poisson au moment du service en y ajoutant un peu de glace de viande.

Et pour parfaire l'énumération, si nous proposions à la «Dom Pérignon» avec du… Un indice : « ce délicieux diable blond » comme le surnommait Monsieur de Voltaire…

Je vous laisse deviner !

«J'aime travailler en utilisant les bases de la cuisine française en y ajoutant des touches japonaises ici et là.»

Hideaki Umada

Château Les Crayères

Certainement le plus français des chefs japonais, Hideaki est né et a été élevé dans une petite ville de pêcheurs au Japon. Son père était pêcheur et sa mère, une cuisinière exceptionnelle, ce qui explique que le poisson était souvent au centre des préparations familiales. C'est ainsi que, très jeune, Hideaki commence à effectuer ses premiers pas en cuisine aux côtés de sa mère, qui lui a tout appris sur la cuisine japonaise, traditionnelle et familiale. « Malheureusement, beaucoup de ces traditions sont en perdition. Comme en Europe, les japonais disposent de moins en moins de temps pour cuisiner. La plupart des personnes achètent des plats tout prêts, qui ont tous le même goût ».

Hideaki n'avait pas prévu de suivre la voie de la cuisine. Il avait déjà atteint l'âge de 20 ans quand il a débuté en tant qu'apprenti à l'hôtel historique 'New Grand" à Yokohama. Hideaki a rapidement retrouvé les bonnes habitudes culinaires de sa jeunesse et a ainsi rapidement devancé ses collègues qui avaient pourtant 5 ans d'expérience de plus dans le métier. Rapidement, l'apprenti est devenu le mentor !

C'est à Yokohama qu'il s'est familiarisé avec la cuisine française, où il a pu perfectionner ses talents avant de venir s'installer en France et d'en parcourir les différentes régions, travaillant avec nos plus grands chefs. Hideaki est finalement venu s'installer en Champagne, au célèbre *Château Les Crayères*. " Il existe quelques différences entre la cuisine française et la cuisine japonaise mais elles suivent pourtant les mêmes règles de base." précise t-il. "Finalement, il me semble que les gens se ressemblent tous partout dans le monde, mais c'est la nature qui nous façonne et nous transforme à cause des différents climats et produits. J'aime travailler en utilisant les bases de la cuisine française en y ajoutant des touches japonaises ici et là. Comme les recettes que je vous présente le prouvent, les deux styles de cuisine se complètent finalement très bien !».

Château Les Crayères - Hôtel & Restaurant
64 boulevard Henry Vasnier
F-51100 Reims
Tel : +33 (0)3 26 82 80 80
Fax : +33 (0)3 26 82 65 52
Email : crayeres@relaischateaux.com
www.lescrayeres.com

Cochon de Bigorre façon "hure", marmelade de truffes, pied et foie gras fondant

Ne vous laissez pas tromper par les apparences. Ce plat est typiquement français et campagnard, comme je les aime, mais déguisé en "sushi" pour la photo.

Pour 10 personnes

Le pressé de cochon «hure»

500 g d'épaule de cochon
1/4 bouquet de thym et laurier
1 kilo de gros sel
20 g de poivre

La farce de cornichon

40 g d'oignons blancs
100 g de câpres
100 g de cornichons
40 g de persil
30 g de cebettes (un petit oignon blanc)
10 g de purée raifort
Marmelade de truffes

La marmelade de truffes

250 g de truffe
2 cl d'huile d'olive
30 g de cebettes (un petit oignon blanc)
5 cl de gelée de cochon (voir recette)
10 cl de jus de truffe
1 feuille de gélatine

Le pressé de cochon «hure» : Désossez l'épaule et mettez-la 12 heures dans le gros sel, puis rincez-la à l'eau pendant 4 heures et poivrez la pièce de viande. Séchez-la 2 heures et mettez-la sous vide (ou sous couvercle). Faites-la cuire pendant 36 heures à 58°C. A froid, taillez des tranches pour monter le pressé avec la farce de cornichon et la marmelade de truffes en millefeuille puis la gelée de cochon dessus.
Le cochon pressé peut également être acheté tout prêt. Demandez à votre charcutier

La farce de cornichon : Taillez tous les ingrédients (oignons, câpres, cornichons, persil), façon haché, puis incorporez le raifort, la moutarde et la marmelade de truffes (qui a été chauffée pour incorporer la gélatine puis refroidie).

La marmelade de truffes : Suez à l'huile d'olive les cebettes ciselées avec la truffe hachée. Déglacez avec le jus de truffe, faites réduire à sec et ajoutez la gelée de cochon avec la gélatine. Laissez refroidir.

La gelée de cochon : Colorez les cuisses à l'huile d'olive et ajoutez le beurre, l'ail et l'échalote caramélisée puis ajoutez les parures des tomates évidées. Déglacez avec le porto et le vin rouge et faites réduire à sirop. Ajoutez la cuisson de pied de porc et les oignons brûlés (pour une coloration naturelle du plat). Faites cuire pendant 1 heure et ajoutez la gélatine à la fin.

Le pied et foie gras fondant "sushi" : Faites cuire l'échine et les pieds de porc dans un court bouillon (carotte, poireau, ail, thym, laurier, oignon et clou de girofle). Après la cuisson, désossez et taillez en petite brunoise.

La gelée de cochon

3 cuisses de poularde
30 g de beurre
2 cl d'huile d'olive
10 gousses d'ail
40 g d'échalotes ciselées
5 tomates évidées
10 cl de porto rouge
20 cl de vin rouge
1/4 litre de cuisson de pied de porc
2 pièces d'oignons ciselés
2 feuilles de gélatine

Le pied et foie gras fondant "sushi"

500 g d'échine de porc
200 g de foie gras (terrine)
1 pièce de salade romaine
100 g d'oignons
100 g de carottes
20 g d'ail
2 pieds de porc
50 g d'échalotes
1/4 l de crème liquide
100 g de poireaux
1/4 bouquet de thym et laurier
1 clou de girofle

La crème

300 g de céleri rave
20 cl de crème liquide
1/4 l de lait
10 g de raifort

Le sandwich jambon/beurre

(Servi à part):
30 g de jambon
100 g de beurre
150 g de pain de mie
1 pièce de salade romaine
50 g de cornichons

A part, suez l'échalote et ciselez avec un peu de foie gras. Ajoutez le pied, l'échine et la crème puis compotez. Faites blanchir les feuilles de romaine. Etalez-les et mettez la farce de porc de pied et des bâtonnets de foie gras, roulez le tout. Tronçonnez à froid. Servez tiède.

La crème : Taillez le céleri en brunoise, faites-le cuire dans le lait. Egouttez et mixez avec la crème, détendez avec le jus de cuisson et ajoutez la purée de raifort. Confectionnez une larme et faites un trait de coulis de truffe au centre de celle-ci. Pour le coulis de truffe, mixez la marmelade de truffes et passez-la au chinois.

Le sandwich jambon/beurre : Taillez les cornichons et le jambon en lamelles, toastez le pain de mie tranché. Beurrez les toastes et dressez-les en sandwich avec les cornichons, le jambon et la salade romaine.

Pour accompagner ce mets...

La Maison Philipponnat vous conseille
le Champagne PHILIPPONNAT Clos des Goisses 1996

J'ai toujours connu un pied de veau truffé à la carte des Crayères. Quel bonheur de voir ce vieux plat français réinventé par les plus grands chefs.

Le Clos des Goisses, issu d'un terroir très exposé au soleil, puissant, riche d'un Pinot Noir très mûr, lui est un parfait allié, il a le poids qu'il faut pour équilibrer le goût du porc, du foie, et de la truffe. C'est cette dernière qui rend le mariage parfait : Le Clos des Goisses a vieilli plus de 10 ans sur ses lies, c'est à dire sur levure, et la levure est bien elle-même un champignon !

Mais il y a aussi dans la recette d'Hideaki, outre les éléments gras classiques, quelques touches végétales un peu relevées : cornichon, raifort, propres à mettre en valeur l'autre face du Clos Goisses : son extraordinaire minéralité.

Charles PHILIPPONNAT
Champagne PHILIPPONNAT

Cépages en Champagne, par Eric Poindron

Nous avons visité sans nous presser, et de façon indisciplinée, les fourneaux d'autrefois, l'histoire de France et les hommes de lettres, les bibliothèques et les caves, en négligeant un peu le chemin des vignes. Nous avons jusque-là été badins, reprenons un peu notre sérieux... Un tour au grand air fait toujours grand bien...

Avant de s'engager, il est bon de rappeler que le champagne est un vin d'assemblage. Assemblage de différents raisins (les cépages), de crus, de cuvées ou d'années. C'est l'assemblage, travail de presque joaillerie, qui donne au plus célèbre des vins son identité – ces identités devrait-on écrire – unique ! On attribue l'invention, ou les premières règles, de l'assemblage à Dom Pérignon, moine cellérier de l'abbaye d'Hautvillers (considéré comme le berceau du champagne), non loin d'Epernay.

Les trois cépages traditionnels de Champagne sont, le Pinot Noir, le Pinot Meunier (raisins noirs) et le Chardonnay (raisin blanc). Pour entrer dans l'appellation d'origine contrôlée Champagne, ces seuls trois cépages sont normalement autorisés (1). Sur l'ensemble du territoire champenois, ils se répartissent à peu près de la façon suivante : un peu plus de 70 % pour les Pinots et un peu moins de 30 % pour le Chardonnay.

Ces trois cépages possèdent de nombreuses vertus : une grande précocité et une maturation rapide, un équilibre réussi entre l'acidité et le sucre, puissance et subtilité à la fois, une prise de mousse optimale et une adaptation complète au climat et au sol champenois.

Le Pinot Noir

Le Pinot Noir est un cépage fragile et dit « noble ». De l'avis des œnologues c'est un cépage passionnant, à la fois mystère et miracle, pour qui sait le prendre. En dehors de la Bourgogne, où il produit quelques-uns des plus beaux vins du monde, il sait aussi donner des résultats incomparables en Champagne et dans la Montagne de Reims. Il apporte au vin une belle charpente, du corps, de la puissance et de la richesse. Son bouquet est fin et son fruité de grande résonance. Le Pinot Noir peut assurer au vin un beau vieillissement, de garde par excellence.

Le Pinot Meunier

Le Pinot Meunier est très présent dans la vallée de la Marne. Le Pinot Meunier ne possède pas la vivacité du Pinot Noir. Il est moins fin et évolue rapidement. Il n'est toutefois pas dénué de qualité (arômes floraux et fruités notamment). Il peut donner de très beaux champagnes d'apéritif.

(1) Il existe en effet d'autres cépages plus anciens, et rares, qui peuvent entrer dans le processus de l'assemblage (l'arbane et le petit meslier). Toutefois leur culture n'est pas tout à fait autorisée en Champagne et la production reste mince. Aussi nous ne rentrerons pas dans un débat technique et sujet, comme le champagne, à force précautions.

Langoustine royale en chaud et froid, noix pistache amande noisette

Remarquez la séduisante rencontre entre le chaud et le froid, le moelleux et le croustillant. Voici la démonstration que la texture peut être aussi importante que le goût pour l'équilibre du plat.

Pour 10 personnes

La langoustine en coque de fruits secs

10 pièces de langoustine (2kg)
50 g de noix
50 g d'amandes
25 g de noisettes
50 g de pistaches
50 g de pommes de terre
10 g d'ail
10 g de citrons confits
20 g de piments piquillos confits
2 g de curry
50 g de farine
25 g de corail de homard
50 g de pâte à tempura
2 pièces de jaune d'œuf

La langoustine crue sashimi

5 langoustines
5 cl de vinaigrette olive/citron
10 g de piments piquillos confits
10 g d'ail
2 citrons (confits)
100 g de sucre
3 citrons frais
25 cl d'huile d'olive
50 g de champignons de Paris
150 g de salade romaine
Feuille de shiso pourpre (facultatif)

La langoustine en coque de fruits secs : Emincez les noix, les amandes, les noisettes et les pistache. Ajoutez l'ail haché, le citron confit haché, les piments piquillos en julienne et les pommes de terre en paille et le curry. A part, préparez l'appareil. Mélangez la pâte à tempura, l'eau, le corail de homard mixé et le jaune d'œuf. Mélangez le tout.
Décortiquez les langoustines en gardant la queue. Farinez-les et panez-les dans l'appareil à tempura à la minute (avant qu'elles ne sèchent). Piquez-les avec un pic en bois pour qu'elles restent courbées et faites-les frire à 150°C pendant 2 minutes à l'huile d'arachide.

La langoustine crue sashimi : Faites confire les citrons jaunes : épluchez les citrons, faites-les blanchir 3 fois puis faites-les confire dans un sirop (200 g d'eau et 100 g de sucre) à 80° C pendant 1h30. Préparez une vinaigrette olive/citron : faites cuire 3 citrons jaunes en papillote au four pendant 30 minutes à 150° C, évidez, mixez, et montez à l'huile d'olive.
Taillez les langoustines en brunoise très fine et ajoutez la moitié de la vinaigrette olive/citron. Réservez au frigo. Avant de servir, ajoutez le sel, le poivre et la vinaigrette olive/citron, ainsi que l'ail, les piquillos et le citron confit hachés et déposez sur la langoustine crue.
Pour la décoration : lamelles de champignon, salade romaine, shiso pourpre, piments séchés.

La langoustine spaghetti : Prenez 5 queues de langoustines crues. Passez-les au tamis pour faire une farce, ajoutez la crème d'Isigny, le zeste de citron vert râpé et le citron confit haché, le sel et le poivre.

La langoustine spaghetti

15 langoustines
50 g de crème fraîche d'Isigny
1 citron vert
1 citron confit
150 g de spaghettis
2 l de bouillon de légumes
1 orange tranchée
1 citron jaune tranché
30 g de fenouil tranché
1/4 de botte de basilic
20 g de gingembre ciselé
30 g de poireaux tranchés
5 cl de vinaigrette olive/citron
Feuilles de bourrache (facultatif)
Feuilles de cerfeuil (facultatif)
Sel, poivre

La crème parmesan

1/2 litre de crème
100 g de lait (10 cl)
100 g de parmesan

La crème langoustine

Têtes de langoustines
50 g de fenouil
100 g de champignons
100 g de céleri en branche
50 g d'oignons
10 cl de cognac
20 cl de vin blanc
150 g de tomates
30 g de concentré de tomates
2 gouttes de Tabasco
1/4 litre de crème
1 citron jaune
1/2 citron vert
1/2 botte de basilic

Cuisez les spaghettis dans un bouillon de légumes avec l'huile d'olive pendant environ 5 minutes. Rangez-les bien côte-à-côte et faites un carré de 10 cm sur 10 cm par personne. Mettez la farce de langoustine sur les spaghettis et déposez 1 langoustine entière dessus. Ajoutez du sel et du poivre et roulez à l'aide d'un film. Faites cuire en vapeur dans un court bouillon (l'eau de cuisson des spaghettis, 1 orange, 1 citron, fenouil, basilic, gingembre) pendant 5 minutes. Retirez du film et ajoutez la vinaigrette olive/citron, sel, poivre et en décor ajoutez 1 fleur de bourrache (ou shacoura) et une pluche de cerfeuil.

La crème parmesan : Dans une casserole, faites réduire la crème de 2/3 et ajoutez le lait. Portez à ébullition puis ajoutez le parmesan. Laissez infuser puis mixez et chinoisez.

La crème langoustine : Suez et colorez les têtes de langoustines, ajoutez les légumes et caramélisez sur feu vif, déglacez avec le cognac et faites réduire à sec. Ajoutez le vin blanc et réduisez de moitié. Ajoutez les tomates, le concentré de tomates, 2 gouttes de Tabasco, la crème et mouillez à hauteur avec de l'eau. Cuisez 30 minutes après ébullition et après avoir bien écumé, infusez 30 minutes avec les citrons jaunes et verts et le basilic. Puis passez au chinois.

Pour accompagner ce mets...

La Maison Louis Casters vous conseille
le Champagne Louis CASTERS Cuvée Eugène

Dynamique, ronde et gourmande, cette Cuvée Eugène, souple et fruitée est la compagne idéale des poissons et crustacés. Née de l'assemblage des trois cépages (70% Chardonnay, 15 % Pinot Meunier, 15 % Pinot Noir), subtilement mais partiellement vieillie en fût, elle vous offrira une effervescence tout en dentelle, abondante et tout enjouée.

Johan CASTERS, Vigneron
Champagne Louis CASTERS

Cépages en Champagne (suite), par Eric Poindron

Le voyageur qui souhaite quitter les villes de Champagne pour découvrir ses vignobles devra, après avoir arpenté la Montagne de Reims et sillonné la vallée de la Marne, faire une halte presque religieuse auprès de sa « montagne sacrée » : la côte des blancs, au sud d'Epernay. On y trouve le cépage Chardonnay, véritable « or blanc » de la Champagne.

Le Chardonnay est un cépage d'une grande finesse et d'une grande élégance. On le trouve en majorité sur « la côte des blancs », entre Epernay et Vertus. Il donne des vins d'exception, aux arômes toastés, d'amande, de fruits secs ou de fruits blancs. Vin de gastronomie par excellence, le champagne dit « blanc de blancs » et un véritable trésor patrimonial. Il sait accompagner les poissons et les sauces raffinées, les fromages puissants et tous les moments d'exception que, quelquefois, la vie nous offre, des truffes au champagne par exemple…

Notre voyage sur les terres de Champagne n'est évidemment qu'un raccourci et un début d'invitation. Les « gastronomades » prendront aussi le (bon) temps de découvrir Hautvillers qui surplombe Epernay où « l'esprit » de Dom Pérignon domine encore les lieux, les vignobles de l'Aisne et les abords de Château-Thierry, chers à Jean de la Fontaine. Le poète, qui affirmait « je suis champenois », en connaissait ses recoins et ses ressources liquides qu'il consommait en « joyeux drille » avec son ami le chanoine Maucroix.

Dans l'Aube, on ne manquera pas de visiter la côte des Bar, entre Bar-sur-Seine et Bar-sur-Aube. Aux Riceys, village délicat, le rosé pétillant apprécié de Louis XIV réjouira les amateurs. À Bligny, le château vous attend pour une visite et pour une dégustation. Autrefois on y chassait le loup. Dans le parc, aujourd'hui, on peut encore y croiser, un aigle royal, des amateurs de lieux "hors du temps" et des fées.

Au cours de vos pérégrinations, arrêtez-vous et si l'époque le permet, observez les raisins et amusez-vous à retrouver le nom de chacun…

Sole de petit bateau au beurre citron, truffes, sauce œuf coque

La chair de la sole, fine et délicate, doit être traitée avec délicatesse, simplement pochée avec du beurre citronné pour préserver sa texture et sa douce saveur.

Pour 10 personnes

La sole

5 soles
125 g de beurre
10 g de citrons confits
1 cl de jus de citron
5 g d'ail haché
150 g de chapelure
10 g de parmesan
20 g de coulis de truffe

Le poireau farci aux truffes

250 g de champignons de Paris
1,5 kg de poireaux
40 g d'échalotes ciselées
20 g d'ail ciselé
10 cl de jus de truffe
50 g de truffe ciselée
20 cl de crème
50 g de beurre
10 g de citrons confits hachés
20 g de parmesan râpé

Le coulis de poireau

300 g de verts de poireaux

La sole : Levez les filets de sole, retirez les peaux et parez. Superposez 2 filets tête bêche en y intercalant un beurre citron (mélangez du beurre pommade, jus de citron et citron confit). Roulez en boudin à l'aide d'un film. Laissez cuire 5 minutes à 85°C au four vapeur.
Avant de servir, déposez dessus une viennoise truffe (beurre noisette, ail haché, chapelure, parmesan et coulis de truffe)

Le poireau farci aux truffes : Suez l'ail et l'échalote. Ajoutez les poireaux et les champignons coupés en paysanne. Gardez 10 bandes de poireaux à farcir. Déglacez avec le jus de truffe et la truffe hachée. Faites réduire et ajoutez la crème.
A la fin de la cuisson, ajoutez le parmesan et le citron confit (zeste de citron jaune blanchi 3 fois puis confit dans un sirop avec 2 parts eau et 1 part sucre à 30°C) puis laissez refroidir.
Une fois l'appareil froid, étalez-le sur les bandes de poireau préalablement cuites à l'eau puis roulez pour former un boudin identique à la sole.

Le coulis de poireau : Faites blanchir les verts de poireaux émincés (dans de l'eau bien salée). Faites refroidir et mixez puis détendez avec l'eau de cuisson refroidie, passez enfin au chinois.

La sauce : Suez la garniture échalote, poireau, céleri et ajoutez les arêtes nettoyées. Déglacez avec le Sancerre. Ajoutez le bouquet garni et faites réduire de moitié. Puis ajoutez le fond blanc et laissez cuire pendant 30 minutes. Infusez pendant 15 minutes puis passez et montez au beurre et faites réduire.
Avant de servir, ajoutez les œufs mollets (blanc taillé en brunoise et le jaune pour lier) et le pain sauté à l'huile d'olive.

La sauce

Les arêtes des soles
50 g d'échalotes hachées
50 g de poireaux hachés
50 g de céleri en branche haché
1 bouquet garni de thym, laurier et persil
1/4 l de vin blanc sec (Sancerre)
1 l de fond blanc
150 g de beurre
3 œufs
200 g de pain de mie
5 cl d'huile d'olive

Le coulis de truffe

200 g de truffe
20 g de cebettes oignons
30 g de beurre
20 cl de Porto
10 cl de jus de truffe
1/4 litre de fond blanc

La décoration

10 pièces d'œuf de caille
100 g de poireaux
1/4 de bouquet de persil
2 cl d'huile d'olive

Le coulis de truffe : Suez les cebettes émincées au beurre et ajoutez la truffe hachée. Déglacez avec le Porto et réduisez de moitié. Ajoutez le jus de truffe et réduisez de moitié à nouveau. Puis finissez par le fond blanc et cuisez doucement. Mixez et passez au chinois.

La décoration : Pochez les 10 œufs de caille et, avant de servir, glacez-les de coulis de truffe.
Taillez des bandes de poireau à cru, faites-en des tortillons puis passez-les à 130°C en friture.
Prélevez des pluches de persil puis séchez-les en les passant à l'huile d'olive.

Pour accompagner ce mets...

La Maison Ployez-Jacquemart vous conseille le Champagne PLOYEZ-JACQUEMART Cuvée de Prestige L. d'Harbonville 1995

Ce plat est constitué d'une grande et large palette aromatique. L'équilibre se crée entre l'élégance, la finesse de la sauce citron et la complexité, la richesse du coulis de truffe.

Nous suggérons notre Cuvée de prestige L. d'Harbonville 1995, fleuron de notre gamme, élaborée uniquement avec des vendanges exceptionnelles et donc millésimée. Elle est vinifiée en fûts de chêne avec un assemblage de 70% Chardonnay et 30 % Pinot Noir et Meunier. Sa belle robe est or avec une vive effervescence. Son étonnante fraîcheur s'explique par une vinification sans fermentation malolactique et un vieillissement sur pointe d'un minimum de neuf ans. Compte tenu de son âge, elle vous offre un nez puissant, lié à la concentration des arômes grâce au travail en fûts. Ce champagne est riche et d'une grande maturité. La bouche est mûre et équilibrée. Le boisé se fait discret parce que les fûts utilisés ont entre 3 et 6 ans d'âge.

Ce vin a la structure lui permettant d'apprécier une décantation favorisant une explosion des arômes.

Laurence PLOYEZ
Champagne PLOYEZ-JACQUEMART

Fromage(s), par Eric Poindron

L'association des fromages et des champagnes n'est ni la querelle des anciens et des modernes, ni la *Bataille d'Hernani*, pourtant elle demeure une question essentielle, - un débat ? – à la fois gustative et presque philosophique.

Aujourd'hui les avis sérieux et compétents sont unanimes : le vin blanc peut être l'allié du fromage et le champagne effervescent n'altère ni ne dénature en rien ledit fromage.

Le gras du fromage sait se marier aux bulles avec tout l'amour – et la raison – qui font les mariages heureux et réussis. Le vin à dominante de Chardonnay donnera de beaux accords. Toutefois, plus la bulle est fine et le vin évolué, meilleure peut être la rencontre.

Si le fromage est fort, il est intéressant de l'associer à un champagne vineux ou mature. Pour certaines pâtes pressées, un champagne jeune, « sur le fruit », vigoureux, sera un très bel allié.

Quant aux champagnes plus dosés, ils sont toujours à servir avec précaution même si quelques amateurs les conseillent avec ferveur sur les pâtes persillées.

Toutefois, n'étant ni fromager, ni sommelier, je ne me hasarderai guère sur les chemins de la perfection, préférant en laisser le soin à un homme de l'art, à Monsieur Androuet docteur « es fromages ». À en croire le maître fromager Pierre Androuet, le champagne accompagne à merveille les fromages de chèvre, les pâtes sèches et dures, à l'image du comté, les pâtes demi-dures, tome, reblochon et plus si affinités… Continuons à suivre le guide…

Pierre Androuet recommande le blanc de blancs sur les pâtes fraîches ; Sur une pâte molle à la saveur soutenue, il préconise un blanc de blancs millésimé ou un champagne de la vallée de la Marne. Sur les pâtes rustiques sans excès, un champagne de la montagne de Reims à prédominance de raisin noir sera une vraie réussite. Les pâtes molles rustiques de saveur acidulée seront traitées avec les égards d'usage : brut sans années de zone intermédiaire, rosés fruités et millésimés. Et sur les pâtes molles de saveur forte ou cendre, l'artiste conseille de grands millésimes de champagne, quels qu'ils soient. Alors champagne !

Voilà quelques pistes qui, je l'espère, seront contredites ou améliorées par nos chefs, qu'ils soient sucrés ou salés… Imaginons une association d'honnête homme, que sais-je, des rencontres régulières et salvatrices. J'ai confiance en eux, ce sont – le vilain jeu de mot ! – de bonnes pâtes…

Pour Charles Monselet, homme de lettres et gastronome avisé, qui ne dédaignait pas les « déjeuners de garçon », à savoir le « tout au champagne », il semble acquis qu'il n'aurait changé en rien le vin « d'avant » devant un langres, un chaource, un maroilles des vendanges, un cendré de la Marne, un brie ou un brillat-savarin de belle réputation. On peut toujours copier, imiter ou essayer quand c'est pour la bonne cause.

Blanc de bar à plat sur un palet cresson, tourteau et mousse de céleri rave

Ying-yang de la cuisine.

Pour 10 personnes

Le blanc de bar à plat

1 bar de 3-4 kg
Appareil tourteaux
1 jaune d'œuf
2 cuillères à soupe de crème
Palet de cresson

L'appareil tourteaux

200 g de chair de tourteaux émiettée
4 pièces de crevettes roses cuites hachées
5 g de citrons confits hachés
15 g de ciboulette ciselée
1 kumbawa haché

Le palet de cresson

1 botte de cresson
10 cl de fond blanc
2 g d'agar-agar

Le montage du palet

10 fines tranches de bar cru
1 pomme Granny Smith coupée en bâtonnets
Palet de consommé de homard
Appareil tourteaux
2 cuillères à soupe de mayonnaise
1 piment piquillo séché
Feuille de moutarde (facultatif)

Le blanc de bar à plat : Coupez 10 beaux rectangles de bar d'environ 100 g chacun, préalablement recouverts de l'appareil tourteaux lié au jaune d'œuf et à la crème. Poêlez entre deux papiers sulfurisés. Dressez sur le palet de cresson.

L'appareil tourteaux : Mélangez tous les éléments et séparez la masse en deux parties : 1/3 pour le palet de bar cru et 2/3 pour glacer le filet de bar.

Le palet de cresson : Cuisez le cresson à l'eau bouillante, laissez refroidir, mixez, ajoutez le fond blanc. Chauffez le tout pour incorporer l'agar-agar. Moulez. Détaillez en 10 rectangles après refroidissement.

Le montage du palet : Sur chaque assiette, détaillez une fine tranche de bar cru, dressez dessus des petits bâtonnets de pommes Granny Smith. Ajoutez dessus le palet de consommé, puis l'appareil tourteaux mélangé à la mayonnaise. Ajoutez au-dessus les petits bâtonnets de pommes Granny Smith et de piments piquillos séchés. Terminez par une feuille de moutarde.

Le palet de consommé de homard : Chauffez le consommé, ajoutez l'agar agar, moulez, détaillez en ronds après refroidissement

La sauce dugléré : Suez l'arête de bar concassée au beurre, ajoutez la garniture et suez encore quelques minutes.
A part, caramélisez la tomate. Mélangez le tout. Déglacez au vin blanc et réduisez de 3/4, mouillez à hauteur avec de l'eau et laissez cuire doucement 20 minutes. Passez au chinois.

Le palet de consommé de homard

1/4 l de consommé de homard
2 g d'agar-agar

La sauce dugléré

1 arête de bar
50 g de champignons de Paris hachés
50 g d'échalotes hachées
20 g de queues de persil haché
5 g de poivre mignonnette
1/2 l de vin blanc sec (Sancerre)
6 tomates

La purée de céleri

500 g de céleri rave
5 dl de crème
3 dl de lait

La purée de céleri : Faites cuire le céleri à la crème. Egouttez, mixez et ajoutez de la crème liquide jusqu'à la consistance voulue. Pour faire une mousse de céleri, prenez 1/3 de la purée de céleri et détendez-la au lait (environ 3 fois le volume de lait par rapport au volume de purée), puis formez une mousse avec un mixeur à main.

Pour l'appareil moutarde : Une cuillère à soupe de moutarde à laquelle vous ajoutez un trait de vin blanc et un trait de sauce dugléré.

Pour accompagner ce mets...

La Maison De Sousa & Fils vous conseille
le Champagne DE SOUSA Brut Réserve

Fraîcheur, élégance, puissance, finesse des arômes du Chardonnay, alliance idéale avec le blanc de bars et l'iode du tourteau.

On va retrouver des notes fruitées d'ananas, d'abricot, de vanille, de noisette etc... mais aussi beaucoup de profondeur et le "côté salin" de la craie en parfaite adéquation sur un plat à base de poisson et de crustacés.

Ce vin est issu des cépages 100% Chardonnay, 100% Grand Cru, des villages d'Avize et d'Oger. Sa minéralité s'exprime naturellement car les vignes ont de 20 à 50 ans avec des racines à plus de 20 mètres de profondeur. La vinification en cuve restitue de manière authentique le cépage et le terroir de la Côte des Blancs.

Erick DE SOUSA, Propriétaire, Récoltant-Manipulant
Champagne DE SOUSA et Fils

Le Gastronome, par Eric Poindron

En relisant *L'Anthologie du Champagne* de François Bonal, sous-titrée : *le champagne dans la littérature universelle*, j'ai retrouvé une citation appétissante d'un homme de bien qui fréquentait indifféremment les tables simples et les adresses sophistiquées.

Léon-Paul Fargue, le poète, et *piéton de Paris*, évoque dans les dîners de lune cet instant de grâce ou papilles et passé se confondent :

« Je connais aussi qui chantent dans les cuisines de ma mémoire, des (...) langoustines farcies, frottées d'ail, doucement rôties au four sous une neige de Parmesan, arrosées de cognac, finement flambées, et servies dans le soleil du champagne. »

Ainsi, l'auteur nous rappelle que manger, c'est aussi se souvenir, ou que le souvenir est le propre du gastronome. Mais qui est-il ce gastronome ?

C'est un personnage récent, inventé par le poète et juge de paix Joseph Berchoux en 1801, dans un long poème de mille alexandrins : *La gastronomie ou l'homme des champs à table*, un véritable « code de politesse gourmande » à l'usage des « bourgeois » ou prétendus ainsi. Et le bienfaiteur d'ajouter « Qu'un dîner sans façon est une perfidie. »

Dérivé du mot grec gastronomia, l'art de régler son estomac, la gastronomie de Monsieur Berchoux va connaître un succès non démenti jusqu'à aujourd'hui.

Si Charles Fourier a énoncé le mot « gastrosophie », en plaidant la santé par les aliments, si le Larousse fait mention en 1803 de la notion de gastromanie, Joseph Berchoux avait, lui, songé, dit-on, aux mots gastrophage ou gastrolâtre. Le premier nous semble un peu lourd et le second manque de recul. Aimer c'est beaucoup, idolâtrer c'est un peu trop. Gastronome plut aux lecteurs et à ceux qui allaient le devenir ; ou l'étaient déjà sans le savoir. On le traduisit rapidement dans toute l'Europe et le mot passa dans le langage courant jusqu'à ce que Brillat-Savarin le popularise définitivement dans *la Physiologie du goût*. En 1835, le mot gastronomie entre dans le dictionnaire de l'Académie. Désormais, on le verra apparaître sur les enseignes des restaurants, au Palais royal ou ailleurs.

L'homme de paix – et quelle belle paix ! – n'est pas resté dans la grande histoire. Il est demeuré poète, même s'il affirmait qu'un poème jamais ne valut un dîner ? C'est du reste le dernier vers de La Gastronomie.

Pourtant, grâce à Joseph Berchoux, nous sommes devenus des gastronomes et après chaque repas de qualité, nous pouvons nous souvenir, goûter à nouveau, nous émouvoir. Nous pouvons même nous souvenir, avant et pendant le repas, quand un goût rappelle un souvenir et qu'un souvenir appelle un nouveau goût. Souvenons-nous aussi que Berchoux a laissé un aphorisme définitif : « Rien ne doit déranger l'honnête homme qui dîne », si ce n'est le souvenir peut-être. Et puis il ajoutait : « Souvenez-vous toujours dans le cours d'une vie ».

Aussi je me souviens de Joseph Berchoux, du mot Gastronomie et de repas mémorables où...

La suite est aussi la vôtre...

Pigeon en cocotte de fonte, betteraves, comté, jus aux abats

La viande racée du pigeon s'éclate dans ce paysage onctueux et doux de comté, foie gras et betteraves.

Pour 10 personnes

Le pigeon farci

5 pigeons
50 g de beurre
2 cl d'huile d'arachide
250 g de fromage de Comté
250 g foie gras
250 g de pain
250 g de betteraves rouges
Sel, poivre

La sauce

Les carcasses des pigeons
2 cl d'huile d'arachide
100 g de beurre
50 g échalotes hachées
20 g d'ail haché
1/4 bouquet de thym
50 g de betteraves hachées
1/4 l vin rouge
1 l de fond blanc
Foie de pigeon
1 cl de vinaigre de Xérès

La garniture

200 g d'ailerons de pigeon
100 g de betterave rouge
40 g de moutarde à l'ancienne
500 g de betteraves blanches
20 g d'ail haché
1/4 bouquet de thym
1/2 l de crème
1/4 l de fond blanc
50 g de beurre
3 pièces de betterave jaune

Le pigeon farci : Désossez les pigeons entièrement façon crapaudines (gardez les carcasses et les foies pour le jus) puis farcissez-les et ficelez en formant un rond. Faites cuire sous vide ou à l'étuvée à 54° C pendant 35 minutes. Avant de servir, rissolez les pigeons farcis dans l'huile et le beurre pour bien colorer la peau.

La farce : taillez le comté en brunoise et mélangez avec le foie gras poêlé en cubes, le pain poché avec le gras du foie gras et les betteraves rouges cuites à la vapeur. Ajoutez le sel et le poivre.

La sauce : Faites revenir les carcasses à feu vif avec l'huile d'arachide, ajoutez le beurre et faites-le mousser, faites-y revenir l'échalote, l'ail, le thym et la betterave.
Déglacez avec le vin rouge et réduisez presque à sec. Ajoutez le fond blanc et laissez cuire 3 heures sur feu doux. Passez ensuite au chinois et réduisez. Avant de servir, liez le jus de pigeon avec les foies de pigeon finement hachés. Chauffez légèrement mais faites attention de ne pas faire bouillir une fois les foies incorporés. Ajoutez le vinaigre de Xérès pour donner de l'acidité et de la fraîcheur.

Farce de betterave : Désossez les ailerons de pigeon et faites-les confire avec le jus de cuisson à 85°C pendant minimum 2 heures. Mélangez avec une brunoise de betterave rouge et la moutarde.
Préparez la crème de gratin dauphinois aux betteraves blanches : suez l'ail et ajoutez les betteraves blanches en lamelle et le thym. Faites cuire avec la crème et mixez le tout. Ajoutez le fond blanc et réduisez.
Découpez dix gros bâtonnets de betterave jaune de 1,5 cm d'épaisseur sur 6 cm de long. Faites cuire à l'eau salée puis, après la cuisson, détaillez un cylindre au centre du bâtonnet dans le sens de la longueur, puis emplissez avec la farce.
Au moment de servir, glacez les bâtonnets avec la crème de gratin dauphinois à la betterave blanche

La décoration

5 pièces de betterave rouge
2 g d'agar-agar
1 cl d'huile d'olive
200 g de jus de betterave
10 feuilles de moutarde «hakarashi»

La décoration : Cuisez les betteraves rouges sous vide (ou à l'eau) à 85°C pendant 1h. Taillez en lamelles et à l'emporte-pièce puis glacez avec le jus de betterave collé avec l'agar-agar et déposez avant de servir une feuille de moutarde hakarashi huilée.

La betterave, que serions-nous devenus sans elle ? L'expansion de la betterave et de la betterave sucrière est due, en grande partie, à Napoléon 1er. Il offre à la France la possibilité de remplacer le sucre de canne, qui n'arrive plus dans les ports à cause de la guerre contre l'Angleterre et du Blocus continental, par le lancement d'un vaste programme de développement de la culture de la betterave sucrière. A la fin du blocus, la canne à sucre fit sa réapparition, mais son prix prohibitif, dû à l'abolition de l'esclavage en 1848, conforta les français dans leur choix. La route était donc ouverte à toutes les variétés potagères et industrielles que nous connaissons aujourd'hui. Comme quoi, la politique est toujours proche de nos assiettes !

Pour accompagner ce mets...

La Maison Boizel vous conseille
le Champagne BOIZEL Brut Joyau de France 1995

Ce Joyau de France 1995 est d'une ampleur, d'une complexité et d'une fraîcheur remarquables, ce qui lui permet d'accompagner à merveille ce plat riche et gourmand.

Le nez s'ouvre sur des notes fleuries et fraîches puis libère des senteurs chaudes de croissant, de noisette. La bouche est riche et concentrée avec une longue finale tout en pureté et en séduction : le Pinot Noir signe, le Chardonnay souligne.

Evelyne ROQUES-BOIZEL, Présidente
Champagne BOIZEL

Les autres vins de Champagne, par Eric Poindron

Chacun connaît la jolie formule « Il n'est de champagne qu'en Champagne », pourtant il n'y a pas que le champagne en Champagne ; D'autres vins et alcools de qualité sont le fruit de nos beaux cépages. À l'intention des hôtes de passage, faisons un tour dans les caves de Champagne à la découverte des autres boissons enfantées par cette belle terre et les hommes qui la cultivent…

Il est des vins rouges et blancs, tranquilles, appelés coteaux champenois. Ce sont un peu les descendants des vins tranquilles d'antan qui suscitaient la méfiance et la vindicte des voisins bourguignons. Souvenons-nous des rivalités entre vin de Champagne et de Bourgogne. Au XVIIe siècle les vins de Champagne entrent sur la table des rois, à l'occasion des repas des sacres, au grand dam des bourguignons. Ceux-ci en réfèrent à la faculté de médecine de Paris afin de prouver que seuls les vins de Bourgogne son bons pour la santé.

Au XVIIIe siècle, les vins effervescents de Champagne prennent l'essor que l'on connaît. Et les deux régions se chamaillent à coup de poètes et de vers assassins. Avec le temps, les querelles s'apaisent, chacun trouve son consommateur et les vins seront bien gardés…

Les coteaux champenois rouges sont des vins issus du Pinot Noir et du Pinot Meunier. Ils peuvent avoir des arômes de cerises, framboises et fruits rouges dans leur jeunesse. Toutefois, ils peuvent devenir plus complexes en vieillissant. Le village de Bouzy est réputé pour son coteau champenois. On peut aussi découvrir de jolis vins dans les villages de Cumières, Ay, Ambonnay, Vertus, Sillery, Verzy ou Verzenay.

Les coteaux champenois blancs ou rosés existent, mais sont si rares qu'il est inutile ici d'en faire ni le portrait, ni l'hommage. Ce sont des vins de qualité que les consommateurs exigeants s'amuseront à dénicher. Les blancs de blancs aux arômes de noisette, de brioche, de toasté ou d'agrumes sont le pêché mignon de dégustateurs avisés.

Le rosé des Riceys est un vin tranquille, rare et ce en tout sens. Rare, parce qu'il n'est produit que dans le village des Riceys (Riceys-Haut, Riceys-Haute-Rive et Riceys-Bas) dans le sud de l'Aube, et ce en petite quantité. Rare aussi parce qu'il est considéré à raison comme l'un des plus beaux rosés du monde. Élaboré à partir du seul Pinot Noir, il était le vin favori de Louis XIV. Depuis le Roi Soleil, les amateurs qui chantent les louages de ce vin et célèbrent le « goût des Riceys » sont nombreux. À marier avec un pied de cochon de Sainte-Ménéhould ou un chaource, il peut se révéler divin.

Dans tous les cas, ce sont des vins de grande distinction qu'il faut découvrir puis faire connaître. À l'image du champagne, ils seront, à table, ou lors des casse-croûtes champenois, de précieux alliés et même des amis.

Passion et ananas glacé, biscuit coco coriandre et meringué

Pour 10 personnes

L'ananas rôti

1 pièce d'ananas
125 g de sucre
220 g d'eau
2 cl de rhum
1 gousse de vanille
20 g de gingembre
30 g de purée de banane
3 grains de poivre de Jamaïque

La gelée d'épices

200 g de jus de cuisson d'ananas
2 g d'agar-agar

Le biscuit coco coriandre

50 g de beurre
40 g de sucre
20 g de trimoline
2 œufs
60 g de lait
3 g de coriandre
80 g de farine
2 g de poudre à lever

La gelée passion

150 g de pulpe de passion
200 g de pulpe d'ananas
50 g de fruit de la passion
5 g d'alginate

La meringue suisse

75 g de blanc d'œuf
110 g sucre

La tuile chocolat coco

200 g chocolat blanc
50 g de poudre coco

L'ananas rôti : Faites fondre le sucre en caramel, déglacez avec l'eau et le rhum et ajoutez tout le reste.
Tranchez des rondelles d'ananas de 1 centimètre d'épaisseur.
Puis faites-les cuire sur feu doux dans le sirop de sucre pendant 30 minutes environ.

La gelée d'épices : Prenez le jus de cuisson de l'ananas et ajoutez l'agar-agar. Portez à ébullition puis versez sur un marbre. Etalez en une fine couche jusqu'à obtenir une feuille de quelques millimètres. Laissez refroidir.

Le biscuit coco coriandre : Mettez en pommade le beurre puis ajoutez le sucre et la trimoline. Incorporez les œufs un par un. A part, faites chauffer la moitié du lait avec la coriandre. Laissez infuser 10 minutes et chinoisez, puis laissez refroidir avec le reste du lait. Incorporez cette masse dans le beurre et ajoutez la farine, la poudre à lever et la poudre de noix de coco. Faites cuire au four à 180° C pendant 2 x 8 minutes en tournant la plaque à mi-cuisson.

La gelée passion : Mélangez les pulpes avec le fruit et l'alginate. Portez à ébullition et laissez refroidir. Déposez les palets dans une solution chlorée (250 g d'eau et 25 g de chlorure de sodium) et rincez à l'eau froide.

La meringue suisse : Mélangez le blanc et le sucre chauffé à 45°C, puis refroidissez au batteur.

Pour le décor
La tuile chocolat coco : Faites fondre le chocolat blanc et saupoudrez de poudre coco torréfiée pure. Laissez refroidir.

Le sorbet exotique : Faites un sirop en chauffant ensemble le jus de citron, le sucre et le glucose, infusez le clou de girofle et le poivre de Jamaïque. Passez au chinois et incorporez les pulpes puis turbinez en sorbetière. Etalez et faites des palets.

Le sorbet exotique

125 g de jus de citron
(environ 8 pièces)
25 g de sucre
60 g de glucose atomisé
1 clou de girofle
1 grain de poivre de Jamaïque
60 g de pulpe de banane
60 g de pulpe d'ananas
60 g de pulpe de passion
60 g de pulpe de mangue
60 g de pulpe d'abricot
258 g de sucre

Le tube

5 feuilles de brick
30 g de beurre clarifié
20 g de sucre glace
300 g de sorbet exotique
200 g de chocolat blanc
4 g de agar-agar
10 g de sucre
200 g de chocolat blanc
50 g de pépites de chocolat

Le tube : Taillez les feuilles de brick en 10 rectangles de 20 cm sur 5 cm. Lustrez de beurre clarifié et saupoudrez de sucre glace. Mettez en forme et laissez cuire au four pendant 2 minutes à 160°C. Mélangez du sorbet exotique et l'agar-agar, portez à ébullition et laissez refroidir. Introduisez dans chaque tube la gelée exotique ainsi obtenue. Trempez chaque extrémité dans le chocolat blanc et les pépites.

Dressage : Taillez 10 biscuits coco coriandre et disposez-en un dans chaque assiette. Posez dessus un disque de gelée épicée, superposez une couche de gelée passion. Recouvrez le haut du dessert de meringue suisse, flambée selon votre goût.
Décorez chaque assiette d'un tube, d'une tuile chocolat coco et de boules de sorbet exotique recouvertes d'une fine tranche d'ananas rôti.

Pour accompagner ce mets...

La Maison G.H. MUMM vous conseille
le Champagne G.H. MUMM Demi-Sec

G.H. MUMM Demi-Sec joue la rencontre du fruit gorgé de soleil et du sucre, support de rondeur et d'onctuosité. Il développe un nez intense sur des notes de pêches, de poires et de fruits exotiques parfaitement en ligne avec les saveurs passion, ananas que nous propose Hideaki Umada.

Didier MARIOTTI, Chef de Cave
Champagne G.H. MUMM

Ratafia et eau de vie, par Eric Poindron

Après la rencontre des vins tranquilles de Champagne, ne quittons pas les caves de Champagne sans découvrir quelques derniers flacons précieux. Les ratafias et les marcs de Champagne sont de ceux-là. Les premiers peuvent se consommer en apéritif ou en vin de dessert tandis que les seconds prendront leur place plus naturellement à la fin des repas. Ils sont aussi, en cuisine, deux ingrédients appréciés des chefs, des pâtissiers et des chocolatiers.

Le ratafia de Champagne (ratafia de raisins de la Champagne) est une boisson apéritive élaborée à partir de jus de raisin non fermenté, et provenant du vignoble de Champagne, et d'alcool neutre. Certains vignerons remplacent l'alcool par du marc de Champagne ou de la fine de Champagne. Aucun ajout de sucre ne rentre dans sa composition.

Durant son vieillissement, en fûts ou en cuves, le ratafia gagne en moelleux. Apéritif liquoreux et ambré il est l'allié des sauces, des viandes, des fruits et des desserts, pâtissiers ou non. Le ratafia peut dégager des arômes de marc, de raisins secs, d'agrumes ou d'écorce.

Le ratafia se consomme frais et peut accompagner à merveille les foies gras, les melons, certains fromages et les desserts au chocolat.

D'après les « anciens » et les étymologistes, le mot viendrait de l'expression latine «res rata fiat», à savoir, l'accord est ratifié. L'on sortait alors ladite bouteille pour trinquer à l'entente.

À la fin du repas, il n'est pas rare de voir apparaître sur les tables une bouteille de vieux marc de Champagne ou de vieille fine de la Marne. Il est difficile de lire l'avenir dans le marc de Champagne, mais l'on peut sans peine lire la joie dans les yeux de l'amateur qui le consomme. Même s'il ne possède pas les lettres de noblesse du cognac ou de l'armagnac, le vieux marc de Champagne est une boisson digestive appréciée des cuisiniers.

Le vieux marc est issu des restes de raisins de Champagne distillés après le pressurage. Alcool digestif, le vieux marc n'est pas exempt d'une certaine robustesse qui prend toute son expression en cuisine.

La vieille Fine de la Marne est une eau de vie de vin obtenue à partir de vin de Champagne distillé. Plus subtile que le marc, c'est une boisson appréciée à « sa juste mesure » par les connaisseurs.

Après un vieillissement en fûts de chêne, marc et fine prendront toute leur expression. L'ensemble de l'appellation Champagne est autorisé à produire des eaux-de-vie de marc de Champagne.

Ingrédient de cuisine par excellence, le vieux marc de Champagne entre dans la composition de nombreuses préparations salées (viandes flambées, foie gras de Champagne, et sauces) et sucrées (desserts et pâtisseries, trous champenois et sorbets digestifs, chocolats fourrés avec délicatesse).

«La grande cuisine, c'est aussi de la passion, de la sensibilité, de l'humilité et par dessus tout de l'amour.»

Thierry Voisin

Les Saisons, Imperial Hotel Tokyo

C'est après seize années de service auprès de Gérard Boyer au célèbre "Château Les Crayères" que Thierry Voisin a décidé de quitter la tranquille région du champagne pour effectuer un voyage aventureux à Tokyo où il est devenu le chef de l'un des plus prestigieux palaces du Japon. Il insiste sur le fait que les bases du métier restent les mêmes : "la clé de la réussite est de toujours mettre beaucoup de passion dans ce que l'on fait. Je cuisine pour mes clients comme je cuisine pour mes amis. Leur niveau social m'importe peu. Il ne s'agit pas d'argent; il s'agit d'amour et de respect pour le travail, pour les produits, les collègues et tous nos hôtes."

"Travailler au Japon est une excellente leçon de vie. Je suis persuadé que la France pourrait apprendre beaucoup du Japon, si celle-ci acceptait de se remettre en question en étant plus attentive à ce qui s'y passe. Au Japon, vous avez l'impression de travailler en famille. Chaque personne est heureuse d'y tenir son rôle. Il existe un véritable respect mutuel entre les responsables et les employés, qui permet à chacun de donner le meilleur de lui-même".

Quand on l'interroge sur son style de cuisine, Thierry répond de manière très claire et nous dit avec ses mots à lui : "Je pense qu'un plat doit être facilement compréhensible pour tout le monde. La cuisine doit être fluide, limpide et claire comme de l'eau de roche ! Dans cette optique, la cuisine japonaise est parfaitement en ligne avec ce que j'aime et ce que j'apprécie faire en cuisine. La grande cuisine, c'est évidemment un produit de grande qualité, une technique irréprochable. C'est aussi de la passion, de la sensibilité, de l'humilité et par dessus tout de l'amour."

Restaurant Les Saisons-Imperial Hotel Tokyo
1-1, Uchisaiwai-cho 1-chome
Chiyoda-ku, Tokyo 100-8558
Japon
Tel: +81-3-3504-1111
Fax: +81-3-3581-9146
www.imperialhotel.co.jp

Ballottine de Pigeonneau au foie gras et à la noisette

Cette entrée froide me séduit beaucoup avec son goût de noisette et céleri.

Pour 4 personnes

La ballottine de pigeonneau au foie gras

4 suprêmes de pigeonneaux
4 x 15 g de foie gras d'oie cru

Le glaçage noisette

100 g de lait
100 g de crème
100 g de jus de pigeon
100 g de poudre de noisettes
2 feuilles de gélatine

Le pâté

4 mignons des suprêmes de pigeons
4 g de graisse de rognon
4 g de foie de pigeon
10 g de foie gras d'oie
1 g d'échalote ciselée
1,5 g de persil ciselé
1,5 g d'ail confit
1 g de porto rouge
1 cuillère à soupe de cognac
4 g de gelée de volaille
Sel, poivre

La crème noisette

100 g de noisettes torréfiées
300 g de crème

La garniture

1 céleri boule
Cœur de céleri branche
salade et herbes fraîches

La vinaigrette de noisette

3 cl de vinaigre de xérès
24 cl d'huile de noisette
Sel et poivre

La ballottine de pigeonneau au foie gras : Ouvrez les suprêmes en deux, farcissez-les avec le foie gras, enveloppez dans du papier film et pochez 15 minutes à l'eau à 62°C. Refroidissez en glace.

Le glaçage noisette : Chauffez les liquides, ajoutez la noisette et la gélatine. Laissez refroidir puis passez au chinois. Glacez les ballottines avec le mélange.
Le jus de pigeon peut être remplacé par un fond blanc de volaille.

Le pâté : Hachez en farce les mignons des suprêmes, la graisse de rognon, le foie de pigeon et le foie gras d'oie. Mélangez bien avec l'échalote, le persil, l'ail confit concassé, le porto, le cognac, la gelée. Salez, poivrez. Farcissez les cuisses désossées, enveloppez-les dans de l'aluminium, disposez-les sur une plaque avec un peu d'eau (comme un petit bain-marie) Mettez au four (air tournant) à 180° C pendant 15 minutes.

La crème noisette : Concassez les noisettes et torréfiez-les sur une poêle à sec jusqu'à coloration. Mixez avec la crème.

La garniture : *La veille* : Prenez une partie du céleri boule et coupez en 12 fines tranches. Gardez les parures. Faites sécher les tranches dans le four à 80°C pendant la nuit.
Le jour même : Coupez le céleri restant en 8 bâtonnets de 5 cm de long et 5 mm de large. Faites cuire avec du jus de pigeon. Avec les parures de céleri, réalisez une purée et disposez-la sur les assiettes. Fixez dans la purée 3 tranches de céleri séché par personne. Mélangez des feuilles de salade et des herbes fraîches de votre choix ainsi que le cœur de céleri branche. Disposez 2 bâtonnets par assiette sur lesquels vous posez la ballottine, la cuisse, puis la crème de noisettes.

La vinaigrette de noisette : Mélangez 24 cl d'huile de noisette avec 3 cl de vinaigre de Xérès, salez, poivrez et nappez sur l'assiette avant de servir.

Pour accompagner ce mets...

La Maison De Sousa & Fils vous conseille
le Champagne DE SOUSA Cuvée des Caudalies

Un vin qui va associer puissance et vinosité, complexité des arômes en parfaite alliance avec le foie gras et la note boisée de la vinification en fût se mariera idéalement à la crème de noisettes.

Les particularités de la Cuvée des Caudalies consistent à faire un assemblage de 9 années différentes, de raisins provenant exclusivement de vieilles vignes de plus de 50 ans en Grand Cru 100% Chardonnay, le tout en culture Biodynamie.

La vinification en petits fûts de chêne donne encore plus de gras et de profondeur au vin, avec des levures naturelles indigènes qui respectent la minéralité du terroir d'Avize.

Erick DE SOUSA, Propriétaire, Récoltant-Manipulant
Champagne DE SOUSA et Fils

La fameuse truffe en croûte… comme du temps de Gérard Boyer aux Crayères

Ce plat est le symbole de toute la carrière de Gérard Boyer… c'est un plat très simple à l'image de son créateur... et tellement bon. Je fais un clin d'œil à Gérard et à tous les Champenois… histoire qu'ils comprennent bien que je ne les oublie pas.

Pour 4 personnes

La truffe en croûte

4 x 40 g de truffe fraîche
20 g de foie gras de canard cru
4 x 40 g de pâte feuilletée
1 jaune d'œuf
Sel

La sauce truffe

4 cl de vin de Xérès sec (fino ou amontillado)
8 cl de fond blanc de volaille
8 cl de fond de veau
4 g de truffe hachée
20 g de beurre
20 g de jus de truffe

La truffe en croûte : Placez un morceau de foie gras sur la truffe et enrobez-le avec la pâte feuilletée en serrant avec les doigts pour fermer. Ajoutez une dorure que vous avez réalisée avec un jaune d'œuf et du sel. Mettez au four (air tournant) à 200° C pendant 12 minutes.

La sauce truffe : Dans une casserole, faites réduire le vin de Xérès quelques minutes. Ajoutez le fond blanc et réduisez, puis ajoutez le fond de veau et réduisez à consistance sirupeuse. Ajoutez les truffes et le jus de truffe, montez au beurre et servez avec la truffe en croûte.

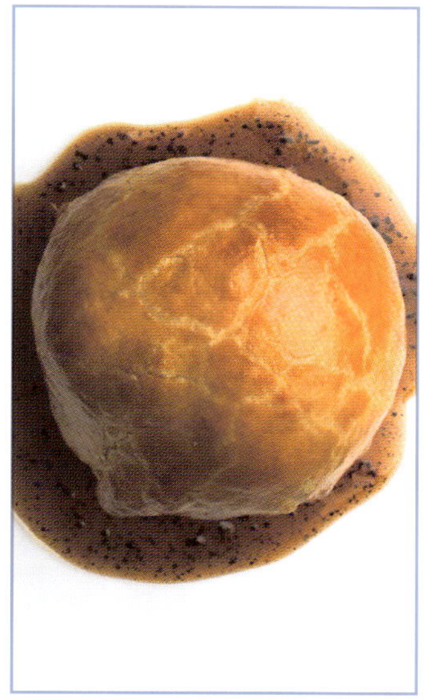

Pour accompagner ce mets...

La Maison De Meric vous conseille
le Champagne DE MERIC Cuvée Prestige Catherine De Medicis

La puissance des saveurs et la puissance aromatique de la truffe en croûte se prête parfaitement à un accord de fusion avec la Cuvée Prestige Catherine De Medicis ; Deux produits rares de grande origine alliant pureté et longueur ; L'accord se fait plus particulièrement sur la texture et l'équilibre aromatique : pour la truffe cette texture est d'abord croustillant (feuilleté), puis fondante avec le foie gras, avant de laisser place à la tendreté de la truffe.

On retrouve la même complexité de texture sur le vin avec le gras, la concentration et une légère astringence, ainsi qu'un caractère croquant lié à l'effervescence.

Enfin l'accord aromatique se fait sur des notes à la fois secondaire (brioche, beurre) et tertiaire (truffe, sous bois) qui renvoient à l'automne plutôt qu'au printemps.

Le Champagne De Meric, Cuvée Prestige Catherine De Medicis, Grand cru d'Aÿ, est issu de 60% Pinot Noir et de 40% Chardonnay. Un champagne vineux, élevage en fût de chêne.

Daniel GINSBURG, Président
Champagne DE MERIC

Homard bleu rôti, carottes de Kyoto en textures différentes, pommes et curry

Nul besoin de visa pour se procurer des carottes de Kyoto, les belles grosses variétés de votre potager feront très bien l'affaire pour accompagner votre homard !

Pour 4 personnes

Le homard

2 homards bleus (800 g chacun)
20 g de beurre

La garniture

120 g de carottes (de Kyoto)
40 g de lait
40 g de pommes
1 g de curry en poudre
1 cuillère à soupe de cardamome
1 cuillère à soupe de purée de cerfeuil

Le concentré de homard

Les têtes des homards
1 cuillère à soupe de beurre
5 g de cognac
13 g de porto rouge
25 g de jus de veau
75 g de fumet de poisson

Le homard : Plongez les homards encore vivants dans de l'eau bouillante pendant 1 minute. Enlevez la tête et mettez de côté. Coupez les queues en deux sur la longueur. Faites chauffer le beurre dans une poêle pour obtenir une couleur noisette. Faites revenir les homards environ 3 minutes jusqu'à ce qu'ils soient cuits.

La garniture : Coupez quatre tranches de carottes en forme de ceinture, blanchissez-les à l'eau bouillante 1 minute puis faites refroidir dans de l'eau glacée. Roulez les ceintures de carottes autour d'un emporte-pièce avec du papier sulfurisé pour former un tube, puis séchez au four. Avec le reste de carottes, réalisez une purée. Allongez la purée au lait et mixez comme un milk-shake. Remplissez le tube de carotte avec le milk-shake de carotte et parsemez avec un peu de cardamome.
Taillez les pommes en petits dés et faites sauter au beurre et au curry.
Blanchissez le cerfeuil, refroidissez-le et mixez avec un filet d'huile d'olive.

Le concentré de homard : Faites rissoler les têtes des homards au beurre, ajoutez le cognac et faites réduire puis ajoutez le porto rouge et faites réduire à nouveau de moitié. Ajoutez le fumet de poisson et le jus de veau, faites réduire à glace (bien concentré).

Pour accompagner ce mets...

La Maison Pol Roger vous conseille le Champagne POL ROGER Brut Vintage 1998

Le charme et la plénitude... La puissance et la finesse sont idéalement réunies dans cette cuvée Vintage 1998, composée de 60% de Pinot Noir et 40% de Chardonnay.

Tandis que le Homard bleu rôti s'accorde naturellement avec la subtilité du Chardonnay, les pommes au curry et le concentré de homard soulignent la force du Pinot Noir. Le vin, issu du millésime 1998, aussi contrasté que le plat, établit davantage avec ce dernier un mariage heureux plutôt qu'une rencontre fortuite. Un Champagne d'exception pour un plat tout autant d'exception.

Hubert de BILLY
Champagne POL ROGER

Bar de ligne en gelée chaude de pinot noir, pommes de terre rissolées, échalotes confites et herbes fraîches

J'aime le côté «campagnard» de ce plat qui me rappelle d'où je viens. La pomme de terre, l'échalote confite et les herbes se mélangent à merveille avec le pinot noir.

Pour 4 personnes

Le bar
4 x 120 g de filets de bar

La garniture
120 g de pommes de terre
Beurre clarifié pour la friture
100 g d'échalotes confites
10 g de beurre
Sel, sucre
1 bouquet d'herbes au choix (pour la purée)

La sauce vin rouge
250 g d'arêtes de bar
5 dl de vin de Bouzy rouge (pinot noir)
50 g de poireaux
40 g d'oignons
1 cuillère à soupe de thym
1 feuille de laurier
3 g de kuzu

Le bar : Faites rôtir les filets de bar au four à 180°C quelques minutes (5 environ).

La garniture : Taillez 12 rectangles de pommes de terre et faites des tranches de 1 mm dans une mandoline. Faites 4 gaufrettes en chevauchant les tranches les unes sur les autres et rissolez-les au beurre clarifié.
Mettez les échalotes entières dans une papillote en papier d'aluminium avec du beurre, du sel et du sucre, fermez la papillote et faites confire au four à 150°C environ 2 heures. Puis sortez-les du four, épluchez-les et concassez-les.
Réalisez une purée avec les herbes que vous avez choisies : pour cela, les blanchir, les rafraîchir puis les mixer avec un peu d'eau de cuisson.

La sauce vin rouge : Faites rissoler les arêtes de bar dans une casserole. Versez le vin rouge et ajoutez l'oignon, le poireau coupé en petits morceaux, le laurier et le thym. Faites cuire une demi-heure puis passez au chinois étamine. Ajoutez le kuzu en remuant pour lier la sauce.

Le kuzu est le liant traditionnel japonais extrait à partir de la racine de arrow-root. Le kuzu se révélera parfait pour la réalisation de vos sauces, potages, crèmes, glaçages et gelées. De plus, c'est un médicament traditionnel contre les maladies de digestion. En occident, on le trouve surtout dans des magasins bio ou des magasins exotiques. On peut remplacer le kuzu par de la crème de riz, maïzena ou fécule de pomme de terre.

Pour accompagner ce mets...

La Maison Boizel vous conseille
le Champagne BOIZEL Brut Millésime 1998

La richesse aromatique de ce millésime 1998, au nez expressif de fleurs blanches, fruits confits, avec des notes de petites baies rouges, signe avec élégance les côtés terriens de ce plat.

En contre point, la fraîcheur et la finesse de cette grande année mettent en valeur harmonieusement les saveurs marines du bar dans un mariage d'une grande délicatesse.

Evelyne ROQUES-BOIZEL, Présidente
Champagne BOIZEL

C'est un jardin extraordinaire… accompagné de volaille de Bresse

Le jardin extraordinaire, c'est vous qui le créez. Utilisez votre imagination et ajoutez tout ce que vous aimez le plus, selon la saison, selon votre humeur… c'est vous le chef !

Pour 4 personnes

Le poulet mariné

2 suprêmes de poulet (Bresse)
100 g de volaille
10 g de miel
10 g de soja
1 cuil. à soupe d'ail
1 cuil. à soupe de gingembre
1 anis étoilé (badiane)
Sel, poivre

Le jardin extraordinaire

4 ceintures de courgette
4 ceintures de courgette jaune
4 ceintures de carotte Kyoto
40 g de choux fleurs
40 g de brocolis
12 pièces de fève
12 pièces de pois mangetout
4 asperges vertes
4 asperges blanches
8 haricots verts
1 cuil. à soupe de petit pois
1 bouquet de mesclun

La vinaigrette aux herbes

1 œuf
1 jaune d'œuf
10 g de vinaigre de xérès
5 g de sel
1 g de poivre
150 g d'huile d'olive
3 g de cerfeuil ciselé
6 g de persil plat ciselé
5 g de ciboulette ciselée

Le poulet mariné : Pour pocher les suprêmes de volailles, faites un bouillon avec de l'eau et une garniture aromatique, puis plongez les suprêmes pendant 20 minutes à 62°C. Retirez les suprêmes et séchez-les sur un torchon. Mettez le fond blanc de volaille à bouillir dans une petite poêle et réduisez à glace. Ajoutez le miel, le soja, l'ail écrasé et le gingembre râpé et l'anis étoilé puis laissez mijoter quelques instants. Badigeonnez les suprêmes avec le mélange et glacez à la salamandre (ou placez au four en position grill ou faites sauter dans une poêle bien chaude).

Le jardin extraordinaire : Coupez les courgettes et la carotte dans la longueur en lamelles. Coupez les choux fleurs, les brocolis et les asperges en gros morceaux. Faites cuire à point tous les légumes séparément à l'anglaise. Mélangez l'ensemble des légumes et le mesclun dans un saladier et versez-y la vinaigrette.

La vinaigrette : Mélangez bien 30 g de vinaigre de Xérès et 270 g d'huile d'olive. Salez, poivrez.

La vinaigrette aux herbes : Battez l'œuf et le jaune d'œuf, ajoutez les autres ingrédients et mélangez bien.

Dressage : Disposez les légumes en portion égale sur quatre assiettes et nappez avec la vinaigrette aux herbes. Emincez les suprêmes, dressez-les en harmonie sur les légumes et nappez avec le jus de glaçage. Vous pouvez décorer avec 8 urui feuille, 4 petites fleurs.

Vous pouvez également mettre le poulet émincé sur des petites brochettes avant de les glacer et servir de façon yakitori, à la japonaise.

Pour accompagner ce mets...

La Maison Louis Casters vous conseille
le Champagne Louis CASTERS Cuvée Supérieure Brut

Le Pinot Meunier, unique cépage de cette cuvée, apporte au vin souplesse, fraîcheur et rondeur.
Simple et plaisante, expressive et friande, cette Cuvée Supérieure est un vin convivial, parfait pour accompagner les viandes blanches ou le début du déjeuner.

Johan CASTERS, Vigneron
Champagne Louis CASTERS

Sushi mangue au poivre vert et à la noix de coco

A noter que ce plat n'est ni plus ni moins qu'une dérive du riz à l'impératrice, présenté dans un style Japonais.

Pour 4 personnes

Le riz au lait

48 g de riz
80 g de noix de coco en purée
160 g de lait
12 g sucre
1 g de poivre vert

La pâte de fruits mangue

100 g de gelée base
15 g de mangue purée
4 cuillères à soupe de liqueur de mangue (Passoa)

le sorbet à la noix de coco

1 kg de noix de coco en purée
100 g d'eau
300 g de sirop de sorbet (eau, sucre, trimoline)
50 g de liqueur de noix de coco (Malibu)

Le riz au lait : Mélangez bien le tout et enfournez sous couvercle à 85° C pendant 3 heures.

La pâte de fruits mangue : Mélangez le tout et chauffez jusqu'à 110° C. Faites refroidir sur une plaque, puis détaillez des rectangles que vous roulerez dans du sucre cristal.

Le sorbet à la noix de coco : Préparez d'abord le sirop de sorbet en faisant bouillir ensemble l'eau, le sucre et la trimoline dans les proportions suivantes : 1 l d'eau, 900 g de sucre, 100 g de trimoline.
Mélangez la noix de coco purée, 100 g d'eau et la liqueur de noix de coco puis ajoutez 300 g de sirop de sorbet préalablement préparé. Mettez l'appareil dans une sorbetière.
Dressez sur les assiettes avec 2 tubes en chocolat qui représentent des baguettes !!

Pour accompagner ce mets...

La Maison de Venoge vous conseille le Champagne de VENOGE Dry «Vin du Paradis»

Cuvée originale, le Dry de Venoge dispose de la rondeur nécessaire pour accompagner la générosité savoureuse du riz au lait à la noix de coco. Associé au piquant du poivre vert, sa composition, à majorité de raisins noirs des meilleurs crus champenois, lui confère ampleur et souligne sa fraîcheur en bouche.

Sa palette aromatique aux notes fruitées et subtiles, digne des plus grands Chardonnays, Pinots Noirs et Pinots Meunier, s'assemble à la perfection avec les saveurs exotiques de la mangue sublimant ainsi ce Sushi gourmand.

Gilles de La BASSATIERE, Président Directeur Général
Champagne de VENOGE

«Moins de formalités, plus de convivialité, un bon rapport qualité prix, tout ceci présenté avec une touche d'humour !»

Philippe Zeiger

Aux Armes de Champagne

Pourquoi Philippe est-il devenu un chef ? Il n'a aucun lien familial avec le secteur de la restauration mais, enfant, il a toujours été gourmet et gourmand, friand de nouvelles connaissances culinaires et gustatives. "Je ne peux pas l'expliquer", dit il. "Quand j'avais dix ans, j'avais l'habitude de regarder à la télévision l'émission de Michel Olivier, Je copiais ses recettes et c'est ainsi que j'ai débuté. J'ai ensuite poursuivi avec mes propres expériences jusqu'à ce que cuisiner devienne naturel pour moi. Aujourd'hui, je pense que nous avons besoin de davantage de modèles de chefs qui inspireront les nouvelles générations et qui les motiveront pour qu'elles s'intéressent à la gastronomie, comme acteurs ou consommateurs".

La mission de Philippe est d'aider les personnes à découvrir de nouvelles saveurs tout en s'amusant. Il aime transformer des plats basiques en plats atypiques en travaillant avec des ingrédients communs que tout le monde connaît mais il y apporte une touche inattendue en utilisant ses propres techniques et combinaisons. L'humour est indissociable de Philippe : "Le domaine de la restauration doit s'adapter aux changements de notre société. Je pense que globalement, les gens souhaitent moins de formalités, plus de convivialité, ainsi qu'un bon rapport qualité prix, tout ceci présenté avec une touche d'humour. J'essaye pour ma part de leur apporter tout cela dans mon restaurant".

Le restaurant *Aux Armes de Champagne* est situé dans le charmant village de l'Epine, face à la basilique historique du 15e siècle. Celui-ci représente une halte idéale pour tous ceux qui souhaitent s'échapper dans la campagne française tout en associant plaisir du goût et distraction.

Aux Armes de Champagne – Hôtel et Restaurant
31 rue du Luxembourg
F-51460 l'Epine
Tel : +33-(0)3 26 69 30 30
Fax : +33-(0)3 26 69 30 26
Email : accueil@aux-armes-de-champagne.com
www.aux-armes-de-champagne.com

Damier de saumon

Un pur plaisir de simplicité et de raffinement !

Pour 4 personnes

Le damier de saumon

450 g de saumon fumé non tranché
1 botte de coriandre fraîche
40 g de caviar d'Aquitaine
50 g de beurre

Le carré de pommes de terre

2 grosses pommes de terre
Eau salée

La crème de carvi

20 g de cumin (carvi)
5 dl de crème
Sel, poivre

Le damier de saumon : Taillez le saumon en bâtonnets réguliers. Collez trois bâtonnets en intercalant quelques feuilles de coriandre entre chaque bâtonnet, et maintenez-les avec deux cure-dents. Poêlez le damier au beurre et retirez-le à mi-cuisson. Laisser tiédir.

Le carré de pommes de terre : Coupez les pommes de terre en carré de 5 cm de côté et 0,5 cm d'épaisseur. Faites-les cuire à l'eau bouillante salée. Réservez.

La crème de carvi : Faites torréfier le cumin dans une casserole et ajoutez la crème puis laissez réduire jusqu'à obtenir une consistance onctueuse.

Dressage : Disposez les carrés de pommes de terre sur une assiette et posez un damier sur chaque carré. Soyez doux avec la sauce. Décorez de pluches de coriandre et de graines de cumin, sans oublier le caviar.

Le caviar d'Aquitaine est à nouveau commercialisé grâce à la réintroduction de l'élevage d'esturgeons. Ainsi, vous pouvez apprécier cette délicatesse sans craindre de mettre en péril l'espèce sauvage. La qualité est excellente, les prix raisonnables et l'élevage est respectueux de l'environnement.

Pour accompagner ce mets...

La Maison De Castelnau vous conseille le Champagne De CASTELNAU Blanc de Blancs Millésime 1997

Cette magnifique présentation du saumon soigne la diversité des saveurs et l'esthétisme. Cette recette nous emmène dans le contraste des couleurs et des arômes.

La partition est très large car elle associe la pureté du caviar et la torréfaction du cumin. Le Blanc de Blancs De Castelnau 1997 s'associera merveilleusement bien avec cette recette, tout d'abord au nez, par son caractère torréfié résultant d'une lente maturation en caves, et à la spécificité des Chardonnays qui le composent. Sa texture onctueuse et généreuse jouera l'harmonie avec la chair velouté, charnue du saumon et sa sauce crémeuse. La finesse délicate de ce Blanc de Blancs respectera les nuances aromatiques du cumin, de la coriandre et du caviar. Le Champagne De CASTELNAU Blanc de Blancs Millésimé 1997 saura se faire discret et tendre pour sublimer les atouts de cette délicieuse composition.

Le final sera à l'unisson avec une grande longueur en bouche et une note crémeuse ornant l'ensemble comme une dentelle suspendue.

Richard DAILLY, Chef de Caves
Champagne De CASTELNAU

Asperges de l'Epine meunières à la Tuber Aestivum avec ses copeaux de foie gras fumé

Mon pêle-mêle ! Cela ne peut être que bon, car il n' y a que des bonnes choses dedans.

Pour 4 personnes

Les asperges meunières

2 kg d'asperges blanches (cal 22/28)
Eau salée
2 cuillères à soupe de beurre
Sel, poivre
Foie gras fumé

L'émulsion de jaunes d'œufs

5 jaunes d'œufs
1 cuillère à soupe de moutarde de Dijon
4 cuillères à soupe d'huile d'arachide
20 g de truffes

Les asperges meunières : Epluchez soigneusement les asperges et faites 4 bottes égales. Faites-les cuire dans de l'eau bouillante salée. Vérifiez de temps en temps la cuisson en piquant avec la pointe d'un couteau la queue (si elles sont cuites, la pointe doit rentrer sans résistance). Faites-les refroidir rapidement et égouttez-les sur un torchon en déficelant les bottes. Taillez-les toutes de la même longueur en enlevant une partie de la queue. Avant de servir, poêlez-les dans un beurre mousseux et assaisonnez. Egouttez-les sur un torchon et dressez-les dans les assiettes en les alignant. Versez sur les pointes et le bout des queues l'émulsion de jaunes d'œufs. Disposez sur les asperges légèrement tièdes les copeaux de foie gras et les truffes émincées.

L'émulsion de jaunes d'œufs : Dans une casserole, mélangez les jaunes d'œufs à l'aide d'une spatule en chauffant légèrement (les jaunes ne doivent pas cuire). Les œufs doivent avoir une consistance sirupeuse. Ajoutez hors du feu la moutarde toujours avec la spatule. Incorporez ensuite l'huile d'arachide, rectifiez l'assaisonnement puis ajoutez 5 g de truffes hachées. Emincez le restant des truffes et servez sur les asperges.

Pour accompagner ce mets...

La Maison Egly-Ouriet vous conseille le Champagne EGLY-OURIET Grand Cru Blanc de Noirs

Afin de répondre au défi d'associer un vin avec ce pêle-mêle d'asperges, de truffes et de foie gras, je vous propose le Champagne Egly-Ouriet Grand Cru Blanc de Noirs. Ce champagne, d'une grande puissance aromatique, se marie parfaitement avec le foie gras et la truffe. En même temps, sa minéralité et sa fraîcheur directe et tranchante sur le palet, supportent parfaitement les asperges, qui représentent pourtant un élément difficile à accompagner avec un vin.

C'est un champagne onctueux, puissant et sans lourdeur, issu d'une vieille vigne de Pinot Noir, plantée en 1946 dans le village d'Ambonnay. Un terroir exceptionnel ! Le sol crayeux, sur une profondeur de plusieurs dizaines de mètres, d'où le nom de lieu-dit "les crayères", apporte finesse et minéralité à ce champagne. La vinification en fûts apporte une complexité supplémentaire à ce champagne de grande expression.

Francis EGLY, Propriétaire, Récoltant
Champagne EGLY-OURIET

Saint-Jacques bretonnes sur le grill, choux frisés et Culatello di Zibello

Le rapprochement de la Bretagne et de l'Italie fait des merveilles ! La preuve que les gaulois et les romains sont faits pour s'entendre.

Pour 4 personnes

Les Saint-Jacques grillées
16 pièces de noix de Saint-Jacques
100 g de jambon de Parme "Culatello di Zibello"

La compotée de choux
500 g de choux verts frisés
40 g de lardons
10 châtaignes, pelées et hachées
2 cuillères à soupe de beurre

La sauce de châtaignes
15 châtaignes pelées
100 g de beurre
50 g de sucre

La crème de lard
80 g de lardons
5 dl de crème

Les Saint-Jacques grillées : Grillez les Saint-Jacques 1 minute sur chaque face, de préférence au feu de bois avec quelques sarments de vigne puis disposez-les sur les choux avec les sauces en harmonie au dernier moment. Ajoutez de fins copeaux de jambon de Parme "Culatello Di Zibello".

La compotée de choux : Emincez le cœur des choux verts en retirant les côtes. Lavez-les puis faites-les blanchir dans de l'eau bouillante environ 2 minutes, Faites refroidir de suite dans de l'eau glacée pour fixer la chlorophylle. Egouttez et réservez. Faites suer au beurre les lardons avec les châtaignes hachées, ajoutez les choux et laissez compoter.

La sauce de châtaignes : Réalisez un caramel avec le beurre et le sucre, ajoutez les châtaignes. Laissez caraméliser pendant 5 minutes. Ajoutez le bouillon de volaille. Laissez frémir une dizaine de minutes, mixez, passez au chinois à étamine et réservez.

La crème de lard : Faites suer les lardons sans matière grasse, ajoutez la crème puis portez à ébullition. Laissez frémir cinq minutes puis faites infuser trente-cinq minutes hors du feu et passez au chinois étamine, réservez.

Culatello di Zibello : C'est le roi en matière de charcuterie venant de la région de Parme en Italie ! Pour le Culatello, on prend la partie du membre postérieur supérieure du porc adulte, élevé suivant les méthodes traditionnelles. De cette partie, que l'on a préalablement désossée et à laquelle on a déjà retiré le morceau de qualité inférieure, on utilise la partie la plus tendre et la meilleure. Si vous ne le trouvez pas dans le commerce, vous pouvez le remplacer avec du bon coppa ou du jambon de Parme.

Pour accompagner ce mets...

La Maison Perrier-Jouët vous conseille le Champagne Perrier-Jouët Grand Brut Millésimé 1998

Fondée en 1811, la Maison Perrier-Jouët possède l'expérience de près de deux siècles de vendanges en Champagne. Les millésimes de la Maison ont marqué les experts depuis le XIXe siècle, comme en témoigne le mythique 1874 devenu le champagne le plus cher du monde lors des premières ventes aux enchères des vins de Champagne chez Christie's en 1885.

Le nez révèle une dualité qui fait la trame et la personnalité de ce vin : puissance vineuse et fraîcheur fruitée mêlées (cédrat confit, pointe de citron, miel de fleur d'oranger associés à des notes de brioche, de biscuit de Savoie). La consistance, le charnu du vin sont «rafraîchis» par une délicate vivacité tout au long de la dégustation.

Un vin structuré et ample, idéal sur ces Saint-Jacques qui oscillent entre fraîcheur marine et saveurs grillées.

Hervé DESCHAMPS, Chef de Cave
Champagne PERRIER-JOUËT

Le cochon est dans le maïs

Le pied de cochon comme vous ne l'avez jamais vu, entouré de pop-corn croquants et servi avec une brochette de foie gras poêlé.

Pour 4 personnes

La farce de pied de cochon

400 g de pieds de cochon cuits et désossés
25 g d'échalotes ciselées
25 g de beurre
10 cl de jus de rôti de porc
50 g de persil haché
400 g de foie gras cru
Sel, poivre

Les cercles de pommes de terre

1 belle pomme de terre
1 cuillère a soupe de beurre
Huile à frire

La crème de maïs

200 g de maïs
25 g d'échalotes ciselées
25 g de beurre
2,5 dl de crème
Sel, poivre

La farce de pied de cochon : Taillez le pied de cochon en dés d'un centimètre. Dans un sautoir, faites suer les échalotes au beurre, ajoutez les dés de pied de cochon et le jus de rôti. Laissez compoter 5 minutes, ajoutez le persil et 100 g de foie gras coupé en dés, assaisonnez. Poêlez les 300 g de foie gras restants à feu vif et réalisez une brochette.

Les cercles de pommes de terre : Beurrez des cercles et entourez-les de papier sulfurisé. Taillez des fines tranches de pommes de terre et entourez les cercles. Faites-les frire à 140°C. Décerclez et réservez

La crème de maïs : Faites suer les échalotes au beurre, ajoutez le maïs et laissez mijoter 5 minutes environ, puis ajoutez la crème. Faites cuire 15 minutes à feu doux, mixez, passez au chinois et rectifiez l'assaisonnement.

Dressage : Disposez le cercle de pommes de terre et garnissez-le de la farce de pied de cochon. Dressez selon votre inspiration du moment. Pour le décor, vous pouvez utiliser du pop-corn, du cerfeuil, de la fleur de sel…

Pour accompagner ce mets...

La Maison Giraud-Hémart vous conseille
le Champagne Cuvée HENRI GIRAUD Fût de Chêne 1995 Aÿ Grand Cru

Ce champagne, au nez complexe, mûr, opulent et frais relève des arômes de beurre et de noisette sur des notes légèrement mentholées.

La fraîcheur et le gras de cette cuvée explosent sous le croustillant et la douceur de ce plat.

La cuvée HENRI GIRAUD, produite uniquement dans les grands millésimes à quelques milliers de bouteilles, assemblant 70% de Pinot Noir et 30% de Chardonnay, est vinifiée et vieillie 12 mois en fût de chêne de la forêt d'Argonne.

L'élevage parfaitement maîtrisé soutient les arômes dans une persistance aromatique impressionnante.

La Maison GIRAUD-HEMART

Filet mignon de veau de lait farci aux morilles

Le printemps dans toute sa splendeur…

Pour 4 personnes

Le filet mignon de veau de lait farci aux morilles

1 filet mignon de veau de lait
200 g de morilles fraîches d'Argonne
Graisse d'oie
1 dl de jus de veau
2 cuillères à soupe de beurre
Sel, poivre

Les légumes de printemps

160 g de girolles
8 carottes fanes
8 poireaux nains
Quelques pétales de légumes crus
Des herbes fraîches du jardin

Le filet mignon de veau de lait farci aux morilles : Parez délicatement le filet mignon de veau. Nettoyez délicatement les morilles avec un pinceau pour enlever la terre ou le sable. Farcissez le filet mignon avec une partie des morilles. Faites revenir les morilles restantes dans du beurre à couvert. Réchauffez et bonifiez le jus de veau. Assaisonnez et faites cuire le filet mignon dans un sautoir avec de la graisse en donnant une coloration sur chaque côté. Finissez la cuisson au four à 200° C pendant 4 à 5 minutes, il doit rester rosé à cœur. Ajoutez de la fleur de sel pour apporter du croquant à la viande.

Les légumes de printemps : Lavez et faites revenir les girolles dans une poêle avec du beurre, gardez croquant. Epluchez délicatement les carottes fanes et lavez les poireaux. Faites cuire les carottes fanes à étuver avec du fond blanc et les poireaux dans de l'eau bouillante salée puis rafraîchissez-les et enlevez la première peau.

Dressage : Réchauffez les carottes, les poireaux et les girolles dans un sautoir avec du beurre. Réchauffez le filet mignon et taillez des tranches. Dressez les légumes et les girolles, ajoutez les pétales de légumes crus et disposez les tranches de mignon.

Pour accompagner ce mets...

La Maison Duval-Leroy vous conseille le Champagne DUVAL-LEROY Millésime 1996

Tout concorde dans cet accord charnel où la morille, aux saveurs si précises et complexes, accompagne le si délicat mignon de veau de lait. Un accord naturel qui fonctionne à merveille, une banalité en quelque sorte, mais si peu usité.

Un vin complexe mais fédérateur car la partition est complète : volume, finesse, pureté et grande persistance. Une bouche dense, voire voluptueuse avec ce «touché» Duval-Leroy qui lui confère encore plus de distinction et de précision. Un vin de grande garde sans aucun doute.

Didier BUREAU, Directeur Commercial Prestige
Champagne DUVAL-LEROY

Ma boule de chocolat, sabayon au Marc de Champagne et glace aux biscuit roses de Reims

Ma boule est spécialement dédiée à tous les gourmands. Vive la gourmandise !

Pour 4 personnes

La boule de chocolat
300 g de chocolat blanc

La glace aux biscuits roses de Reims
2,5 dl de lait entier
3 jaunes d'œufs
50 g de sucre
10 g de sucre inverti (Trimoline)
100 g de poudre de biscuits roses

Le sabayon au Marc de Champagne
5 jaunes d'œufs
100 g de sucre
3 cl de Marc de Champagne
6 cl d'eau

La compotée de fruits rouges
2,5 dl de vin rouge
150 g de sucre
3 tranches d'oranges
5 g de poivre de Séchouan
1 bâton de cannelle
80 g de framboises
80 g de fraises en quartiers
40 g de myrtilles
40 g de mûres

La boule de chocolat : Faites fondre au bain marie le chocolat blanc, l'utiliser froid mais fondu, pour mouler dans des demi-sphères. Réservez au réfrigérateur 15 minutes puis démoulez les coquilles.

La glace aux biscuits roses de Reims : Réalisez une crème anglaise : fouettez les jaunes avec le sucre puis ajoutez le lait bouillant dans lequel vous aurez ajouté la trimoline. Chinoisez l'anglaise encore chaude et ajoutez la poudre de biscuits. Réservez au réfrigérateur 24 heures. Turbinez et réserver au congélateur.

Le sabayon au Marc de Champagne : Mélangez les jaunes, le sucre, l'alcool et l'eau. Chauffez le tout dans une bassine au bain marie en fouettant. Retirez de l'eau et fouettez jusqu'à refroidissement, vous obtiendrez un mélange mousseux et épais. Réservez au frais.

La compotée de fruits rouges : Mélangez tous les ingrédients dans une casserole. Chauffez jusqu'à ébullition. Chinoisez les fruits rouges puis réservez au frais.

Dressage : Garnissez une demi sphère en chocolat aux 2/3 de fruits rouges, prenez l'autre moitié que vous aurez percée en son sommet à l'aide d'un emporte-pièce de 2 cm, assemblez les deux parties pour fermer la sphère. Dans l'assiette, collez la boule à l'aide d'un peu de chocolat fondu, disposez une quenelle de glace aux biscuits roses, puis versez le sabayon par l'orifice pratiqué. Décorez avec une tête de menthe, fils en chocolat, biscuits roses…

Pour accompagner ce mets...

La Maison Christian Busin vous conseille
le Champagne Christian BUSIN Cuvée d'Uzès Grand Cru

L'association avec cette boule pleine de surprise est assez originale et osée ! Mais, rien n'est plus champenois que de servir un champagne brut, puissant et riche en goût vers la fin d'un repas.

La cuvée d'Uzès, avec son bouquet brioché, très charmeur et sa mousse délicate et fine, amplifie et rehausse toutes les saveurs de ce sabayon onctueux. Il flirte légèrement avec les fruits rouges avant d'épouser le chocolat blanc pour une fin tout en douceur.

La Cuvée d'Uzès est élaborée avec 70% de Pinot Noir et 30% de Chardonnay provenant d'une sélection de vieilles vignes plantées sur les terroirs de Verzenay et Verzy Grand Cru.

Luc BUSIN
Champagne Christian BUSIN

«Le meilleur moyen d'avancer
est de partager et d'apprendre de l'expérience des autres.»

Vincent Dallet

Chocolat Vincent Dallet

Reconnu par ses pairs pour être un des meilleurs chocolatiers de France, Vincent a, à ce titre, obtenu l'une des plus hautes distinctions du prestigieux guide des "croqueurs de chocolat" et à été élu Pâtissier de l'année 2006 par le guide Pudlowski. Vincent est un fanatique du chocolat, toujours prêt à découvrir, améliorer ou inventer de nouveaux moyens et procédés qui lui permettront d'exprimer pleinement sa passion. Sa marque de fabrique est un subtil mélange de tradition et d'innovation. Ses préparations chocolatées sont concoctées à base d'herbes aromatiques et d'épices magiques, trouvées lors de ses voyages aux quatre coins du monde afin d'accentuer le pouvoir de séduction de ses chocolats !

Vincent commence son aventure après l'obtention de son diplôme de pâtissier, et se décide alors à effectuer son "Tour de France". Avec le cacao comme seule drogue, il «tournera» pendant 12 ans, travaillant avec les grands maîtres au passage.

Son expérience de nomade terminée, Vincent s'investit aujourd'hui comme membre actif de l'Association internationale Relais Dessert. Cette organisation permet aux meilleurs pâtissiers-chocolatiers européens de se rencontrer régulièrement et ainsi de pouvoir échanger des idées. «Les anciens temps où l'on gardait les recettes secrètes sont terminés. Le meilleur moyen d'avancer est de partager et d'apprendre de l'expérience des autres. Cela est le principal objectif de l'association des *Etoilés de la Champagne*; de tirer tout le monde encore plus vers le haut.»

Depuis dix ans, Vincent travaille ardemment avec les meilleurs producteurs de Champagne afin de créer des accords entre les champagnes et ses desserts au chocolat. Cette tâche difficile nécessite des heures d'étude et de travail, notamment de la part des plus fins palais de la région afin d'atteindre la perfection.

Et le voilà reparti aujourd'hui dans de nouvelles aventures : en créant *l'Ecole du Chocolat*, il offrira tout son savoir et ses connaissances au grand public. De plus, Vincent, jamais à cours d'idée vient de créer, une toute nouvelle boutique à Reims, pour offrir aux Rémois, toutes ses créations chocolatées.

Chocolat Vincent Dallet

26 rue Général Leclerc F-51200 Epernay

Tel : +33 (03) 26 55 31 08

Fax : +33 (0)3 26 51 85 83

L'Ecole du Chocolat

6, rue du Capitaine Deullin F-51200 Epernay

Chocolaterie des Sacres

47, cours Langlet F-51100 Reims

Tel : +33 (03) 26 35 40 53

Fax : +33 (0)3 26 04 39 25

Email : chocolateriedessacres@orange.fr

www.chocolat-vincentdallet.net

Le plaisir des Etoilés

Le choix du chocolat est très important quand vous allez le préparer avec différents ingrédients. Pour ce dessert, j'ai choisi ce grand cru de cacao en provenance de Madagascar, un chocolat à l'attaque vive et fruitée, à l'amertume bien maîtrisée, aux notes de petits fruits rouges.

Pour 10 personnes

Le biscuit chocolat sans farine

80 g de poudre d'amandes
80 g de sucre glace
1 œuf entier
130 g de jaunes d'œufs
25 g de cacao en poudre
240 cl de blancs d'œufs
175 g de sucre semoule
120 g de chocolat noir Manjari
30 g de noisettes concassées

La marmelade de fruits rouges

100 g de framboises
100 g de mûres sauvages
100 g de fraises des bois
100 g myrtilles
85 g de sucre semoule
25 g d'eau
65 g de jus de fraises
15 g de sucre semoule
15 g de pectine de pommes
50 g de champagne rosé

Le biscuit chocolat sans farine : Travaillez énergiquement au fouet la poudre d'amandes, le sucre glace, le cacao en poudre et l'œuf entier. Faites fondre le chocolat au bain-marie. Montez les blancs d'œufs en neige, ajoutez le sucre semoule. Incorporez les blancs en neige dans le mélange «amandes, sucre, et cacao» et en dernier le chocolat noir fondu, mélangez le tout délicatement à la maryse. Etalez sur des feuilles de papier sulfurisé et saupoudrez de noisettes concassées. Faites cuire à 180°C durant une dizaine de minutes. Réservez sur grille.

La marmelade de fruits rouges : Réunissez tous les fruits rouges. Mettez l'eau et les 85 g de sucre dans une casserole et faites cuire le tout au caramel blond. Décuisez votre caramel avec le jus de fraises. Incorporez vos fruits.
Mélangez les 15 g de sucre avec votre pectine, incorporez le tout en pluie dans votre marmelade de fruits et laissez cuire 3minutes, ajoutez en dernier le champagne. Moulez le tout dans un moule à génoise de 20 cm de diamètre. Réservez dans un congélateur pour faire durcir votre marmelade.

La mousse chocolat pur Manjari : Faites fondre le chocolat au bain-marie avec le poivre préalablement moulu.
Mettez dans une casserole les jaunes d'œufs, le sucre, l'eau et le Ratafia, cuisez le tout à 82°C, puis montez cet appareil avec un fouet électrique jusqu'à complet refroidissement pour obtenir une "bombe". Montez la crème fleurette en chantilly (elle doit rester coulante). Incorporez la crème chantilly dans le chocolat fondu, puis la "bombe", mélangez délicatement à la maryse.

La mousse chocolat pur Manjari

250 g de chocolat noir Manjari
250 cl de crème fleurette
4 g de poivre de Séchuan
55 g de jaunes d'œufs
45 g de sucre semoule
40 g d'eau
10 g de Ratafia de Champagne

Le glaçage chocolat noir

150 cl de crème fleurette
250 g de chocolat noir Manjari
25 g de glucose

Le glaçage chocolat noir : Faites bouillir la crème avec le glucose. Versez sur le chocolat préalablement haché. Mélangez le tout pour obtenir une ganache. Réservez.

Montage : Prenez un cercle à entremets de 22 cm de diamètre et de 6 cm de hauteur. Découpez un rond de biscuit de 20 cm de diamètre et posez-le au fond du cercle. Chemisez votre cercle de mousse chocolat Manjari. Insérez au centre votre disque de marmelade de fruits exotiques. Recouvrez de mousse chocolat, puis posez un deuxième disque de biscuit. Lissez votre cercle avec la mousse chocolat restante. Réservez 1 heure dans un congélateur pour faire durcir votre entremets. Décerclez votre entremets et posez-le sur un fond en carton. Faites chauffer votre glaçage à 30°C. Posez votre entremets sur une grille et le tout sur un plat. Faites couler votre glaçage sur l'entremets et lissez le tout à l'aide d'une palette pour retirez l'excédent.
Ajoutez un trait de fromage blanc et quelques fruits rouges. Réservez au réfrigérateur. Sortez du réfrigérateur 1 heure avant de déguster.

Pour accompagner ce mets...

La Maison Christian Busin vous conseille le Champagne Christian BUSIN Brut Rosé Grand Cru

L'assemblage de notre Pinot Noir Grand Cru et d'un coteau champenois Verzenay Rouge, donne à ce Brut Rosé Grand Cru une robe d'un rose soutenu, ainsi que des notes de fruits rouges.

Ce vin, à la fois rond, ample et vif, se caractérise par une finale chaleureuse. Idéal avec ce gâteau à base de fruits rouges et de chocolat. La bulle fine et la puissance du Rosé viennent à la rencontre du fruit. Sur la fin, le chocolat reprend toute sa place, toute sa longueur. Un accord osé et fort réussi qui laisse l'impression d'une bouche fraîche malgré les puissances cacaotées.

Luc BUSIN
Champagne Christian BUSIN

Mets et fumets, par Eric Poindron

Après avoir parcouru les vignes de Champagne, visité ses caves à la découverte des précieux flacons, il est un autre endroit sacré qu'il nous fallait découvrir : le «garde-manger». La Champagne peut s'enorgueillir de posséder des produits d'exception. Si les chefs ne les ont pas tous «travaillés» dans le présent ouvrage, ils les connaissent, les magnifient, les revisitent et les présentent souvent à la carte, avec le supplément de talent qu'on leur connaît. Oui, la gastronomie champenoise existe et cet ouvrage en est la preuve. Oui, les produits salés et sucrés de Champagne font le bonheur des gastronomes exigeants. Oui, nous allons vous donner la liste et les bonnes adresses à la manière d'un énoncé digne des *Trois messes basses* d'Alphonse Daudet. Dressons la table ensemble si vous le voulez…

Pour bien commencer, il faut des charcuteries.

Le jambon de Reims, un cousin du jambon persillé de Bourgogne, le jambon d'Ardenne, sec et si délicatement fumé… Pour que la table possède belle allure, on y déposera les célèbres andouillettes de Troyes de la Maison Lemelle et, parce que c'est banquet, le boudin de Rethel de la Maison Demoizet, produit festif et canaille s'il en est. On n'oubliera pas les pieds de cochons de Sainte-Ménehould qui, dit-on, firent les derniers délices de l'infortuné Louis XVI.

Les moutardes et vinaigres de Reims de la maison Charbonneaux-Brabant seront à côté des andouillettes, des boudins blancs, et des pieds de cochon comme à la droite du père. Moutarde et vinaigre de Reims au vin de dégorgement de champagne, moutarde au moût de raisin ou à l'ancienne, vinaigre aux truffes et j'en oublie, un beau programme…

Sur la grande table, on déposera aussi les poissons de rivière, les truites, les brochets, les anguilles et les écrevisses pour confectionner les matelotes, les plats en sauce et au champagne.

À leur côté prendront place les volailles de Champagne, la dinde rouge des Ardennes, les gibiers et les sangliers. Au vin ou en daube ou en croûte, attablez-vous…

Pour donner des couleurs et de belles humeurs à la table, l'on servira aussi les lentillons rosés de Champagne, une petite lentille délicate, les asperges de Champagne tendres et parfumées à souhait et les boulettes de Bussy, navet délicat et acidulé. On aura aussi une attention et une tendresse particulières pour les truffes de Haute-Marne et de Champagne en général…

Et si notre repas est loin d'être terminé, prenons le temps d'une pause pour mieux apprécier la suite page 255.

Le Tropical

J'ai choisi ce cru de Chocolat Caraïbe de la maison Valrhona pour ses aromes épicés de réglisse, de poivre de Séchuan, de cannelle et de vanille. Ses arômes procurent une grande pureté.

Pour 10 personnes

La gelée exotique

200 g de pulpe mandarine
100 g de jus de pamplemousse
100 g de jus de litchi
100 g de poires taillées en petite brunoise
12 g de gélatine végétale
100 g de sucre semoule
100 g de Ratafia de Champagne.

Les biscuits dacquois aux éclats de fruits secs

100 g de poudre d'amandes
80 g de sucre glace
20 g de farine
110 cl de blancs d'œufs
50 g de sucre semoule

La mousse chocolat caraïbe

110 g de chocolat caraïbe
210 g de crème fraîche
40 g de sucre semoule
15 g d'eau
2 jaunes d'œufs

La gelée exotique : Faites bouillir 100 g de jus de mandarine, le sucre et le Ratafia. Ajoutez les cubes de poires, et laissez cuire 10 minutes. Faites bouillir le jus de pamplemousse. Faites-y dissoudre la gélatine préalablement ramollie dans de l'eau froide. Ajoutez les jus de fruits restants ainsi que les poires et le jus de cuisson. Moulez dans un moule à génoise de 20 cm de diamètre. Réservez au congélateur.

Les biscuits dacquois aux éclats de fruits secs : Tamisez le sucre glace, la poudre d'amandes et la farine. Montez les blancs en neige et ajoutez le sucre semoule. Incorporez le mélange sucre, amandes et farine dans les blancs en neige. Dressez à l'aide d'une poche à douille de 10 mm, un cercle de 20 cm de diamètre. Saupoudrez d'éclats de noisettes, d'amandes et de pistaches. Faites cuire 6 minutes à 190°C. Puis 14 minutes à 140°C. Réservez.

La mousse chocolat caraïbe : Faites fondre le chocolat au bain-marie. Mettez l'eau et le sucre semoule à bouillir. Versez sur les jaunes et montez le tout au fouet électrique jusqu'à complet refroidissement. Montez la crème en chantilly (pas trop ferme, elle doit rester coulante). Versez le chocolat fondu chaud sur la crème chantilly. Mélangez énergiquement puis incorporez les jaunes montés. Mélangez le tout délicatement à la maryse.

La mousse amandes au thé oriental : Faites bouillir le Ratafia et les 25 g de sucre. Versez sur la poudre d'amandes et laissez refroidir. Mettez la gélatine à ramollir dans de l'eau froide. Montez la crème en chantilly.

La mousse amandes au thé oriental

50 g de ratafia de Champagne
25 g de sucre semoule
30 g de poudre d'amandes
100 g de lait entier
5 g de thé oriental
3 jaunes d'œuf
50 g de sucre semoule
10 g de gélatine végétale
160 cl de crème fraîche

La ganache chocolat noir

150 g de crème fraîche
150 g de chocolat noir pur Caraïbe
20 g de beurre frais

Faites bouillir le lait et le thé, laissez infuser 3 minutes. Filtrez le tout. Blanchissez les jaunes et le sucre restant. Ajoutez ce mélange au lait et faites chauffer le tout pour atteindre la température de 82°C (ne surtout pas faire bouillir). Incorporez la gélatine ramollie. Versez le tout sur le mélange «amande-Ratafia». Une fois l'appareil refroidi, ajoutez le tout à la crème chantilly. Versez dans le moule à génoise qui vous a servi à mouler la gelée de fruit exotique. Réservez au congélateur.

Montage : Déposez le disque de biscuit dans un cercle à entremets de 22 cm de diamètre et 6 cm de hauteur. Chemisez de mousse chocolat caraïbe.
Démoulez votre insert de gelée et de mousse amandes. Déposez-le au centre de votre cercle. Recouvrez de mousse Caraïbe, et lissez votre entremets à l'aide d'une palette.
Réservez au congélateur 1 heure pour le raffermir.

La ganache chocolat noir : Hachez le chocolat et portez la crème à ébullition. Versez-la sur le chocolat haché puis mélangez délicatement à l'aide d'un fouet pour obtenir une ganache onctueuse et brillante. Ajoutez le beurre en petits morceaux, mélangez. Réservez.

Finition : Décerclez votre entremets à l'aide d'un chalumeau. Faites chauffer dans une casserole votre ganache chocolat à 30° C. Posez votre entremets sur une grille. Nappez-le de ganache, et retirez l'excédent à l'aide d'une palette. Réservez au réfrigérateur. Sortez votre gâteau du réfrigérateur 20 minutes à l'avance. Agrémentez votre dessert de copeaux de chocolat et de tuiles chocolat aux fruits secs.

Pour accompagner ce mets...

La Maison Moët & Chandon vous conseille le Champagne MOËT & CHANDON Millésime 1999

Cette Cuvée Millésime 1999 est riche et moelleuse, onctueuse et profonde. Il dégage des arômes de fruits exotiques, de fruits blancs confits, combinés à des nuances d'épices douces. Il est en parfait accord avec ce gâteau aux fruits exotiques, à la fois onctueux et frais.

L'attaque puissante nous ouvre le palet et révèle toute la richesse de son goût fruité. Son coeur de bouche moelleux et suave accompagne parfaitement toute la richesse des saveurs de ce gâteau, jusqu'à la dernière cuillérée.

Benoît GOUEZ, Chef de caves
Champagne MOËT & CHANDON

Mets et fumets (suite), par Eric Poindron

Puisque la table est dressée et que les convives semblent encore en appétit, c'est du côté de « l'autre cave » et des vergers que nous sommes allés dénicher les fromages et les fruits d'ici. Les esprits curieux le savent : la Champagne est une terre à fromages, modeste certes, mais quelle réputation…

Le langres cher au « pays » de Diderot, le chaource de l'Aube, le cendré de la Marne ou des Riceys, le rocroi des Ardennes. Et comment oublier le brillat-savarin crée par Androuet, que l'on redécouvre en Haute-Marne, le maroilles des vendanges, entre Champagne et Thiérache voisine… Et les autres voisins, presque champenois, coulommiers ou brie de Meaux, il faut aussi les convier. Et puis il faut aussi saluer les producteurs de fromages de chèvre qui, sur les marchés et dans les fermes, commencent à éblouir nos palais. De quoi déjà dresser un noble plateau.

Vous prendrez bien quelques fruits, en salade ou à la «croque au sucre», pour vous « refaire » le palais…

La Noberte des Ardennes est une prune sauvage merveilleuse, le croquet, des mêmes Ardennes, une pomme de connaisseurs, les autres pommes du jardin extraordinaire de Didier Vecten un voyage, les cerises de Dormant sont des bijoux à croquer, à l'image de tous les fruits de la vallée de la Marne. Les pêches de vigne sont incomparables et la poire Rousselet de Reims un trésor à l'instar de la cathédrale.

Arrêtons-nous sur cette poire qu'il faut féliciter, découvrir et réhabiliter. «La Rousselet de Reims», une petite poire fragile et sucrée que l'on transformant en confiserie et que l'on offrait aux rois et aux invités de marque. À la fois emblème et cadeau précieux, gageons que nos chefs la remettront à la carte et en bonne place…

La Champagne est aussi une terre de mignardises et de gâteaux délicats : le pain d'épice était autrefois l'un des prestiges de la ville de Reims. Il faut aussi citer les nonettes, les visitandines, les massepains à l'amande et les créations de la Maison Fossier, à Reims : sablé champenois, croquignoles et biscuit de Reims. Proclamons-le sans gêne le biscuit rose avec la cathédrale et le champagne font office de Sainte Trinité. On le croque ou le trempe. On l'offre aux enfants pour qu'ils « se fassent les dents » et aux meilleurs amis pour qu'ils demeurent des enfants, on le cuisine ou on l'emporte au bord de l'eau. Le Biscuit rose, c'est une société secrète et gourmande qui réunit des amateurs impossibles à dénombrer. « Bis-cuit » parce que cuit deux fois et rose parce que, en plus de son colorant naturel, c'est peut-être ainsi qu'il faut imaginer la table et la vie…

Il serait déraisonnable –quoique ! – de rallonger la vie et la table aussi nous arrêterons-nous sur cette « messe champenoise chuchotée ». Il y en aura d'autres, grâce à vous et une fois encore je vous le répète, la table est presque parfaite mais la liste incomplète…

L 'Impérial

Ce gâteau, onctueux et croquant est le troisième de la série des Millésimes et le fruit d'une longue collaboration avec le Chef de cave et les œnologues de Moët & Chandon.

Pour 8 personnes

Gelée de mangue

1 l de pulpe mangue
200 g de mangues taillées en petit brunoise
12 g de gélatine végétal
100 g de miel
100 g de champagne 1/2 sec

Biscuits dacquois aux éclats de fruits secs

75 g de poudre d'amande
25 g de poudre de noisettes blanche
80 g de sucre glace
20 g de farine
110 cl de blancs d'œufs
50 g de sucre semoule

Crème brûlée au thé tropical

1/2 l de crème fraîche
100 g de sucre semoule
4 jaunes d'œufs
10 g de thé tropical de la maison Dammann

Mousse chocolat caraïbe

110 g de chocolat caraïbe
66% de cacao
210 g de crème fraîche
40 g de sucre semoule
15 g de champagne 1/2 sec
2 jaunes d'œufs

Gelée de mangue : Faites bouillir 100 g du jus de mangue, le miel. Ajoutez les cubes de mangues et cuire 10 minutes. Faites ensuite dissoudre la gélatine préalablement ramollie dans de l'eau froide. Ajoutez le jus de mangue restant et le champagne, mélangez le tout. Moulez dans un moule à génoise de 20 cm de diamètre et réservez au congélateur.

Biscuits dacquois aux éclats de fruits secs : Tamisez le sucre glace, la poudre d'amande, la poudre de noisette et la farine. Montez les blancs en neige et ajoutez le sucre semoule. Incorporez le mélange sucre, amandes et farine dans les blancs en neige. Dressez à l'aide d'une poche à douille de 10 mm un cercle de 18 cm de diamètre. Saupoudrez d'éclats de noisettes, d'amandes et de pistaches. Faites cuire 6 minutes à 190°C. Puis 10 minutes à 140°C. Réservez.

Crème brûlée au thé tropical : Faites bouillir la crème et infusez le thé (4 minutes). Filtrez le tout et laissez refroidir. Blanchissez les jaunes et le sucre. Versez dans le moule à génoise qui vous a servi à mouler la gelée de mangue. Cuisez 40 minutes à 110°C au bain-marie. Une fois sortie du four, mixez la crème et versez-la sur votre insert de gelée de mangue. Réservez le tout au congélateur.

Mousse chocolat caraïbe : Mettez le chocolat à fondre au bain-marie. Mettez le champagne, le sucre semoule à bouillir.
Versez sur les jaunes et montez le tout au fouet électrique jusqu'à complet refroidissement.
Montez la crème en chantilly (pas trop ferme, elle doit rester coulante). Versez le chocolat fondu chaud sur la crème chantilly. Mélangez énergiquement. Puis incorporez les jaunes montés. Mélangez le tout délicatement à la maryse.

Coulis de mangue

150 g de jus de mangue.
100 g de champagne 1/2 sec
25 g de sucre
4 g de pectine NH
1 goutte de jus de citron

Montage de l'entremets : Déposez le disque de biscuit dans un cercle à entremets de 22 cm de diamètre et 6 cm de hauteur. Pour ma part je me suis crée un moule spécial, incrusté d'une étoile, pour rendre hommage à notre Association «Les Etoilés de Champagne». Chemisez le moule de mousse chocolat caraïbe. Démoulez votre insert de gelée et de crème brûlée, puis saupoudrez la crème de sucre cassonade et brûlée le tout à l'aide d'un chalumeau, afin d'obtenir une jolie caramélisation. Déposez l'insert au centre de votre moule. Recouvrez de mousse Caraïbe.
Parsemez la mousse de perle croquante en chocolat. Déposez un cercle de 18 cm de diamètre de biscuit. Lissez votre entremets de mousse chocolat à l'aide d'une palette. Réservez au congélateur 1 heure pour le raffermir.

Coulis de mangue : Portez le jus de mangue à ébullition. Mélangez le sucre et la pectine. Cuisez les tout 30 secondes, ajoutez le champagne et en dernier, la goutte de jus de citron. Mélangez le tout. Réservez.

Finition : Plongez votre moule dans de l'eau chaude, démoulez-le et posez-le sur un carton de 20 cm. Remplissez l'étoile de coulis de mangue. Réservez au réfrigérateur. Sortez votre *Impérial* du réfrigérateur 20 minutes à l'avance avant de le déguster.

Pour accompagner ce mets...

La Maison Moët & Chandon vous conseille
le Champagne MOËT & CHANDON Nectar Impérial

Ce champagne ample et frais, aux alléchantes fragrances de fruits exotiques et aux épices de vanille et de miel, s'accorde parfaitement avec l'opulence des saveurs tropicales de ce dessert.

Le "Nectar Impérial" révèle une richesse de saveurs et de complexité aromatique qui se marie à merveille avec la texture à la fois moelleuse et croquante du ce délice gourmand.

Benoît GOUEZ, Chef de caves
Champagne MOËT & CHANDON

Du divertissement, par Eric Poindron

« Je me mis à table. Je commandai de la soupe, des huîtres et une bouteille de champagne (...) Allons tous souper au champagne. » Ce n'est pas moi qui vous invite mais Robert Louis Stevenson, écrivain et voyageur anglais, amateur des chemins et des vins français.

Nous avions commencé nos conversations par du homard et nous nous quittons avec des huîtres, un mets de choix qui sied si bien au plus beau des vins.

Vous l'aurez compris, ces conversations ressemblent à des entremets au sens où on l'entendait autrefois. Aux fêtes de la cour, les entremets étaient des décorations qui prenaient place dans la salle du festin et représentaient des villes, des châteaux et des jardins, avec des fontaines d'où coulaient toutes sortes de liqueurs. Les entremets étaient aussi des spectacles, des amusements entre les plats afin de divertir les convives. Jongleurs, cracheurs de feu, acrobates, trouvères ou poètes se relayaient pour amuser les convives. Aujourd'hui, l'on écrirait divertissement.

À l'instant ou je vous écris ces derniers mots, Jean-Paul Machetel, auteur d'un bien joli opuscule sur Talleyrand – encore lui ! - m'offre *L'Art du luxe* (aux éditions Transbordeurs) de Robert Colonna d'Istria que je vous recommande. L'ouvrage est noir comme truffe et, en lettres d'or comme nos bulles, il est précisé : « court traité du luxe suivi d'un catalogue raisonné des lieux, des objets, des attitudes et des pensées qui y contribuent ». Je l'ouvre presque par hasard –mais, au juste, qu'est ce que le hasard ? – au chapitre *Savoir manger est un art*. Je lis comme on déguste, et ne résiste pas à partager avec vous la dégustation...

«Il faut aimer et pratiquer la gastronomie pour elle-même, au souverain mépris de la mauvaise conscience qu'ignorants et puritains aimeraient vous donner ; Il faut la pratiquer comme une activité autonome, sans autre fin qu'elle-même, loin de tout souci de se faire remarquer dans tel endroit à la mode, loin de toute préoccupation mondaine, dans la recherche pure de la satisfaction du corps et de l'élévation de l'esprit qui caractérisent le luxe. »

La citation ressemble à une profession de foi – gras ! Je crois pour ma part qu'il faut aimer la gastronomie comme on aime son prochain, et soi-même.

Avant de se quitter, souvenons-nous que le vin de Champagne est notre ami en toute circonstance ; qu'il aide à vivre et peut-être même à mourir, puisque à l'instant du trépas, l'écrivain russe Anton Tchekhov, inversant les rôles avec malice, en offrit à son médecin comme le « dernier verre du condamné » ! Quelle « leçon de vie », ai-je envie d'ajouter....

Oui, le champagne est de la fête, de tous les instants, même les plus graves. Rappelons-nous de ce mot attribué à Sir Winston Churchill que Ragnar Fridriksson, notre ambassadeur, me souffle à l'instant ou je pose la plume : « "Souvenez-vous gentlemen, ce n'est pas seulement pour la France que nous nous battons, c'est aussi pour le champagne ».

Alors à notre tour d'être vaillant et gentleman.

Je vous souhaite le bel esprit et le bon appétit.

Avant de reposer les verres, levons-les une dernière fois à la santé des Etoilés...

Truffes rhum Zacapa aux parfums de cigares sur tuiles au grué de cacao

Afin d'honorer l'Amérique latine pour tout ce qu'elle m'a apporté, je vous présente les merveilles que le nouveau monde nous a léguées, réunies dans une petite truffe !

Pour 125 Truffes

Les truffes

250 g de crème fraîche à 35 % de matière grasse
600 g de chocolat noir 70 % de cacao (Honduras)
25 g de chocolat au lait 38 % de cacao
65 g de beurre
60 g de sucre semoule
75 g de Ron Zacapa (Rhum)
1 cigare « Fino » Flor de Selva (Honduras)

Les tuiles au grué de cacao

200 g de beurre
250 g de sucre
5 g de pectine de pomme
100 g de lait
100 g de glucose
300 g de grué de cacao

Les truffes : Mettez la crème fraîche à bouillir dans une casserole avec le sucre. Hachez le cigare et mettez-le à infuser 2 minutes. Puis chinoisez le tout pour éliminer le cigare et reportez la crème à ébullition. Puis versez-la sur les 2 chocolats, préalablement hachés. Mélangez délicatement avec un fouet pour obtenir un mélange onctueux. Ajoutez les 65 g de beurre en petits morceaux puis les 75 g de Rhum.

Mélangez le tout et laissez reposer 30 minutes. Prenez une poche à douille et dressez sur des feuilles de papier sulfurisé des petites truffes de 10 g. Vous devez obtenir 125 truffes. Réservez 2 heures au frais.

Finition des truffes : Faites fondre au bain-marie 800 g de chocolat noir à 70 % de cacao. Le chocolat ne doit pas dépasser 32 °C. Déposez du cacao en poudre dans un plat rectangulaire. A l'aide d'une fourchette, trempez vos truffes une à une dans le chocolat fondu puis déposez-les dans le cacao en poudre. Roulez-les délicatement. Laissez durcir 15 minutes. Retirez vos truffes du cacao en poudre et enlevez l'excédent de cacao en poudre. Dégustez.

Les tuiles au grué de cacao : Mettez le beurre, le sucre préalablement mélangé à la pectine, le lait et le glucose dans une casserole. Cuisez le tout à petit feu à 110°C, vérifiez la cuisson à l'aide d'un thermomètre à sucre. Ajoutez le grué et mélangez le tout à la spatule en bois. Réservez votre appareil dans un récipient et faites-le reposer 2 h. Préchauffez votre four à 160°C. Beurrez votre plaque de four.

Dressez vos tuiles (3 à 4 cm de diamètre) à l'aide d'une cuillère à soupe. Cuisez une dizaine de minutes. Une fois cuites, laissez-les refroidir quelques secondes avant de les décoller (avec un couteau triangle). Mettez-les à refroidir sur un plateau. Réservez vos tuiles dans une boite hermétique avant utilisation. Posez les truffes dessus et dégustez.

Attention : Surtout ne laissez pas le cigare infuser plus de deux minutes si vous ne voulez pas que les tanins dominent le goût de votre ganache, avec ce goût de purin qui est désagréable.

Mon conseil : Prenez un chocolat noir Pur Honduras, pour ses arômes exceptionnels de bois et de tabac blond.

Ron Zacapa : Comme vous l'avez deviné, le Rhum Ron Zacapa ne vient pas du terroir champenois. Ce rhum est pourtant un produit d'exception, tout comme les champagnes. C'est un reflet du savoir-faire et de la recherche de l'excellence. C'est la raison pour laquelle la Maison Giraud-Hémart à Aÿ en Champagne accueille en tant que distributeur en France, le Ron Zacapa dans sa gamme à côté de ses Champagnes Grand Cru. Originaire du Guatemala, Ron Zacapa Centenario est reconnu pour être l'un des meilleurs rhums du monde. Il a gagné de nombreuses médailles de mérite ces dernières années. Son secret de fabrication provient de l'utilisation des meilleures matières premières et d'une maturation lente en barriques à 2300 mètres d'altitude en système 'double solera' qui lui permettent de développer son caractère complexe et doux.

Pour accompagner ce mets...

La Maison Giraud-Hémart vous conseille
le Rhum RON ZACAPA Centenario 23 años

C'est un rhum du Guatemala, produit à base de miel vierge de canne à sucre, vieilli en fût de chêne durant 23 ans. Des arômes envoûtants et suave réveillent vos papilles, les notes chocolatées et les arômes de bois fondu soutiennent l'élégance, la pureté de cette Truffe aux parfums de cigares.

La gourmandise est un vilain défaut, mais visiblement, la tentation est trop forte.

La Maison GIRAUD-HEMART

Etoiles et Champagne, par Eric Poindron

« Il faut s'entraider, c'est la loi de la nature » affirme le « bonhomme » Jean de la Fontaine qui ne s'invite pas sans raison dans cette noble assemblée. Celui qui aimait à répéter « je suis champenois » prisait, à raison, les repas fins et les vins choisis ; Son palais et sa langue font de lui le plus bel ambassadeur du Grand Siècle. Contemporain de Dom Pérignon, admirateur du grand Vatel, amateur d'huîtres et d'ortolans, des vins de Champagne qu'il dénommait « les bons vins », collectionneur des menus grandioses, royaux ou de campagne, auxquels on l'invitait, Jean de la Fontaine possédait « l'excellence champenoise ».

Parce qu'il croit à son tour, et à raison, qu'il faut s'entraider et conjuguer les talents, Vincent Dallet, le plus champenois des normands, ou l'inverse, imagine de réunir en une communauté d'esprit les plus grands chefs de la région. En 2003, il crée *l'Association des Etoilés de la Champagne,* qui regroupe les meilleurs Chefs cuisiniers et artisans de la région.

C'est peut-être un peu de « l'Esprit Français » que Vincent Dallet et les chefs amis remettent à l'honneur et à juste place. L'excellence, et champenoise de surcroît, est avec *les Etoilés de la Champagne* une nouvelle Voie lactée. Il s'agit d'imaginer une communauté d'esprit et de bon goût. Et la sauce va prendre…

En 2003, Vincent Dallet crée une bûche millésime qu'il souhaite associer à une noble cuvée. La maison Moët & Chandon croit en l'aventure et les chefs aussi.

En 2004, la Bûche millésime est associée à un champagne blanc millésimé Moët & Chandon. C'est aussi la création des *Habits de saveur* à Epernay. La gastronomie vient à la rencontre du grand public. Un chef, un produit, un champagne. Et un succès.

En 2005, la Bûche millésime III est associée au champagne rosé Nectar Impérial - toujours en complète collaboration avec la Maison Moët & Chandon. La reconduction des *Habits de saveur* est un immenses succès. Imaginez la cuisine des chefs étoilés sous les halles d'un marché, entre excellence et partage...

Les Etoilés de la Champagne multiplient les coups d'éclat, à l'image de ce repas automnal et déjà légendaire, au Château de Saran (Moët & Chandon) en présence des plus grands chefs, des Dom Pérignon millésimés, et sous la bienveillance amicale de Enrico Bernado, champion du monde de sommellerie ; moment unique de gastronomie, d'élégance et de partage.

Livres, rencontres, expositions, ateliers, cours de cuisine sont déjà en préparation et d'autres surprises restent à venir. Voilà l'ambition, plaisir et partage…

Les Etoiles de la Champagne ou *l'Esprit Français à la manière Grand Siècle…*

Aiguillettes d'oranges confites

Vous pouvez également confire des aiguillettes de citrons, de pamplemousses ou de gingembre avec le même procédé et la même recette.

Pour une soixantaine d'aiguillettes

5 oranges
200 g d'eau
50 g de Cognac Frapin
200 g de sucre
50 g de glucose

Trempage dans le chocolat noir

500 g de chocolat noir 70 % de cacao.

Procédé de fabrication : Pelez les oranges à l'aide d'un couteau tranchant, en gardant la chair blanche. Taillez les en aiguillettes. Blanchissez-les deux fois à l'eau. Mettez l'eau, le sucre ainsi que le glucose à bouillir puis plongez-y les aiguillettes blanchies. Cuisez à tout petit bouillon durant 5 minutes. Laissez refroidir et réservez 3 heures. Cuisez une nouvelle fois 5 minutes. Réservez une nuit. Le lendemain, portez une dernière fois à ébullition, mais cette fois en ajoutant le cognac Frapin. Laissez refroidir.

Trempage dans le chocolat noir, le tempérage : Egouttez vos aiguillettes 2 heures à l'avance. Etalez une feuille de papier aluminium et posez-la à droite de votre chocolat noir tempéré. Trempez vos aiguillettes dans le chocolat à l'aide d'une fourchette et, d'un mouvement de va-et-vient, faites tomber l'excédant de chocolat. Déposez-les sur le papier aluminium et réservez 15 minutes au réfrigérateur. Conservez-les dans une boîte hermétique, dans une pièce fraîche avant de les déguster.
Le tempérage est capital, il est déterminant dans la réussite de la fabrication des bonbons de chocolat. Il consiste à obtenir un chocolat brillant par une cristallisation parfaite du beurre de cacao contenu dans la masse de la couverture.

Mettez votre chocolat noir dans un récipient (type cul de poule en inox), posez-le sur un bain-marie et faites fondre (l'eau ne doit jamais bouillir). Remuez délicatement, jusqu'à la fonte complète. Retirez votre récipient du bain-marie et épongez bien l'eau qui se trouve sur le tour de celui-ci. Une fois le chocolat fondu, versez 80% de la couverture sur un marbre, à défaut une table froide ; travaillez la masse jusqu'à une température de 20° C à 22°C. Ramenez à l'aide d'un triangle les bords vers le centre.
Poursuivez le tablage sans cesser de travailler la masse de chocolat afin d'obtenir un refroidissement régulier. Dès que le chocolat épaissit (20°C à 22°C), versez dans la couverture non tempérée et mélangez bien pour que la masse soit uniforme afin d'atteindre une température de 31°C à 32°C.

Comment contrôler votre température : Il est recommandé de se munir d'un thermomètre afin d'avoir un contrôle incontestable. Pour vérifier si votre couverture est bien tempérée, déposez une cuillère à soupe de couverture sur une feuille de papier sulfurisé. Réservez le tout 5 minutes au réfrigérateur. Au bout de ces quelques minutes, votre chocolat doit être figé et brillant, sans aucune trace blanchâtre. Si ce n'est pas le cas, c'est que votre couverture est encore trop chaude, retablez alors une nouvelle fois le chocolat.

Astuce : Si la température est encore trop élevée, recommencez l'opération de tablage. Si la température est trop basse, réchauffez délicatement au bain-marie (attention à ne pas incorporer d'eau).

Pour le chocolat au lait, le procédé reste le même mais la température finale sera de 29°C -30°C.

Pour accompagner ce mets...

La Maison Frapin vous conseille
le Cognac FRAPIN V.I.P. XO

Ce Cognac Grande Champagne est issu exclusivement des récoltes du Domaine Château de Fontpinot, l'un des plus importants de Grande Champagne Premier Grand Cru du Cognac. Cette qualité XO Frapin allie âge, rondeur et finesse. Son bouquet est riche, composé d'épices et de fleurs mêlées, sublimé d'une touche de fruits confits et d'une note vanillée apportée par son long vieillissement en fûts de chêne.

Pour un moment de tendresse et de bonheur après un bon repas, laissez-vous séduire par la délicatesse de ce Cognac accompagné des aiguillettes d'oranges chocolatées. L'orange confite et le chocolat très long en bouche, à la saveur chaude, épicée et légèrement florale créent un mariage de toute beauté avec le Cognac V.I.P. XO Frapin.

Cognac FRAPIN

Accords chocolat, COGNACS & cigares, par Vincent Dallet

Distillé, torréfié, consumé, c'est à l'épreuve du feu que le chocolat, le cognac et le cigare révèlent leurs arômes, leur âme profonde.

Un chocolat 100% Equateur :

L'Equateur a des notes végétales, de thé et de fleurs séchées, des aromes de vanille et de poivre. Voilà un chocolat raffiné et charmeur qui peut se déguster avec un V.S. Luxe.

Un chocolat noir Guanaja :

Ce chocolat d'une intensité exeptionnelle aux aromes de fleurs d'aubépine, de fleurs sauvages, aux notes fruitées d'abricot sec et de fruits confits se mariera parfaitement avec le cognac XO Château Fontpinot de FRAPIN.

Cigare : je vous conseille un cigare Juan Clemente issu du même terroir, tendre et délicat, ou un Flor de Selva.

Un chocolat Vénézuéla :

Un chocolat d'une intensité généreuse, aux saveurs boisées, au goût chaud, aux aromes épicés et floraux qui seront tout à fait en accord avec des VIP XO.

Cigare : un grand havane comme un Montecristo A ou un Lusitania de Partagas, aux arômes de rancio prononcés, cuir et boîte à cigares.

Un grand cru Araguani, 72 % de cacao :

Ce très grand cru, en provenance d'une sélection très rigoureuse des meilleurs crus du Venezuela et des Caraïbes, est un chocolat d'une intensité généreuse, aux notes fruitées de chataignes et de raisins secs, aux aromes épicés de réglisse, de miel où l'équilibre et la finesse prédominent.

Avec ce chocolat, je choisis sans aucune hésitation le très grand Cognac Rabelais de la maison Frapin. La longueur en bouche semble infinie...

Extrait de *Le Chocolat*, de Vincent Dallet et Serge Guerin, Editions du Coq à l'Ane 2005

Coffret de Chocolat et plantes, aux vertus thérapeutiques

Jour, Ligne, Détente, Nuit, Calin

Jour

Mélange unique d'un Cacao Vénézuélien et de plantes reconnues pour leurs vertus vitaminiques, actives, stimulantes et réconfortantes, comme le ginseng, le guarana, la menthe, les feuilles d'oranger, le tilleul, le thé vert et la verveine. Avec cette ganache vous commencerez la journée en pleine forme.

Ligne

Alliance parfaite d'un Cacao de Papouasie Nouvelle Guinée et de plantes qui conjuguent les propriétés diurétiques, toniques et stimulantes, comme le citron, le guarana, la menthe, le thé vert et la verveine. C'est la ganache idéale pour éliminer en douceur

Je n'imagine pas la vie sans chocolat, j'en consomme tous les jours et j'ai souhaité faire partager mon bonheur en ajoutant cette touche d'utile à l'agréable. Chaque moment de la journée mérite d'être savouré et c'est pourquoi j'ai voulu lui associer un instant de bonheur à croquer puis à laisser fondre. Alors je suis allé dans mon jardin et au bout du monde et j'ai déniché les meilleures plantes pour les associer aux cacaos les plus rares.

Je ne travaille qu'avec des grands crus de cacao. Mes matières premières sont de première qualité et de toute première fraîcheur, et mon savoir-faire reconnu par mes Pairs. En désucrant mes chocolats, je laisse apparaître la fraîcheur en bouche et conserve les vertus médicinales des plantes.

Mes cinq recettes, mes cinq instants de chaque jour, ont été imaginées avec la collaboration d'un ami pharmacien d'Epernay, un passionné d'herboristerie, et la finalité à été assurée par un ami médecin d'Epernay, lui aussi passionné de plantes médicinales. Deux médecins spécialistes de la santé et un homme de goût pour mieux vous servir et vous réjouir.

Jour, Ligne, Détente, Nuit, Câlin, afin que chaque jour marie plaisir et bien être. Quelques herbes médicinales bien choisies, du cacao aux multiples vertus et du bonheur.

Sentez, croquez et… Santé !

Ces chocolats aux plantes ont reçu le Premier prix national du concours "Goût & Santé" 2006, concours récompensant un produit pour l'alliance de son originalité, de son goût et de ses vertus bienfaisantes pour la santé.

Détente

Association harmonieuse d'un Cacao Tanzanien et de plantes reconnues pour leurs vertus aromatiques, rafraîchissantes, apaisantes et digestives, comme l'anis vert, l'armoise des Alpes, la camomille, le fenouil, la mélisse, la menthe et la verveine. C'est la ganache idéale pour une petite pose réparatrice.

Nuit

Mariage subtil d'un Cacao d'Equateur et de plusieurs plantes réputées pour leurs vertus digestives et apaisantes, comme la camomille, le coquelicot, la mélisse, les fleurs d'oranger et le tilleul. Le chocolat idéal pour s'endormir en toute quiétude.

Calin

Union exemplaire d'un Cacao Brésilien et d'une association de plantes auxquelles se rapportent des croyances ancestrales de vertus stimulantes, aphrodisiaques et toniques, comme le gingembre, la gelée royale, le ginseng et le bois bandé. C'est une ganache de plaisir, pour fondre de plaisir.

Pour accompagner ce mets...

La Maison Caillez-Lemaire vous conseille le Marc de Champagne CAILLEZ-LEMAIRE

Les ganaches extraordinaires de Vincent Dallet possèdent une grande finesse aux arômes subtils, chacune avec sa particularité. Elles ont toutes été élaborées avec les cacaos de première qualité, à la fois fruités et boisés. Pour accompagner la puissance aromatique du chocolat, sans heurter la délicatesse des saveurs, nous vous conseillons de les déguster avec le Marc de Champagne CAILLEZ-LEMAIRE. Il est élaboré à partir de marcs des raisins égrappés et riches en jus, pour lui donner un maximum de finesse et de fraîcheur. La vieillissement de 5 - 6 ans en fûts de chêne lui apporte sa rondeur et lui permet de développer ses notes légèrement boisées. La fraîcheur souple de ce Marc de Champagne aux arômes de fruits secs et de coing accompagne bien l'amertume naturelle des chocolats. La puissance gustative des cacaos grands crus est bien soutenue par les notes subtiles d'épices et du boisé du marc.

M.& Mme CAILLEZ VANPOPERINGHE, Récoltants-manipulants
Champagne CAILLEZ-LEMAIRE

Table alphabétique des recettes

Carte des vins de Champagne

Les meilleures tables gourmandes sont souvent très proches des vignes. Là où nous pouvons trouver du vin, nous rencontrons inévitablement la gastronomie. Ainsi, les cuisiniers et les vignerons vont de pair et, mutuellement, ils mettent en valeur le travail de l'autre. De la part des *Etoilés de la Champagne*, nous voudrions remercier de tout cœur nos compagnons de bouche, les maisons de champagne, qui ont apporté leurs commentaires et leurs conseils à cet ouvrage.

Les professionnels du champagne sont des amoureux de vins et de vignes, toujours prêts à partager leur passion. Si vous vous trouvez dans notre belle et gourmande région, n'hésitez pas à rendre visite aux illustres maisons de champagne présentes dans ce livre. Vous trouverez leurs coordonnées dans les pages qui suivent. Il suffit simplement de passer un coup de téléphone afin d'organiser votre visite dans les meilleures conditions. Ils vous accueilleront à bras ouverts.

Bonne route et bonne dégustation,
Les Etoilés de la Champagne

Pour accompagner les recettes de **Philippe Augé**

Champagne PHILIPPONNAT
13, rue du Pont BP 2 51160 Mareuil-sur-Aÿ - Tél : +33 (0)3 26 56 93 00
info@champagnephilipponnat.com - www.champagnephilipponnat.com

Champagne VILMART & Cie
5, rue des Gravières B.P.4 51500 Rilly la Montagne - Tél : + 33 (0)3 26 03 40 01
vilmart@champagnevilmart.com - www champagnevilmart.fr

Champagne MERCIER
68, avenue de Champagne 51200 Epernay - Tél : +33 (0)3.26.51.22.00
www.champagnemercier.fr

Champagne POL ROGER
1, rue Henri Le Large BP 199 51206 Epernay Cedex - Tél : +33 (0)3 26 59 58 00
polroger@polroger.fr - www.polroger.com

Champagne POMMERY
Champagne DEMOISELLE
5, place du Général Gouraud BP 1049 51100 Reims - Tél : +33 (0)3 26 61 62 55
domaine@vrankenpommery.fr - www.vrankenpommery.fr

Pour accompagner les recettes de **Christophe Bernard**

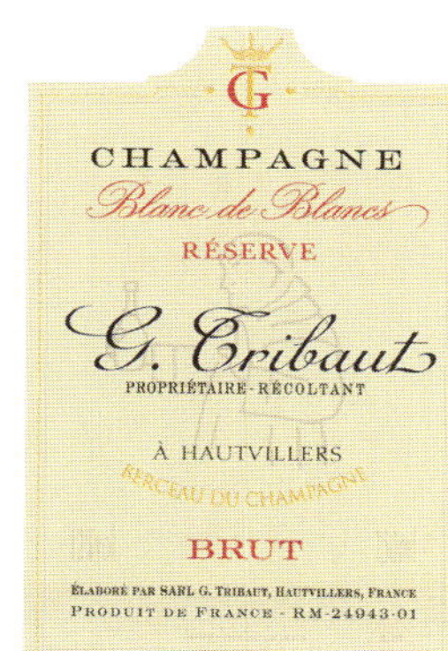

Champagne MALARD
65, avenue de Champagne 51200 Epernay - Tél: +33 (0)3 26 57 77 24
info@champagnemalard.com - www.champagnemalard.com

Champagne CANARD-DUCHENE
1, rue Edmond Canard 51500 LUDES - Tél :+33 (0)3 26 61 10 96
info@canard-duchene.fr - www.canard-duchene.fr

Champagne MERCIER
68, avenue de Champagne 51200 Epernay - Tél : +33 (0)3.26.51.22.00
www.champagnemercier.fr

Champagne AGRAPART
57, avenue Jean Jaurès 51190 Avize - Tél : +33 03 26 57 51 38
info@champagne-agrapart.com - www.champagne-agrapart.com

Champagne HENIN
22, rue Jules Lobet 51160 Aÿ - Tél : +33 (0)3 26 54 61 50
Champagne.henin.pascal@hexanet.fr

Champagne G. TRIBAUT
88, rue d'Eguisheim BP 5 51160 Hautvillers - Tél : +33 (0)3 26 59 40 57
champagne.tribaut@wanadoo.fr - www.champagne.g.tribaut.com

Pour accompagner les recettes de **Martial Berthuit**

Champagne PANNIER	**23, rue Roger Catillon 02400 Chateau-Thierry- Tél : +33 (0)3 23 69 51 30** champagnepannier@champagnepannier.com - www.champagnepannier.com
Champagne GOUTORBE	**9 bis, rue Jeanson 51160 Aÿ - Tél : +33 (0)3 26 55 21 70** info@champagne-henri-goutorbe.com - www.champagne-henri-goutorbe.com
Champagne EGLY-OURIET	**9-15, rue de Trépail B.P. 15 51150 Ambonnay - Tél : +33 (0)3 26 57 00 70**
Champagne De MERIC	**17, rue Gambetta BP 24 51160 Aÿ - Tél : +33 (0)3 26 55 20 72** De-meric@wanadoo.fr - www.champagnedemeric.com
Champagne Louis CASTERS	**26, rue Pasteur 51480 Damery - Tél : +33 (0)3 26 58 43 02** champagne.louis.casters@wanadoo.fr - www.champagne-casters.com

Pour accompagner les recettes de **Didier Elena**

Champagne de VENOGE
46, avenue de Champagne 51200 Epernay - Tél : +33 (0)3 26 53 34 34
infos@champagnedevenoge.com - www.champagnedevenoge.com

Champagne GOSSET
69, rue Jules Blondeau 51160 Aÿ - Tél : +33 (0)3 26 56 99 56
info@champagne-gosset.com - www.champagne-gosset.com

Champagne RUINART
4, rue des Crayères 51100 Reims - Tél : +33 (0)3 26 77 51 51
www.ruinart.com

Champagne POL ROGER
1, rue Henri Le Large BP 199 51206 Epernay Cedex - Tél : +33 (0)3 26 59 58 00
polroger@polroger.fr - www.polroger.com

Champagne DUVAL-LEROY
69, avenue de Bammental 51130 Vertus - Tél : +33 (0)3 26 52 10 75
champagne@duval-leroy.com - www.duval-leroy.com

Champagne G.H. MUMM
29, rue du Champ de Mars B.P. 2712 51053 Reims Cedex
Tél : +33 (0)3 26 49 59 69 - www.mumm.com

Pour accompagner les recettes de **Dominique Giraudeau**

Champagne VILMART & Cie — **5, rue des Gravières B.P.4 51500 Rilly la Montagne - Tél : +33 (0)3 26 03 40 01**
vilmart@champagnevilmart.com - www.champagnevilmart.fr

Champagne PLOYEZ-JACQUEMART — **8, rue Astoin 51500 Ludes - Tél : +33 (0)3 26 61 11 87**
ployez.jacquemart@wanadoo.fr - www.ployez-jacquemart.fr

Champagne R&L LEGRAS — **10, rue des Partelaines 51530 Chouilly - Tél : +33 (0)3 26 54 50 79**
champagne.r.l.legras@wanadoo.fr - www.champagne-legras.fr

Champagne MONTAUDON — **6, rue Ponsardin 51100 Reims - Tél : +33 (0)3 26 79 01 01**
info@champagnemontaudon.com - www.champagnemontaudon.com

Champagne GOSSET — **69, rue Jules Blondeau 51160 Aÿ - Tél : +33 (0)3 26 56 99 56**
info@champagne-gosset.com - www.champagne-gosset.com

Champagne PHILIPPONNAT — **13, rue du Pont BP 2 51160 Mareuil-sur-Aÿ - Tél : +33 (0)3 26 56 93 00**
info@champagnephilipponnat.com - www.champagnephilipponnat.com

Pour accompagner les recettes de **Gilles Goess**

Champagne POMMERY *Porto ROZES*	**5, place du Général Gouraud BP 1049 51100 Reims-Tél : +33 (0)3 26 61 62 55** domaine@vrankenpommery.fr - www.vrankenpommery.fr
Maison GIRAUD-HEMART	**71, bd. Charles de Gaulles 51160 Aÿ - Tél : +33 (0)3 26 55 18 55** contact@champagne-giraud.com - www.champagne-giraud.com
Champagne BOIZEL	**46, avenue de Champagne 51200 Epernay- Tél : +33 (0)3 26 55 21 51** boizelinfo@boizel.fr - www.boizel.com
Champagne PERRIER–JOUËT	**26, avenue de Champagne B.P. 31 51201 Epernay Cedex -Tél : +33 (0)3 26 53 38 00** www.perrier-jouet.com
Champagne POL ROGER	**1, rue Henri Le Large BP 199 51206 Epernay Cx - Tél : +33 (0)3 26 59 58 00** polroger@polroger.fr - www.polroger.com

Pour accompagner les recettes d' **Arnaud Lallement**

Champagne TARLANT
51480 Oeuilly / Epernay - Tél : +33 (0)3 26 58 30 60
champagne@tarlant.com - www.tarlant.com

Champagne PHILIPPONNAT
13, rue du Pont BP 2 51160 Mareuil-sur-Aÿ - Tél : +33 (0)3 26 56 93 00
info@champagnephilipponnat.com - www.champagnephilipponnat.com

Champagne R&L LEGRAS
10, rue des Partelaines 51530 Chouilly - Tél : +33 (0)3 26 54 50 79
champagne.r.l.legras@wanadoo.fr - www.champagne-legras.fr

GH MARTEL & C°, Boutique
17, rue des Créneaux 51100 Reims - Tel : +33 (0)3 26 82 70 67

Champagne G.H. MUMM
29, rue du Champ de Mars B.P. 2712 51053 Reims Cedex
Tél : +33 (0)3 26 49 59 69 - www.mumm.com

Champagne KRUG
5, rue Coquebert BP 22 51051 Reims Cedex - Tél : +33 (0)3 26 84 44 20
krug@krug.fr - www.krug.com

Pour accompagner les recettes de **Laurent Laplaige**

Champagne POL ROGER
1, rue Henri Le Large BP 199 51206 Epernay Cedex - Tél : +33 (0)3 26 59 58 00
polroger@polroger.fr - www.polroger.com

Champagne RUINART
4, rue des Crayères 51100 Reims - Tél : +33 (0)3 26 77 51 51
www.ruinart.com

Champagne GOSSET
69, rue Jules Blondeau 51160 Aÿ - Tél : +33 (0)3 26 56 99 56
info@champagne-gosset.com - www.champagne-gosset.com

Champagne Louis CASTERS
26, rue Pasteur 51480 Damery - Tél : +33 (0)3 26 58 43 02
champagne.louis.casters@wanadoo.fr - www.champagne-casters.com

Champagne DUVAL-LEROY
69, avenue de Bammental 51130 Vertus - Tél : +33 (0)3 26 52 10 75
champagne@duval-leroy.com - www.duval-leroy.com

Champagne PERRIER-JOUËT
26, avenue de Champagne B.P. 31 51201 Epernay Cedex
Tél : +33 (0)3 26 53 38 00 - www.perrier-jouet.com

L'abus d'alcool est dangereux, à consommer avec modération

Pour accompagner les recettes de **Jacky Louazé**

CHAMPAGNE

DE CASTELNAU

1625

MAISON

GIRAUD-HÉMART

AŸ-CHAMPAGNE

Champagne THIENOT	**14, rue des Moissons 51100 Reims - Tél : +33 (0)3 26 77 50 10** infos@thienot.com - www.thienot.com
Champagne DUVAL-LEROY	**69, av. de Bammental 51130 Vertus - Tél : +33 (0)3 26 52 10 75** champagne@duval-leroy.com - www.duval-leroy.com
CHARLES DE CAZANOVE, boutique	**8, place de la république 51100 Reims** Ouverture fin 2006
Champagne De CASTELNAU	**5, rue Gosset B.P. 467 51066 Reims Cedex - Tél : +33 (0)3 26 77 89 00** commercial@crvc.fr - www.crvc.fr
Maison GIRAUD-HEMART	**71, bd. C. de Gaulles 51160 Aÿ - Tél : +33 (0)3 26 55 18 55** contact@champagne-giraud.com - www.champagne-giraud.com
Champagne CAILLEZ-LEMAIRE	**14, rue Pierre Curie 51480 Damery - Tél : +33 (0)3 26 59 48 11** champ-caillez.lemaire@wanadoo.fr

Pour accompagner les recettes de **Patrick Michelon**

Champagne DELAMOTTE — **5 et 7, rue de la Brèche d'Oger 51190 Le Mesnil sur Oger - Tél : 03 26 57 51 65**
champagne@salondelamotte.com - www.salondelamotte.com

Champagne GOSSET — **69, rue Jules Blondeau 51160 Aÿ - Tél : +33 (0)3 26 56 99 56**
info@champagne-gosset.com - www.champagne-gosset.com

Champagne Louis CASTERS — **26, rue Pasteur 51480 Damery - Tél : +33 (0)3 26 58 43 02**
champagne.louis.casters@wanadoo.fr - www.champagne-casters.com

Champagne R&L LEGRAS — **10, rue des Partelaines 51530 Chouilly - Tél : +33 (0)3 26 54 50 79**
champagne.r.l.legras@wanadoo.fr - www.champagne-legras.fr

Champagne MOËT & CHANDON — **20, avenue de Champagne 51200 Epernay - Tél : +33 (0)3 26 51 22 00**
www.moet.fr

Champagne PHILIPPONNAT — **13, rue du Pont BP 2 51160 Mareuil-sur-Aÿ - Tél : +33 (0)3 26 56 93 00**
info@champagnephilipponnat.com - www.champagnephilipponnat.com

Pour accompagner les recettes de **Thibaut Serin-Moulin**

Champagne G. TRIBAUT	**88, rue d'Eguisheim BP 5 51160 Hautvillers - Tél : +33 (0)3 26 59 40 57** champagne.tribaut@wanadoo.fr - www.champagne.g.tribaut.com
CHATEAU DE BLIGNY	**Château 10200 Bligny - Tel : +33 (0)3 25 27 40 11**
Champagne AGRAPART	**57, avenue Jean Jaurès 51190 Avize - Tél : +33 03 26 57 51 38** info@champagne-agrapart.com - www.champagne-agrapart.com
Champagne G.H. MUMM	**29, rue du Champ de Mars B.P. 2712 51053 Reims Cedex** Tél : +33 (0)3 26 49 59 69 - www.mumm.com
Champagne SALON	**5-7, rue de la Brèche d'Oger 51190 Le Mesnil sur Oger-Tél : 03 26 57 51 65** champagne@salondelamotte.com - www.salondelamotte.com
CHARLES DE CAZANOVE, boutique	**8, place de la République 51100 Reims** Ouverture fin 2006

Pour accompagner les recettes d' **Hideaki Umada**

Champagne PHILIPPONNAT
13, rue du Pont BP 2 51160 Mareuil-sur-Aÿ - Tél : +33 (0)3 26 56 93 00
info@champagnephilipponnat.com - www.champagnephilipponnat.com

Champagne Louis CASTERS
26, rue Pasteur 51480 Damery - Tél : +33 (0)3 26 58 43 02
champagne.louis.casters@wanadoo.fr - www.champagne-casters.com

Champagne PLOYEZ-JACQUEMART
8, rue Astoin 51500 Ludes - Tél : +33 (0)3 26 61 11 87
ployez.jacquemart@wanadoo.fr - www.ployez-jacquemart.fr

Champagne De SOUSA et Fils
12, place Léon Bourgeois 51190 Avize - Tél : +33 (0)3.26.57.53.29
contact@champagnedesousa.com - www.champagnedesousa.com

Champagne BOIZEL
46, avenue de Champagne 51200 Epernay - Tél : +33 (0)3 26 55 21 51
boizelinfo@boizel.fr - www.boizel.com

Champagne G.H. MUMM
29, rue du Champ de Mars B.P. 2712 51053 Reims Cedex
Tél : +33 (0)3 26 49 59 69 - www.mumm.com

Pour accompagner les recettes de **Thierry Voisin**

Champagne De SOUSA et Fils
12, place Léon Bourgeois 51190 Avize - Tél : +33 (0)3.26.57.53.29
contact@champagnedesousa.com - www.champagnedesousa.com

Champagne De MERIC
17, rue Gambetta BP 24 51160 Aÿ - Tél : +33 (0)3 26 55 20 72
De-meric@wanadoo.fr - www.champagnedemeric.com

Champagne POL ROGER
1, rue Henri Le Large BP 199 51206 Epernay Cx - Tél : +33 (0)3 26 59 58 00
polroger@polroger.fr - www polroger.com

Champagne BOIZEL
46, avenue de Champagne 51200 Epernay - Tél : +33 (0)3 26 55 21 51
boizelinfo@boizel.fr - www.boizel.com

Champagne Louis CASTERS
26, rue Pasteur 51480 Damery - Tél : +33 (0)3 26 58 43 02
champagne.louis casters@wanadoo.fr - www.champagne-casters.com

Champagne de VENOGE
46, avenue de Champagne 51200 Epernay - Tél : +33 (0)3 26 53 34 34
infos@champagnedevenoge.com - www.champagnedevenoge.com

Pour accompagner les recettes de **Philippe Zeiger**

Champagne De CASTELNAU	**5, rue Gosset B.P. 467 51066 Reims Cedex - Tél : +33 (0)3 26 77 89 00** commercial@crvc.fr - www.crvc.fr
Champagne EGLY-OURIET	**9-15, rue de Trépail B.P. 15 51150 Ambonnay - Tél : +33 (0)3 26 57 00 70** Fax : +33 (0)3 26 57 06 52
Champagne PERRIER–JOUËT	**26, avenue de Champagne B.P. 31 51201 Epernay Cedex** Tél : +33 (0)3 26 53 38 00 - www.perrier-jouet.com
Maison GIRAUD-HEMART	**71, bd. Charles de Gaulles 51160 Aÿ - Tél : +33 (0)3 26 55 18 55** contact@champagne-giraud.com - www.champagne-giraud.com
Champagne DUVAL-LEROY	**69, av. de Bammental 51130 Vertus - Tél : +33 (0)3 26 52 10 75** champagne@duval-leroy.com - www.duval-leroy.com
Champagne CHRISTIAN BUSIN	**4, rue d'Uzès et 33 rue Thiers 51360 Verzenay - Tél : +33 (0)3 26 49 40 94** www.champagnebusin.com

COGNAC FRAPIN

Domaine Château de Fontpinot
Grande Champagne
PREMIER GRAND CRU DU COGNAC

Champagne CHRISTIAN BUSIN	**4, rue d'Uzès et 33 rue Thiers 51360 Verzenay - Tél : +33 (0)3 26 49 40 94** www.champagnebusin.com
Champagne MOËT & CHANDON	**20, avenue de Champagne 51200 Epernay - Tél : +33 (0)3 26 51 22 00** www.moet.fr
Maison GIRAUD-HEMART	**71, bd. Charles de Gaulles 51160 Aÿ - Tél : +33 (0)3 26 55 18 55** contact@champagne-giraud.com - www.champagne-giraud.com
Cognac FRAPIN	**rue Pierre Frapin B.P. 1 - 16130 Segonzac - Tél : +33 (0)5 45 83 40 03** info@cognac-frapin.com - www.cognac-frapin.com
Champagne CAILLEZ-LEMAIRE	**14, rue Pierre Curie 51480 Damery - Tél : +33 (0)3 26 59 48 11** champ-caillez.lemaire@wanadoo.fr

Ouvrage imaginé et conçu par Ragnar Fridriksson
Avec la participation d'Eric Poindron, Les Editions de Coq à l'Ane
Direction éditorial : Ragnar Fridriksson
Conception graphique et réalisation : Sandra Rota, Les Editions de Coq à l'Ane
Photographies : © Ragnar Fridriksson & Tomas B. Hafthorsson
Relecture et conseil : Claire Debruille
Traduction : Aurélie Fridriksson

Imprimé en France par Saint Paul Imprimeur, Bar le Duc en septembre 2006 pour le compte de G2media
ISBN 10 : 2-9526759-0-2 / ISBN 13 : 978-2-9526759-0-1/ Dépôt légal : octobre 2006

La collection Passion*food*

Diffusion, distribution, Les Editions du Coq à l'Ane (Fax : 03 26 04 00 11 ou secretariat.coqalane@wanadoo.fr)

G2media
1 ter, rue Guy Mocquet
51430 Tinqueux (Reims)
Tél : +33 (0)3 26 05 66 28
Email : g2media@neuf.fr
www.passionfood.fr

Les Editions du Coq à L'Ane
45 bis, rue de Talleyrand
51100 Reims
Tél : +33 (0)3 26 04 49 95
coqalane@wanadoo.fr
www.ducoqalane.net